ARBITRAGEM E ADMINISTRAÇÃO PÚBLICA
O DESAFIO DA PUBLICIDADE

ARISTHÉA TOTTI SILVA CASTELO BRANCO DE ALENCAR

Prefácio
Gustavo Justino de Oliveira

Apresentação
Ana de Oliveira Frazão

ARBITRAGEM E ADMINISTRAÇÃO PÚBLICA
O DESAFIO DA PUBLICIDADE

Belo Horizonte

2025

© 2025 Editora Fórum Ltda.

É proibida a reprodução total ou parcial desta obra, por qualquer meio eletrônico, inclusive por processos xerográficos, sem autorização expressa do Editor.

Conselho Editorial

Adilson Abreu Dallari	Floriano de Azevedo Marques Neto
Alécia Paolucci Nogueira Bicalho	Gustavo Justino de Oliveira
Alexandre Coutinho Pagliarini	Inês Virgínia Prado Soares
André Ramos Tavares	Jorge Ulisses Jacoby Fernandes
Carlos Ayres Britto	Juarez Freitas
Carlos Mário da Silva Velloso	Luciano Ferraz
Cármen Lúcia Antunes Rocha	Lúcio Delfino
Cesar Augusto Guimarães Pereira	Marcia Carla Pereira Ribeiro
Clovis Beznos	Márcio Cammarosano
Cristiana Fortini	Marcos Ehrhardt Jr.
Dinorá Adelaide Musetti Grotti	Maria Sylvia Zanella Di Pietro
Diogo de Figueiredo Moreira Neto (*in memoriam*)	Ney José de Freitas
Egon Bockmann Moreira	Oswaldo Othon de Pontes Saraiva Filho
Emerson Gabardo	Paulo Modesto
Fabrício Motta	Romeu Felipe Bacellar Filho
Fernando Rossi	Sérgio Guerra
Flávio Henrique Unes Pereira	Walber de Moura Agra

FÓRUM
CONHECIMENTO JURÍDICO

Luís Cláudio Rodrigues Ferreira
Presidente e Editor

Coordenação editorial: Leonardo Eustáquio Siqueira Araújo
Thaynara Faleiro Malta
Revisão: Renata Sangeon
Capa e projeto gráfico: Walter Santos
Diagramação: João Oliveira

Rua Paulo Ribeiro Bastos, 211 – Jardim Atlântico – CEP 31710-430
Belo Horizonte – Minas Gerais – Tel.: (31) 99412.0131
www.editoraforum.com.br – editoraforum@editoraforum.com.br

Técnica. Empenho. Zelo. Esses foram alguns dos cuidados aplicados na edição desta obra. No entanto, podem ocorrer erros de impressão, digitação ou mesmo restar alguma dúvida conceitual. Caso se constate algo assim, solicitamos a gentileza de nos comunicar através do *e-mail* editorial@editoraforum.com.br para que possamos esclarecer, no que couber. A sua contribuição é muito importante para mantermos a excelência editorial. A Editora Fórum agradece a sua contribuição.

Dados Internacionais de Catalogação na Publicação (CIP) de acordo com ISBD

A368a   Alencar, Aristhéa Totti Silva Castelo Branco de
         Arbitragem e Administração Pública: o desafio da publicidade / Aristhéa Totti Silva Castelo Branco de Alencar. Belo Horizonte: Fórum, 2025.

         222 p. 14,5x21,5cm

         ISBN impresso 978-85-450-0803-3
         ISBN digital 978-85-450-0789-0

         1. Arbitragem. 2. Administração Pública. 3. Princípio da publicidade. 4. Sigilo. I. Título.

         CDD: 350
         CDU: 35

Ficha catalográfica elaborada por Lissandra Ruas Lima – CRB/6 – 2851

Informação bibliográfica deste livro, conforme a NBR 6023:2018 da Associação Brasileira de Normas Técnicas (ABNT):

ALENCAR, Aristhéa Totti Silva Castelo Branco de. *Arbitragem e Administração Pública: o desafio da publicidade*. Belo Horizonte: Fórum, 2025. 222 p. ISBN 978-85-450-0803-3.

Com amor, para meu pai (em memória).

AGRADECIMENTOS

Agradeço aos meus coorientadores, Professor Marcelo Andrade Féres e Professora Ana de Oliveira Frazão, pelos ensinamentos, direcionamentos e debates durante o árduo percurso de escrita desta obra. Aos demais professores da querida Universidade Federal de Minas Gerais, em especial à Professora Maria Tereza Dias, à Professora Cristina Fortini, ao Professor Fabiano Lara, ao Professor Christian Lopes, ao Professor Valter Lobato e ao Professor Fernando Galvão. À Professora Juliana Cordeiro de Faria, pelas preciosas ponderações na banca examinadora de Mestrado, e ao Professor Gustavo Henrique Justino de Oliveira, que, além das considerações na banca de Mestrado, vem sendo importante referência nos meus estudos relacionados às arbitragens público-privadas. Aos meus colegas da PPGD/UFMG, especialmente Bruno Fontenelle, Mariana Bueno, Fernanda Fontenelle, Thais Rodrigues, Marcela Jabour, André Canellas, Marília Mendonça, Matheus Palhares, Matheus Abalém, Letícia Paiva e Luciana Silva. Dirijo um agradecimento especial a Daniel Martins e Avelar, pelas inestimáveis contribuições a esta obra. Às minhas colegas do Núcleo Especializado em Arbitragem da Advocacia-Geral da União, pelo incentivo e pela compreensão. À família Castelo Branco, pelo infinito apoio e pelas valiosas orações. À minha mãe, à minha irmã e à Luzia, por estarem presentes e tornarem mais leve minha ausência, fazendo companhia para meus filhos nas minhas ausências. A Rodrigo, Bernardo e Eduardo, por estarem sempre ao meu lado.

O sonho
O sonho encheu a noite
Extravasou pro meu dia
Encheu minha vida
E é dele que vou viver
Porque sonho não morre.

Adélia Prado, 1976

SUMÁRIO

PREFÁCIO
Gustavo Justino de Oliveira 15

APRESENTAÇÃO
Ana de Oliveira Frazão 19

INTRODUÇÃO 21

CAPÍTULO 1
ADMINISTRAÇÃO PÚBLICA E ARBITRAGEM 31
1.1   A chegada da Administração Pública ao território arbitral 31
1.2   Os fundamentos da arbitragem público-privada 44
1.3   Algumas especificidades da arbitragem público-privada 54

CAPÍTULO 2
TEORIA GERAL DA PUBLICIDADE NA ARBITRAGEM PÚBLICO-PRIVADA 65
2.1   A arbitragem como jurisdição e a publicidade processual 65
2.2   A confidencialidade como faculdade na lei brasileira 72
2.3   O escopo da publicidade processual 79
2.3.1 As exceções à publicidade processual nas arbitragens público-privadas 87
2.4   O destinatário do dever de divulgação 93
2.4.1 A alternativa da publicidade promovida pelo ente público 94
2.4.2 A alternativa da publicidade promovida pela instituição arbitral 99

2.4.2.1 As informações publicizadas pelas câmaras arbitrais 104
2.5 O impacto da LGPD nos processos arbitrais 111

CAPÍTULO 3
A PUBLICIDADE NA FASE PRÉ-ARBITRAL – PUBLICIDADE ADMINISTRATIVA 119
3.1 A convenção de arbitragem 120
3.2 A publicidade administrativa na formação da convenção de arbitragem 124
3.2.1 A publicidade em eventual consulta pública e audiência pública 126
3.2.2 A publicação do edital de licitação e a minuta de contrato 131
3.2.3 A publicação do termo de contrato 132
3.3 A previsão das regras da publicidade processual na convenção de arbitragem 133

CAPÍTULO 4
A PUBLICIDADE NA FASE ARBITRAL – PUBLICIDADE PROCESSUAL 137
4.1 A instauração da arbitragem 138
4.1.1 O *amicus curiae* 141
4.1.2 A intervenção anômala das pessoas jurídicas de direito público 148
4.1.3 A publicação do requerimento de arbitragem 150
4.2 A fase de indicação de árbitro 152
4.2.1 A publicação das decisões sobre impugnação de árbitros 159
4.3 A celebração do termo de arbitragem 162
4.3.1 A definição da publicidade processual no termo de arbitragem 165
4.3.2 A publicação do termo de arbitragem 169
4.4 A fase postulatória 172
4.4.1 A publicação das manifestações das partes 173
4.4.2 A publicidade administrativa e o sigilo profissional entre advogado público e cliente 176
4.5 A fase instrutória 183
4.5.1 A publicação do laudo pericial 186

4.5.2	A publicidade da audiência arbitral	187
4.6	A fase decisória	192
4.6.1	A publicação das ordens processuais	194
4.6.2	A publicação da sentença arbitral	195

CONCLUSÃO 205

REFERÊNCIAS 209

PREFÁCIO

No Brasil, tenra é a história da arbitragem aplicada aos litígios da Administração Pública – algo que tem início ali na segunda metade dos anos 90 do século XX –, a qual se encontra em plena construção e desenvolvimento.

Como administrativista e árbitro especializado, dela tenho participado ativamente desde o início, muitas vezes assumindo "posturas administrativistas" nem sempre palatáveis para os "arbitralistas de carteirinha" – adiante explico melhor minhas razões para isso –, buscando contribuir para o endereçamento de debates que são, em minha visão, indispensáveis para operacionalizar a constante e necessária conciliação da arbitragem (enquanto método heterocompositivo de solução de litígios) com o complexo mundo da gestão pública, condição da qual todos os atores do sistema/comunidade arbitral deveriam ao menos estar cientes, seja sob a perspectiva da teoria ou da prática arbitral em si.

Ocorre que muitos arbitralistas – naturalmente oriundos do direito comercial, direito societário, direito processual civil e mesmo do direito internacional – não querem ou têm dificuldades quase intransponíveis de perceber as nuances e as especificidades que o perfil da arbitragem assumirá quando esta for empregada como instrumento de solução de litígios no vasto campo da Administração Pública, com seu predominante regime jurídico de Direito Público, participação dos entes públicos enquanto partes, deveres fundamentais que a Constituição e o ordenamento jurídico prescrevem observância para a organização administrativa, zonas de indisponibilidade de atuação e uso da arbitragem, entre inúmeros outros temas que vêm demandando posicionamentos nada óbvios e generalistas.

Claro, isso não é fácil de se admitir, mas precisamos dar um passo à frente e encarar esses debates, ainda que isso provoque alguns aparentes desconfortos e reais embates com o *status quo* da arbitragem brasileira.

É justamente o que se propõe Aristhéa Totti Silva Castelo Branco de Alencar em sua bela pesquisa, que culminou com uma dissertação de mestrado aprovada com destaque na Pós-Graduação em Direito da UFMG – e agora convertida em livro –, quando ela escolhe o tema que historicamente promove o ponto de inflexão do perfil da arbitragem dominante no Brasil, até então majoritariamente privada e confidencial, para uma arbitragem que passa a contemplar explicitamente o inesgotável terreno da Administração Pública e que, em si, também passa a ser uma arbitragem de fundo e conteúdo mais público e muito pouco confidencial, e, portanto, intensamente parametrizada pelo vetor da publicidade.

Embora o debate antes já existisse, foi com o advento da reforma da Lei Brasileira de Arbitragem – implementada pela Lei federal nº 13.129/15, seguida do Decreto nº 10.025/19 – que a temática ampla e complexa da publicidade/publicização da arbitragem com a Administração Pública ganha relevância e musculatura, passando a instigar abertamente um dos dogmas mais estruturantes da arbitragem em si, mundo dominado pela confidencialidade do processo arbitral e de seus resultados, provavelmente carreado por uma imanente visão comercialista e bastante restritiva da "autonomia das partes", que, em muitas ocasiões, se negava a dialogar com as especificidades do regime público a que os órgãos e entes administrativos se submetem no país.

O arco investigativo construído por Aristhéa Totti Silva Castelo Branco de Alencar em *Arbitragem e Administração Pública: o desafio da publicidade* é primoroso, inovador, necessário e, acima de tudo, precursor e corajoso. Ao longo de seus quatro capítulos, a obra contempla muito do que efetivamente precisávamos que fosse contemplado em um sério debate científico – impregnado de pragmatismo, dado o lugar profissional ocupado pela pesquisadora – para aprimorar e melhor equalizar essa mudança de chave, promovida pela regra legal que obriga o processo arbitral a se submeter plenamente ao referencial normativo da publicidade.

Diferenciando e integrando em sua análise aspectos de direito material e de direito processual da publicidade, entendendo que ambos são aplicáveis ao processo arbitral que envolve a Administração Pública, a autora segue discorrendo sobre dimensões e espaços típicos do processo arbitral – incluindo uma fase pré-arbitral – que são, com efeito, (i) transformados pela publicidade e/ou (ii) inovados pela publicidade. Trata-se de uma admirável Agenda de Pesquisa, nada fácil de ser enfrentada, tarefa hercúlea desempenhada bravamente pela autora, que não se furta a se posicionar de modo adequado e prospectivo, trazendo, com esses posicionamentos, novos debates e novas inquietações, marca proeminente e indelével daqueles cientistas jurídicos que realmente vieram para ficar.

A obra de Aristhéa Totti Silva Castelo Branco de Alencar nasce autoral e essencial, e, em minha opinião, para além das contribuições científicas no livro expressadas, deixa transparecer, mais que a relevância, o papel de destaque que visões e posicionamentos típicos do campo do Direito Administrativo passam a ocupar cada vez mais no mundo da arbitragem, a partir das reflexões que o uso intensificado da arbitragem pela Administração Pública agrega para o debate sobre os desígnios e destino da própria arbitragem em si.

Ao apresentar sua visão abalizada e dotada de comprovado conhecimento de causa – enquanto advogada pública que lida com arbitragem cotidianamente –, Aristhéa Totti Silva Castelo Branco de Alencar confere sentidos, conteúdos e aplicações para a publicidade na prática arbitral com a Administração Pública, desvelando um "admirável mundo novo" que precisava de um olhar atento e não enviesado, o que, por si só, torna seu livro absolutamente indispensável para melhor conhecer esse notável campo da arbitragem, que cresce exponencialmente nas esferas federal, estadual e municipal.

Gustavo Justino de Oliveira
Professor Doutor de Direito Administrativo na Faculdade de Direito da Universidade de São Paulo e do IDP (Brasília e São Paulo). Árbitro, mediador, consultor e advogado especialista em Direito Público. Consultor BID em infraestrutura, regulação e solução de conflitos. Membro integrante do Comitê Gestor de Conciliação da Comissão Permanente de Solução Adequada de Conflitos do CNJ.
Homepage: www.justinodeoliveira.com.br.

APRESENTAÇÃO

É com muita honra e alegria que tenho a oportunidade de apresentar aos leitores esta obra de Aristhéa Totti Silva Castelo Branco de Alencar, fruto da sua dissertação de mestrado, que tive o prazer de orientar ao lado do querido e admirado amigo Marcelo Féres, o orientador principal.

Como se pode observar desde o título, o livro trata de uma das questões mais importantes para as arbitragens que envolvem a Administração Pública: como implementar o princípio da publicidade de maneira eficaz, mas ao mesmo tempo coerente com os demais princípios e vetores que regem a arbitragem? Com efeito, se a confidencialidade é uma característica historicamente relacionada à arbitragem, é a própria Lei de Arbitragem que determina que, sendo parte a Administração Publica, a arbitragem será sempre de direito e respeitará o princípio da publicidade.

Veja-se que a pergunta da pesquisa está relacionada, portanto, a um dos principais pilares de sustentação das arbitragens com a Administração Pública, provocando-nos a pensar em como podemos obter os inquestionáveis benefícios da arbitragem com o respeito aos princípios inderrogáveis do regime administrativo.

Para responder a essa pergunta, a autora nos oferece uma sofisticada reflexão, que decorre não somente da sua inteligência e capacidade de pesquisa, mas também da sua experiência prática no assunto, na condição de membro da Advocacia-Geral da União, que atua em arbitragens.

Um dos pontos altos da obra é que as considerações de Aristhéa são apresentadas por meio de um texto fluido, claro e bem concatenado, que, de maneira didática, aborda os principais desafios da publicidade em arbitragens que envolvam a Administração Pública em cada fase do procedimento.

Assim, o leitor poderá acompanhar as discussões sobre o assunto na fase pré-arbitral, notadamente na formação da convenção de arbitragem, e na fase arbitral, o que abrange a instauração da arbitragem, a indicação dos árbitros, a celebração do termo de arbitragem, a fase postulatória, a fase instrutória e a fase decisória. Em cada uma delas, a autora faz questão de abordar os principais desafios, entre os quais se encontram as discussões sobre a publicidade de laudos periciais, audiência, ordens processuais e mesmo da sentença arbitral.

Longe de se limitar a pontuar as controvérsias sobre o assunto, Aristhéa se posiciona corajosamente em relação a cada um dos tópicos, oferecendo a solução que, em seu entender, é a compatível com o princípio da publicidade. Assim, muito mais que um esforço teórico, a presente obra pretende dar respostas concretas para os desafios relacionados ao tema, servindo como uma bússola e um guia orientativo a todos aqueles que participam desse tipo de arbitragem.

Por todas essas razões, às quais eu acrescentaria o notável esforço de sistematização, não tenho dúvidas de que Aristhéa oferece ao público uma grande contribuição, cujo valor transcende ao seu tema específico, já que hoje muito se discute sobre a mitigação da confidencialidade na arbitragem como um todo, especialmente em procedimentos que estejam relacionados a relevantes interesses públicos.

Convicta, portanto, do sucesso da obra, só posso aproveitar a oportunidade para mais uma vez parabenizar a autora e desejar-lhe que continue seus esforços, tanto no campo profissional como no campo da pesquisa, em prol do fortalecimento e da ampliação da arbitragem no Brasil.

Brasília, fevereiro de 2025.

Ana de Oliveira Frazão
Professora Associada de Direito Civil, Comercial e Econômico da Universidade de Brasília (UnB).

INTRODUÇÃO

Difundida notadamente entre partes privadas, a arbitragem surge como técnica de solução heterocompositiva de conflitos, por meio da qual o árbitro, exercendo a jurisdição nos limites da convenção de arbitragem estabelecida entre as partes contratantes, decide o conflito de forma autônoma e definitiva, assumindo a sentença arbitral a mesma eficácia da sentença judicial. Esse mecanismo, se comparado à tradicional jurisdição estatal, apresenta-se como uma alternativa potencialmente mais técnica, célere e adequada a determinados de litígios.

No Brasil, o instituto foi sistematizado a partir da publicação da Lei nº 9.307/1996 (Lei de Arbitragem), que inovou na ordem jurídica interna ao reconhecer a eficácia da cláusula compromissória e dispensar de homologação estatal as sentenças arbitrais para obtenção da eficácia de título executivo. Trata-se de marco relevante, visto que, a partir dessa constatação, diversos aspectos da arbitragem passaram a ser compreendidos, interpretados e aplicados.

Posteriormente, a Lei de Arbitragem foi alterada, com a edição da Lei nº 13.129/2015, de forma a incluir dispositivos relacionados diretamente com o uso da arbitragem pela Administração Pública, entre outros. Objetivando afastar discussões quanto ao cabimento ou não do instituto às controvérsias envolvendo entes públicos, a nova redação da Lei nº 9.307/1996 passou a prever a autorização legal específica para adoção do instituto em conflitos com a Administração Pública direta e indireta; a autoridade competente para celebração da convenção de arbitragem, no âmbito do Poder Público; o critério de julgamento nas arbitragens público-privadas;[1] e, por fim, a observância do princípio da publicidade.

---

[1] Adota-se a nomenclatura "arbitragem público-privada" aos processos arbitrais no qual figuram como parte as pessoas jurídicas de direto público (Administração Pública direta e outras entidades da Administração Pública indireta, como as Agências Reguladoras) e as pessoas jurídicas de direito privado (por exemplo, sociedades comerciais: sociedade simples, sociedade limitada, sociedade em nome coletivo, entre outras, bem como as empresas públicas e sociedade de economia mista).

Quase dez anos se passaram, e o que se testemunha atualmente é uma significativa aderência dos entes públicos a esse método privado de solução de conflitos. Os dados comprovam a presença ostensiva da Administração Pública em demandas arbitrais. Eugenia Marolla, em artigo publicado em 2024, demonstra que "[c]hama a atenção do fato de a arbitragem com a Administração Pública constituir, na média, 11% do número total de novas arbitragens das maiores câmaras de arbitragem atuantes no Brasil entre os anos de 2018 e 2022".[2] Em proporção, a cada 10 (dez) arbitragens instauradas no país, 1 (uma) envolve o Poder Público. Acrescenta a autora: "[o]s valores em disputa nas arbitragens em andamento, só no âmbito federal, são bastante expressivos, alcançando, atualmente, o montante aproximado de R$500 bilhões".[3]

Na pesquisa "Arbitragem em Números",[4] realizada por Selma Ferreira Lemes com auxílio de Vera Barros e Bruno Hellmeister (referente ao biênio 2021 e 2022), constatou-se que, em 2022, "quase 11% das arbitragens entrantes nas Câmaras pesquisadas foram com a Administração Pública direta e indireta". Em relação ao ano anterior (2021), notou-se um "aumento de 2,3% de novas arbitragens com a participação da Administração Pública". Considerando-se apenas as arbitragens nas quais figura como uma das partes o ente público, o estudo indica um aumento de 33% entre 2021 e 2022. Não há dúvida de que o aumento expressivo de arbitragens no setor público se deve à confiança na utilização do instituto, com a inserção de cláusulas compromissórias nos contratos públicos ou por meio da celebração de compromisso arbitral após a existência do litígio, considerando-se, sobretudo, a celeridade e a especialidade em comparação à jurisdição estatal.

No entanto, naturalmente, a Lei de Arbitragem não foi concebida à luz do regime jurídico administrativo. Voltada basicamente à arbitragem comercial, a Lei nº 9.307/1996 foi inspirada

---

[2] MAROLLA, Eugenia Cristina Cleto. Arbitragem e Administração Pública: A evolução da atuação do Poder Público nos procedimentos arbitrais envolvendo entes públicos. *Publicações da Escola Superior da Advocacia-Geral da União*, Brasília, DF, v. 16, n. 1, p. 147, mar. 2024.

[3] *Ibidem*.

[4] LEMES, Selma Maria Ferreira (coord.). *Arbitragem em Números*: Pesquisa 2021/2022. São Paulo: Canal Arbitragem, 2023. Disponível em: https://canalarbitragem.com.br/wp-content/uploads/2023/10/PESQUISA-2023-1010-0000.pdf. Acesso em: 9 maio 2025.

nos modelos de solução de conflitos entre particulares tanto na esfera nacional quanto internacional.

Dado seu caráter privado, a confidencialidade do procedimento, historicamente, é característica associada à arbitragem, sendo que os litígios levados aos tribunais arbitrais envolvem, preferencialmente, conflitos relacionados a segredo industrial, disputas comerciais, dados não conhecidos de seus concorrentes e outras peculiaridades que as partes preferem não expor a terceiros estranhos ao processo. Aliás, a confidencialidade é um dos grandes "chamarizes"[5] da arbitragem entre privados quando comparada à jurisdição estatal.

Nesse sentido, a Comissão das Nações Unidas para o Direito do Comércio Internacional (United Nations Comission on International Trade Law – UNCITRAL) reconhece, no item 31 das Notas sobre Organização de Procedimentos Arbitrais da United Nations Commission on International Trade Law (Notes on Organizing Arbitral Proceeding),[6] de 1996, que:

> 31. É amplamente visto que a confidencialidade é uma das características vantajosas e úteis da arbitragem. No entanto, não existe uma resposta uniforme nas legislações nacionais sobre até que ponto os participantes numa arbitragem estão sujeitos ao dever de observar a confidencialidade das informações relativas ao caso (tradução livre).[7]

Segundo Enrique Fernández Masiá, a confidencialidade tem ocupado tradicionalmente uma posição de honra, sendo um dos maiores benefícios que a arbitragem comercial internacional oferece para as partes, na medida em que protege as informações apresentadas por elas ao tribunal arbitral da opinião pública e preserva sua reputação.[8]

---

[5] Para além da confidencialidade, a especialidade do julgador e a celeridade são consideradas vantagens desse meio de solução de conflitos se comparado à jurisdição estatal.
[6] UNITED NATIONS COMMISSION ON INTERNATIONAL TRADE LAW. *Notes on Organizing Arbitral Proceeding*. Viena: UNCITRAL, 2016. Disponível em: https://uncitral.un.org/sites/uncitral.un.org/files/media-documents/uncitral/en/arb-notes-2016-e.pdf. Acesso em: 2 maio 2025.
[7] Trecho no original: *"31. It is widely viewed that confidentiality is one of the advantageous and helpful features of arbitration. Nevertheless, there is no uniform answer in national laws as to the extent to which the participants in an arbitration are under the duty to observe the confidentiality of information relating to the case"*.
[8] Trecho no original: *"Entre estas últimas, hemos de señalar que la confidencialidad ha ocupado tradicionalmente un puesto de honor. Tanto es así que, en numerosas ocasiones, se ha podido*

Contudo, a presença da Administração Pública como *player* no território arbitral exige uma adequação do instituto de direito privado às regras e aos princípios inerentes aos entes públicos. Entre eles, destaca-se o caráter público dos atos processuais como um dos pontos de maior choque entre a tradição da arbitragem entre privados.

Sendo uma das partes o Poder Público, a própria Lei nº 9.307/1996 afasta a liberdade das partes de convencionar a confidencialidade do processo arbitral. O §3º do art. 2º da Lei de Arbitragem, ao determinar que "a arbitragem que envolva a administração pública será sempre de direito e respeitará o princípio da publicidade", impede a convenção da confidencialidade do procedimento, impondo um regime para a publicidade processual das arbitragens público-privadas.

A liberdade de negociar a reserva de informações ou a confidencialidade de todo o processo não é dada à Administração Pública. Ao contrário, a partir de diversos mecanismos de controle aos quais o Estado está sujeito para garantir o interesse público, não se pode admitir a confidencialidade na arbitragem de que ele participe.[9]

Aliás, é bom que se diga que a tramitação da arbitragem, mesmo entre particulares, longe dos olhares da sociedade, só se fez efetiva a partir da edição da Lei de Arbitragem, na medida em que dispensou a homologação das sentenças arbitrais perante o Poder Judiciário. Até 1996, a necessidade de confirmação do "laudo arbitral" perante a jurisdição estatal mitigava a confidencialidade que costumava cercar o processo arbitral.[10]

---

señalar que uno de los mayores beneficios con los que cuenta el arbitraje comercial internacional para las partes es precisamente este carácter confidencial del procedimiento arbitral en relación al proceso judicial. Entre las razones tradicionales para su mantenimiento se han señalado, entre otras, las siguientes: lograr que un procedimiento arbitral sea más eficiente y rápido, proteger la información proporcionada por las partes al tribunal, no agravar la diferencia mediante comentarios públicos durante el proceso y defender la reputación de las partes en la disputa". MASIÁ, Enrique Fernández. *La transparencia al rescate del arbitraje inversor-estado*. 1. ed. Valência (Espanha): Tirant lo Blanch, 2019. p. 24.

[9] CARMONA, Carlos Alberto. *Arbitragem e processo*: um comentário à Lei nº 9.307/96. 3. ed. São Paulo: Atlas, 2009. p. 51-52.

[10] OLIVEIRA, Gustavo Justino de; EID, Elie Pierre. Notas sobre o princípio da publicidade nas arbitragens envolvendo a Administração Pública. *Revista da Associação dos Procuradores do Estado do Rio de Janeiro*, Rio de Janeiro, v. 26, p. 243, 2016.

A propósito, como alertam Gustavo Justino de Oliveira e Elie Pierre Eid, é curioso notar que, a depender da jurisdição escolhida para o julgamento, um mesmo litígio pode ser submetido a regimes de publicidade diferenciados. Quando submetido à jurisdição estatal, o sigilo será exceção; quando submetido à arbitragem, a reserva se mostra como regra.[11]

No Brasil, a discussão a respeito da publicidade e dos limites da confidencialidade na arbitragem transcende o campo dos processos que têm como uma das partes o Poder Público. Em 2021, foi apresentado o Projeto de Lei nº 3.293/2021, que visa alterar a Lei nº 9.307/1996, prevendo a publicação, pelas instituições arbitrais, de informações do processo arbitral, bem como a publicação da íntegra da sentença arbitral, na rede mundial de computadores, após o encerramento da demanda. Tais proposições não remetem às arbitragens público-privadas. O foco são todos os processos arbitrais, incluindo entre partes privadas.

No ano seguinte, a Comissão de Valores Mobiliários publicou a Resolução nº 80, de 29 de março de 2022, na qual dispõe sobre a divulgação pelas companhias abertas de todo processo judicial ou arbitral cujos pedidos estejam, no todo ou em parte, baseados em legislação societária ou do mercado de valores mobiliários. A Resolução inovou ao estabelecer o conteúdo mínimo que deverá ser divulgado pelo emissor, como a notícia da instauração da arbitragem, a celebração de termo de arbitragem, as decisões sobre jurisdição dos árbitros e as sentenças arbitrais, parciais ou finais. O regulamento impõe maior transparência em arbitragens comerciais, em matéria societária, que tradicionalmente se valem da confidencialidade para limitar o acesso às informações sensíveis das partes.

De volta às arbitragens público-privadas, a publicidade que se observa nos dias de hoje é restrita ou deficiente. Longe de um cenário de acesso facilitado dos atos e das informações do processo arbitral, a divulgação limitada e diferida promovida por alguns atores gera um impacto negativo para o controle social e institucional da atuação da Administração, bem como para o amadurecimento

---

[11] *Ibidem.*

e o aprimoramento do instituto. Por outro lado, a transparência durante todas as fases do processo arbitral imprime maior segurança jurídica, melhor aceitação das decisões e maior controle na conduta da parte pública e dos julgadores privados que estão a decidir sobre a alocação de recursos públicos.

Os árbitros, as partes e seus representantes, quando sabem que estão sendo observados pelo público, atuam com mais cuidado. Quando decisões são proferidas a portas abertas, é mais provável que os árbitros examinem o caso o mais cuidadosamente possível para evitar críticas fortes. Ademais, o acesso às informações do processo também pode atuar como um guia para futuros litigantes de potencial arbitragem, fornecendo informações sobre o caráter e a experiência dos árbitros,[12] bem como sobre higidez do instituto.

Diante da nítida ascensão do uso desse meio privado de solução de litígio pela Administração Pública, pretende-se investigar, por meio da presente pesquisa, a maneira pela qual se aplica o princípio da publicidade aos processos arbitrais envolvendo os entes públicos, à luz da Lei nº 9.307/1996. Nesse contexto, o objeto deste trabalho é estabelecer a compreensão e a extensão da publicidade na arbitragem público-privada.

A investigação limita seu objeto de estudo às pessoas jurídicas de direito público no plano federal, uma vez que as diferenças existentes quanto ao regime jurídico que incide sobre as entidades de direito privado integrantes da Administração Pública indireta (empresas públicas e sociedades de economia mista) demandam avaliação e estudos próprios.

Para fins referenciais, é objeto de comentários a regulamentação do uso da arbitragem nos Estados e Municípios, sem que, dessas ilustrações, se pretenda exaurir todos os temas que circundam a arbitragem envolvendo a Administração Pública no Brasil.

O mesmo tratamento será dado à arbitragem internacional de investimento. O trabalho abordará suas semelhanças e particularidades sem, contudo, se distanciar do foco de análise ora proposto.

---

[12] UDOH, Victoria. *Transparency in Arbitration, Desired or Necessary?* Enugu: University of Nigeria, 2020. Disponível em: https://ssrn.com/abstract=3689698. Acesso em: 2 maio 2025.

Assim, em termos metodológicos, não haverá capítulos ou tópicos dedicados à comparação jurídica entre os regulamentos publicados e a prática internacional, mas estes sempre serão abordados de forma exemplificativa e ilustrativa.

A pesquisa desenvolve-se a partir da vertente metodológica dogmática-jurídica e do tipo metodológico jurídico-compreensivo, em seis capítulos, incluída a conclusão.

No primeiro capítulo, tópico 1.1, analisa-se a adoção da arbitragem pela Administração Pública ao longo do tempo. O objetivo específico é demonstrar que o instituto, a despeito de estar previsto no ordenamento jurídico desde a Constituição do Império de 1824, teve como marco evolutivo relevante a publicação da Lei nº 9.307/1996, mas foi com a edição da Lei nº 13.129/2015 que o instituto encontrou maior aderência aos conflitos envolvendo a Administração Pública direta e indireta.

O tópico 1.2 expõe os fundamentos que dão suporte à participação do ente público nessa jurisdição privada e pretende comprovar que a adoção dos meios adequados de solução dos conflitos encontra suporte na Constituição da República, ao lado da jurisdição estatal. A busca pelo acesso à justiça pode ser alcançada por outras portas existentes e abertas no ordenamento jurídico.

No tópico seguinte, 1.3, o estudo tem por foco as especificidades da arbitragem quando a Administração Pública figura como parte. O objetivo específico é apresentar as alterações promovidas na Lei nº 9.307/1996 de forma a harmonizar o regime jurídico público ao caráter privado da arbitragem. Nesse momento, aborda-se, de forma introdutória, a publicidade nas arbitragens envolvendo a Administração Pública, tema central da presente pesquisa.

Seguindo adiante, o Capítulo 2 apresenta a teoria geral da publicidade nas arbitragens envolvendo o Poder Público. Para tanto, no tópico 2.1, são tratados os fundamentos da publicidade processual, cujo objetivo é demonstrar o correto enquadramento da publicidade prevista no §3º do art. 2º da Lei de Arbitragem.

O tópico 2.2 apresenta o regime da confidencialidade como faculdade na lei brasileira. Nessa linha, o estudo traz o tratamento da confidencialidade em ordenamentos jurídicos estrangeiros e a impossibilidade de convivência dessa característica com o regime jurídico ao qual é submetida a Administração Pública.

Em seguida, adentrando especificamente o tema do estudo, o tópico 2.3 tem por foco o escopo da publicidade nas arbitragens público-privadas, cujo objetivo específico é definir os contornos do aludido princípio, apresentando os apontamentos da doutrina sobre o tema; as previsões dos regulamentos publicados pelos entes públicos; e, por fim, as exceções à publicidade processual.

O tópico 2.4 pretende definir o destinatário do dever de divulgação a partir do entendimento defendido nos tópicos anteriores. A doutrina e os regulamentos públicos se dividem quanto ao tema. Os subtópicos abordam as correntes existentes e as previsões dos regulamentos das instituições arbitrais.

Em arremate, aborda-se, no tópico 2.5, o impacto da Lei Geral de Proteção de Dados nos processos arbitrais.

O terceiro capítulo trata das relações da publicidade administrativa e processual com a convenção de arbitragem (tópico 3.1). Os objetivos específicos são: analisar a publicidade administrativa na formação da convenção de arbitragem (tópico 3.2) e a previsão das regras da publicidade processual na convenção arbitral (tópico 3.3).

A partir das definições apresentadas na teoria geral da publicidade na arbitragem público-privada (Capítulo 2), o Capítulo 4 percorre a sistemática prevista na Lei nº 9.307/1996 desde a apresentação do pedido de instauração da arbitragem até a sentença arbitral final, de forma a propor um modelo de publicidade nos processos arbitrais envolvendo as pessoas jurídicas de direito público. A cada tópico, apresentam-se uma fase do processo arbitral e a forma com que deve ser concretizada a divulgação das informações e dos atos nele produzidos.

O tópico 4.1 tem por objetivo demonstrar a relevância da divulgação da existência do processo arbitral para o controle social desde o primeiro ato e, sobretudo, para a participação de terceiros em período anterior à instituição da arbitragem. Aborda-se, no quarto capítulo, a intervenção de terceiros na arbitragem.

O tópico 4.2, por sua vez, alcança a fase de indicação de árbitros. O objetivo específico é demonstrar que a divulgação dessa fase mitiga a assimetria informacional relacionada aos potenciais conflitos de interesse, bem como atrai mais segurança jurídica entre as partes e os árbitros.

No tópico 4.3, o foco é o primeiro ato processual após a instituição da arbitragem (constituição do tribunal arbitral). Nesse ponto, demonstra-se a imprescindibilidade da divulgação do Termo de Arbitragem e das principais informações do processo nele contidas.

O tópico 4.4 cuida da fase postulatória. Nesse momento, o estudo expõe a importância da divulgação das manifestações e dos documentos das partes. Ainda, nesse tópico, demonstra-se o caráter sigiloso dos processos administrativos nos quais é discutida a estratégia processual a ser adotada no processo arbitral pelo ente público. O objetivo específico é demonstrar que, a despeito da publicidade processual das manifestações e dos documentos já apresentados pelas partes no processo, as informações constantes nos dossiês internos da Administração Pública são resguardadas pelo sigilo profissional.

A fase instrutória é tratada no tópico 4.5. Nele, objetiva-se esclarecer que as provas existentes e produzidas nos autos do processo arbitral podem ter sua publicidade diferida. Diversamente do que ocorre nos processos judiciais, é possível adiar a divulgação de documentos e provas que possam impactar no andamento processual.

Por fim, o tópico 4.6 aborda a fase decisória, de forma a demonstrar a importância da divulgação das ordens processuais e sentenças arbitrais como ferramenta essencial para facilitar o desenvolvimento do direito. Para além disso, a publicação das sentenças viabiliza o escrutínio público da atuação dos árbitros, que, nesses casos, decidem sobre questões de interesse público.

O capítulo final apresenta o desenho processual acerca da publicidade nas arbitragens público-privadas. Na oportunidade, propõe-se o regramento a ser previsto na convenção de arbitragem sobre o tema, bem como as previsões indispensáveis sobre as divulgações das informações processuais no termo de arbitragem.

ADMINISTRAÇÃO PÚBLICA E ARBITRAGEM

1.1 A chegada da Administração Pública ao território arbitral

A arbitragem remonta aos "primórdios das civilizações, quando não existia ainda um sistema judiciário formado pelo Estado".[13] Naquela época, as controvérsias se resolviam pela força (autodefesa ou vingança privada), e, em um segundo momento, os conflitos passaram a ser resolvidos por duas formas distintas: autocomposição e heterocomposição. No período de 754 a.C. até aproximadamente 149 a.C., a solução dos conflitos era feita através de uma espécie de arbitragem facultativa. Na segunda fase, que se estendeu de 149 a.C. até 342 d.C., "o Estado, já fortalecido, passou a nomear os árbitros, tornando a arbitragem obrigatória".[14] E, por fim, a partir de 342 d.C. até 568 d.C., a justiça privada passou a ser pública, cabendo ao "pretor conhecer do mérito dos conflitos e a proferir sentenças".[15] Assim, o Estado assume a posição de único julgador, "dando início à ideia da jurisdição como monopólio do Estado".[16]

No Brasil, a adoção da arbitragem como forma de solução de controvérsias foi prevista pela primeira vez na Constituição

---

[13] LIMA, Leandro Rigueira Rennó. *Arbitragem*: uma análise da fase pré-arbitral. Belo Horizonte: Mandamentos, 2003. p. 29-31.
[14] *Ibidem.*
[15] *Ibidem.*
[16] *Ibidem.*

do Império de 1824. Segundo seu art. 160, as partes poderiam nomear juízes árbitros nas demandas civis e nas penais (civilmente intentadas). As sentenças obtidas seriam executadas sem recurso sempre que assim convencionassem as partes.[17]

Sob a vigência da Constituição de 1824, o Código Comercial de 1850, no art. 2.942, previu a solução por juízo arbitral para os litígios entre sócios e sociedades e relativos a locações comerciais, mas foi com a promulgação do Código Civil de 1916 que o compromisso arbitral foi regulamentado nos arts. 1.037 a 1.048.[18] Semelhante à transação no que toca à extinção das obrigações (art. 1.048), a sentença arbitral carecia de homologação no Poder Judiciário (art. 1.045), o que, naturalmente, inibiu sobremaneira o uso do meio extrajudicial de solução de disputas. A cláusula compromissória, por sua vez, era simples pacto preliminar, cujo objeto é a obrigação de celebrar o compromisso arbitral. Em caso de inadimplemento, a parte apenas poderia se valer da indenização por perdas e danos.[19]

Pouco avanço se percebeu com a entrada em vigor dos Códigos de Processo Civil de 1939 e 1973. A celebração do compromisso arbitral era imprescindível para a instauração da arbitragem, mesmo havendo sido celebrada a cláusula compromissória e o art. 1.041 ainda prevendo a necessidade de homologação pelo Poder Judiciário do laudo arbitral.

---

[17] Texto no original: "*Art. 160. Nas civeis, e nas penaes civilmente intentadas, poderão as Partes nomear Juizes Arbitros. Suas Sentenças serão executadas sem recurso, se assim o convencionarem as mesmas Partes*".

[18] LOBO, Carlos Augusto da Silveira. História e perspectivas da arbitragem no Brasil. *Revista de Arbitragem e Mediação*, São Paulo, v. 13, n. 50, p. 79-94, jul./set. 2016.

[19] Carlos Alberto Carmona ensina que "basicamente, eram dois grandes obstáculos que a lei brasileira criava para utilização da arbitragem: em primeiro, o legislador simplesmente ignorava a cláusula compromissória (o Código Civil de 1916 e o Código de Processo Civil não exibiam qualquer dispositivo a esse respeito); ao depois, o diploma processual, seguindo a tradição de nosso direito, exigia a homologação judicial do laudo arbitral. (...) Quanto à obrigatoriedade de homologação do laudo arbitral para que este passasse a produzir os mesmos efeitos da sentença estatal, alinhava-se o legislador (civil e processual) o que havia de mais antigo e ultrapassado na matéria. Evidentemente, as partes, ao optarem pela solução arbitral, querem evitar toda e qualquer interferência do Poder Judiciário, mesmo que a posteriori. A necessidade de apresentar-se o laudo ao juiz togado para o exequatur retirava várias vantagens do instituto: o segredo, que costuma cercar a arbitragem, desaparecia; o custo, que as partes querem ver reduzido, sofria acréscimo considerável; e, por fim, a celeridade, que deve caracterizar a arbitragem, ficava prejudicada, já que a morosidade do procedimento homologatório (sujeita que estava a sentença de primeiro grau ao recurso de apelação, aliado à possibilidade de recurso especial junto ao Superior Tribunal de Justiça, interponível sob a violação ao Código de Processo Civil) faria perdurar a demanda por alguns anos". CARMONA. *Op. cit.*, 2009, p. 4-5.

Especificamente quanto ao emprego da arbitragem pela Administração Pública, na "redação original do Decreto-Lei nº 2.300/1986, que disciplinou as licitações e contratos administrativos até a edição da Lei nº 8.666/1993, era expressamente vedado o emprego do juízo arbitral pela Administração Pública".[20,21] No ano seguinte, com a publicação do Decreto-Lei nº 2.348/1987, a redação do parágrafo único do art. 45 foi alterada "para autorizar a utilização da arbitragem pela Administração Pública nos contratos financiados por organismos multilaterais de crédito e nos casos de aquisição de equipamentos fabricados e entregues no exterior".[22,23] Com o advento da Lei nº 8.666/1993, que revogou o Decreto-Lei nº 2.300/1986, "a arbitragem perdeu seu permissivo legal",[24] o que gerou dúvidas e questionamentos acerca do cabimento do instituto em contratos administrativos.

Novo capítulo para a arbitragem brasileira se inaugura com a publicação da Lei nº 9.307/1996, inspirada na Lei Modelo da Comissão das Nações Unidas para o Direito Comercial Internacional (UNCITRAL). Fruto de importante mobilização de parlamentares, advogados e empresários junto ao Congresso Nacional, o Projeto de Lei nº 4.018/1993 (do Senado Federal) – PLS nº 78/1992 – iniciou sua tramitação em março de 1992, tendo se convertido, com mínimas alterações, na Lei nº 9.307/1996. Entre as principais mudanças impostas, destacam-se: (i) a plena eficácia da convenção

---

[20] PALMA, Juliana Bonacorsi de. *Sanção e acordo na administração pública*. São Paulo: Malheiros, 2015. p. 154.

[21] Art. 45. (...) Parágrafo único. Nos contratos com pessoas físicas ou jurídicas domiciliadas no estrangeiro deverá constar, necessariamente, cláusula que declare competente o foro do Distrito Federal para dirimir qualquer questão contratual, vedada a instituição de juízo arbitral.

[22] PALMA. *Op. cit.*, p. 154.

[23] Comenta Juliana Palma que "[u]ma interessante peculiaridade acerca da arbitragem na Administração Pública brasileira corresponde ao fato de este instrumento consensual estar tradicionalmente atrelado aos contratos administrativos internacionais, desde as primeiras arbitragens no império até mais recentemente com o Decreto-Lei 2.300/1986. Constata-se que a arbitragem não integrava até pouco tempo atrás a cultura brasileira, sendo instrumento consensual previsto no ordenamento jurídico por influxo de demandas internacionais para propiciar maior segurança jurídica aos investimentos e, consequentemente, diminuir os custos de transação. Em outros termos, a arbitragem, a princípio, foi utilitaristamente prevista para viabilizar o desenvolvimento econômico nacional e as negociações internacionais envolvendo a Administração Pública". PALMA. *Op. cit.*, p. 141.

[24] PALMA. *Op. cit.*, p. 156.

de arbitragem para instituir o processo; (ii) a possibilidade de execução específica (e forçada) da cláusula compromissória; (iii) a consolidação do princípio competência-competência, (iv) a dispensa de homologação da sentença arbitral doméstica pelo Poder Judiciário; (v) o enquadramento da sentença arbitral condenatória como título executivo judicial; e (vi) a vedação estrutural do sistema à revisão do mérito das sentenças arbitrais.[25]

Sua constitucionalidade foi testada logo após a promulgação. No âmbito do Agravo Regimental da Sentença Estrangeira nº 5.206-7/ES, o Supremo Tribunal Federal, a partir de questão de ordem suscitada pelo Ministro Moreira Alves, decidiu pela constitucionalidade da referida lei reforçando a validade da execução específica da cláusula compromissória e a desnecessidade de homologação da sentença.

O principal ponto de discussão foi traduzido no item 3 da ementa do acórdão, *in verbis*:

> 3. Lei de Arbitragem (L. 9.307/1996): constitucionalidade, em tese, do juízo arbitral; discussão incidental da constitucionalidade de vários tópicos da nova lei, especialmente acerca da compatibilidade, ou não, entre a execução judicial específica para a solução de futuros conflitos da cláusula compromissória e a garantia constitucional da universalidade da jurisdição do Poder Judiciário (CF, art. 5º, XXXV). Constitucionalidade declarada pelo plenário, considerando o Tribunal, por maioria de votos, que a manifestação de vontade da parte na cláusula compromissória, quando da celebração do contrato, e a permissão legal dada ao juiz para que substitua a vontade da parte recalcitrante em firmar o compromisso não ofendem o artigo 5º, XXXV, da CF. Votos vencidos, em parte – incluído o do relator – que entendiam inconstitucionais a cláusula compromissória – dada a indeterminação do objeto – e a possibilidade de a outra parte, havendo resistência quanto à instituição da arbitragem, recorrer ao Poder Judiciário para compelir a parte recalcitrante a firmar o compromisso, e, consequentemente, declaravam a inconstitucionalidade de dispositivos da Lei 9.306/96 (art. 6º, parág. único; 7º e seus parágrafos e, no art. 41, das novas redações atribuídas ao art. 267, VII e art. 301, inciso IX do C. Pr. Civil; e art. 42), por violação da garantia da universalidade da jurisdição

---

[25] CARMONA, Carlos Alberto; MACHADO FILHO, José Augusto Bitencourt. Arbitragem: jurisdição, missão e justiça. *In*: ARABI, Abhner Youssif Mota; MALUF, Fernando; MACHADO NETO, Marcello Lavenère (coord.). *Constituição da República 30 anos depois*: uma análise prática da eficiência dos direitos fundamentais. Estudos em homenagem ao Ministro Luiz Fux. Belo Horizonte: Fórum, 2019. p. 209.

do Poder Judiciário. Constitucionalidade – aí por decisão unânime, dos dispositivos da Lei de Arbitragem que prescrevem a irrecorribilidade (art. 18) e os efeitos de decisão judiciária da sentença arbitral (art. 31).[26]

Os avanços alcançados pela Lei nº 9.307/1996 foram, em parte, influenciados pelos movimentos ocorridos no campo internacional. Ratificado pelo Brasil e promulgado pelo Decreto nº 21.187/1932, o Protocolo de Genebra de 1923 exigia dos signatários o reconhecimento e a validade das cláusulas compromissórias firmadas entre partes submetidas a jurisdições de Estados contratantes diferentes, cujo efeito principal seria excluir a competência da jurisdição estatal. A Convenção de Nova York sobre o reconhecimento e a execução de sentenças arbitrais estrangeiras, publicada em 1958, e a Convenção Interamericana sobre Arbitragem Comercial Internacional do Panamá de 1975, por sua vez, impulsionaram as medidas de valorização do instituto.[27,28]

Por sua vez, a UNCITRAL, por meio de um esforço para uniformizar o tratamento conferido à arbitragem pelas diferentes legislações, publicou, em 1985, uma lei aplicável à arbitragem comercial internacional, conhecida como Lei Modelo da UNCITRAL. As regras-modelo foram amplamente aceitas na comunidade internacional, orientando as legislações sobre arbitragem em diversos países e servindo, até os dias de hoje, de referência para as mais diversas questões atinentes ao processo arbitral.

Todo esse esforço para implementação da arbitragem como via alternativa e eficaz de solução de controvérsias assegurava aos interessados uma opção não estatal capaz de ser moldada para atender às especificidades das partes e dos litígios. Esse cenário era

---

[26] BRASIL. Supremo Tribunal Federal (Tribunal Pleno). *Sentença Estrangeira nº 5.206-7 AgR*. Sentença estrangeira. Laudo arbitral. Lei de Arbitragem (L. 9.307/1996). Agravante: MBV Commercial and Export Management Establishment. Agravado: Resil Indústria e Comércio LTDA. Relator: Min. Sepúlveda Pertence, 12 de dezembro de 2001. Disponível em: https://redir.stf.jus.br/paginadorpub/paginador.jsp?docID=345889&docTP=AC. Acesso em: 2 maio 2025.

[27] MARTINS, Pedro Antônio Batista. Anotações sobre a Arbitragem no Brasil e o Projeto de Lei do Senado 78/92. *Revista de Arbitragem e Mediação*, São Paulo, v. 16, n. 62, p. 363-425, jul./set. 2019.

[28] A Convenção de Nova York só veio a ser ratificada pelo Brasil 44 anos depois, tendo sido promulgada pelo Decreto nº 4.311, de 23 de julho de 2002, ou seja, quando já em vigor a Lei de Arbitragem.

plenamente possível quando se estava a tratar de partes privadas. Por outro lado, "[a] utilização da arbitragem em relação aos negócios do Estado, ao contrário, está ligada a circunstâncias de fato e de direito bastante complexas".[29]

Em um primeiro momento, a possibilidade de optar pela jurisdição arbitral foi associada principalmente aos contratos celebrados por empresas públicas e sociedades de economia mista devido à incidência prevalente do regime de direito privado sobre suas relações jurídicas.[30] A renúncia à jurisdição estatal e a adoção da arbitragem para a solução de conflitos decorrentes de contratos administrativos ainda eram extremamente controversas. Os tribunais estatais discordavam da sua aplicação alegando indisponibilidade do interesse público e incompatibilidade com o sigilo e confidencialidade característicos do processo arbitral.[31]

Nesse sentido, em novembro de 1973, o Supremo Tribunal Federal, no conhecido "Caso Lage", destacou a possibilidade da utilização do juízo arbitral às causas envolvendo a Administração, no julgamento do Agravo de Instrumento nº 52.181. Embora a decisão não tenha por objeto um contrato administrativo, o julgado fez importante correlação entre a arbitrabilidade subjetiva e a existência de autorização legal para o uso da arbitragem, no caso, o Decreto-Lei nº 9.521/1946.

De modo diverso do que ocorre nas arbitragens entre pessoas jurídicas de direito privado – em que, em linhas gerais, sob o aspecto subjetivo, apenas se exige das partes a demonstração de plena capacidade civil –, na seara da Administração Pública, o tema da arbitrabilidade subjetiva sempre suscitou debates. Duas correntes, em sentidos diametralmente opostos, pautavam as discussões acerca da participação da Administração Pública no campo arbitral.[32]

---

[29] SALLES, Carlos Alberto de. *Arbitragem em contratos administrativos*. 1. ed. Rio de Janeiro: Forense, 2011. p. 59.
[30] GODOY, Luciano de Souza. Arbitragem e Administração Pública: uma reflexão sobre interesses arbitráveis. *In*: RODAS, João Grandino *et al*. *Visão multidisciplinar das soluções de conflitos no Brasil*. 1. ed. Curitiba: Prisma, 2018. p. 143-172.
[31] SILVA, Natália Alves da. A aplicação da arbitragem na resolução de conflitos da Administração Pública. *Revista de Direito da Administração Pública*, [s. l.], v. 1, n. 2, p. 110-147, jul./dez. 2017.
[32] Nesse sentido, afirma Alexandre Santos de Aragão que "[a]ntes do advento da Lei nº 13.129/2015, embora já se constatasse forte tendência *favor arbitratis* no direito público

A primeira entende que a arbitragem envolvendo a Administração Pública deve ser realizada com atenção a alguns condicionantes do regime de direito público. "Há de se reconhecer a existência de limites, próprios do Direito Administrativo, à arbitrabilidade de controvérsias relativas a contratos administrativos. Limites esses não expressos pela exígua disciplina da Lei de Arbitragem [na sua redação original]".[33]

Carlos Alberto Salles, importante porta-voz dessa primeira corrente, em obra anterior à reforma da Lei de Arbitragem, entendia que:

> A submissão da Administração ao princípio da legalidade, por força do mandamento constitucional, condiciona a ação administrativa à existência de prévio permissivo legal. O requisito de autorização administrativa, dessa maneira, constitui, também, uma condição de arbitrabilidade de questões relativas a contratos administrativos.[34]

Para o autor, "a renúncia à jurisdição estatal e a adoção da arbitragem para solução de controvérsias contratuais envolvendo a Administração Pública não são decisões, a princípio, inteiramente sujeitas à discricionariedade administrativa, dependendo de lei que as autorize".[35] O conteúdo do *caput* do art. 1º da Lei nº 9.307/1996 estabelece um regime geral para arbitragem, "[f]alta, exatamente, aquele comando legal, consistente em um permissivo dirigido à Administração Pública".[36]

---

brasileiro (capitaneada sobretudo pelo STJ), ainda pairavam muitas dúvidas quanto à possibilidade de participação de entidades administrativas em arbitragens". ARAGÃO, Alexandre Santos de. Arbitragem no Direito Administrativo. *Revista da AGU*, Brasília, DF, v. 16, n. 3, p. 19-58, jul./set. 2017.

[33] SALLES. *Op. cit.*, 2011, p. 215.
[34] *Ibidem*, p. 217.
[35] Complementa Carlos Alberto Salles que "a legalidade administrativa não pode ser entendida como simples existência de regulamentação legal, de normas de aplicação geral. Nem tudo que está disciplinado em lei e que pode ser utilizado pelo particular aplica-se, também, ao Poder Público. O princípio da legalidade, previsto constitucionalmente, não pode ser entendido como norma indicativa da necessidade de simples conformidade dos atos da Administração à lei. Ao contrário, tal princípio aponta para obrigatoriedade da ação administrativa estar fundada em comandos normativos específicos que lhe emprestem fundamento. Nesse sentido, a ação administrativa está condicionada à existência de permissivos legais específicos, não se reconhecendo a ela o mesmo espaço de liberdade ao particular". SALLES. *Op. cit.*, 2011, p. 239.
[36] BARROSO, Luís Roberto. Sociedade de economia mista prestadora de serviço público: cláusula arbitral inserida em contrato administrativo sem prévia autorização legal. *Revista de Direito Bancário do Mercado de Capitais e da Arbitragem*, [s. l.], v. 6, n. 19, p. 415-439,

Desse modo, segundo essa corrente, o Poder Público não pode atuar sem que exista uma norma que o autorize a fazê-lo. Diversamente do que acontece no campo privado, para a Administração Pública, uma ação somente é válida quando fundada na Constituição, em leis ou em atos normativos expedidos pelos próprios entes estatais – os quais, fora das hipóteses previstas no art. 84, VI, da Constituição de 1988, destinam-se, em regra, a permitir a fiel execução de lei já existente.[37]

Esse foi o posicionamento inicial do Tribunal de Contas da União. Na Decisão nº 286/1993, proferida antes da Lei de Arbitragem, a Corte de Contas firmou posição fortemente contrária à utilização da arbitragem pela Administração, na medida em que entendeu que:

> o juízo arbitral é inadmissível em contratos administrativos, por falta expressa de autorização legal e por contrariedade a princípios básicos de direito público (princípio da supremacia do interesse público sobre o privado, princípio da vinculação ao instrumento convocatório da licitação e à respectiva proposta vencedora, entre outros).[38]

Após a edição da Lei nº 9.307/1996, a Corte de Contas manteve seu posicionamento por meio da Decisão nº 584/2003,[39] entendendo que:

---

jan./mar. 2003; MEDEIROS, Suzana Domingues. Arbitragem envolvendo o Estado no direito brasileiro. *Revista De Direito Administrativo*, [s. l.], v. 233, p. 71-102, jul. 2003. Disponível em: https://periodicos.fgv.br/rda/article/view/45444. Acesso em: 6 dez. 2024; SALLES. *Op. cit.*, 2011, p. 239.

[37] ALENCAR, Aristhéa Totti Silva Castelo Branco de; NEGRI, Mariana Carvalho de Ávila. Arbitrabilidade subjetiva: a evolução e a consolidação da arbitragem envolvendo a Administração Pública brasileira. *Publicações da Escola da Advocacia-Geral da União*, Brasília, DF, v. 14, n. 1, p. 231, 2022.

[38] SALLES. *Op. cit.*, 2011, p. 222-223.

[39] Outros acórdãos seguiram o mesmo entendimento: BRASIL. Tribunal de Contas da União (2. Câmara). *Acórdão nº 1271/2005*. Fiscobras 2005. Levantamento de Auditoria realizado nas obras de Recuperação de Trechos Rodoviários – DivisaSC/RS-Aceguá – na BR-153/RS, no Rio Grande do Sul. Existência de cláusulas contratuais prevendo a arbitragem das controvérsias. Recorrente: Congresso Nacional. Recorrido: DNIT. Relator: Marcos Bemquerer, 24 de agosto de 2005. Disponível em: https://pesquisa.apps.tcu.gov.br/documento/acordao-completo/*/KEY%253AACORDAO-COMPLETO-23711/DTRELEVANCIA%2520desc/0/sinonimos%253Dfalse. Acesso em: 2 maio 2025; BRASIL. Tribunal de Contas da União (Tribunal Pleno). *Acórdão nº 1099/2006*. Fiscobras. Levantamento de Auditoria. Inclusão de cláusula de arbitragem. Determinação. Informação à Comissão Mista de Planos, Orçamentos Públicos e Fiscalização do Congresso Nacional. É ilegal, com afronta a princípios de direito público, a previsão, em contrato administrativo, da adoção de juízo arbitral para a solução de conflitos. Recorrente: Congresso Nacional. Recorrido: DNIT. Relator: Augusto Nardes, 5 de julho de 2006. Disponível em: https://

(...) nos termos da Lei 9.307, de 23/09/96, [a arbitragem] é aplicável apenas a direitos patrimoniais disponíveis, ou seja, individuais, sobre os quais os titulares têm direito de disposição, o que não é o caso do contrato, onde o bem tutelado é a energia elétrica emergencial, de interesse coletivo. (...) Como empresa pública comercializadora de energia elétrica, não caberia à CBEE, em caso de conflito com o particular, abrir mão da composição da lide no Judiciário. Os bens de uma empresa pública não podem, ser considerados disponíveis, já que em última instância, o responsável por quaisquer ressarcimentos ao particular será sempre o contribuinte, a partir da majoração dos encargos tributários.[40]

Por sua vez, para a segunda corrente, a regra do *caput* do art. 1º da Lei nº 9.307/1996 bastaria para que a Administração Pública fizesse uso da arbitragem para dirimir seus conflitos. A autorização legal para submeter eventuais litígios à solução arbitral, em cumprimento ao princípio da legalidade administrativa, estaria presente, de forma geral, no texto do *caput* do art. 1º da Lei de Arbitragem.

Em contraponto aos que defendem a necessidade de norma específica franqueando o emprego da arbitragem para o Poder Público, Carlos Alberto Carmona posiciona-se no sentido de que a "autorização legal procurada por alguns era normalmente genérica, como ocorria no caso de empresas públicas e nas sociedades de economia mista, submetidas por via constitucional ao regime de empresas privadas".[41] Nesses casos, a arbitragem sempre se admite quando "a questão, além de se revestir de caráter patrimonial,

---

pesquisa.apps.tcu.gov.br/documento/acordao-completo/*/NUMACORDAO%253A1099%2520ANOACORDAO%253A2006%2520COLEGIADO%253A%2522Plen%25C3%25A1rio%2522/DTRELEVANCIA%2520desc%252C%2520NUMACORDAOINT%2520desc/0. Acesso em: 9 maio 2025.

[40] BRASIL. Tribunal de Contas da União (Plenário). *Acórdão nº 584/2003*. Fiscobras 2003. Obras da Adutora do São Francisco em Sergipe. Indícios de irregularidades. Sobrepreço. Movimentação dos recursos do convênio em diversas contas correntes. Extemporaneidade da contrapartida estadual. Resultado da aplicação financeira não utilizados no objeto do convênio. Audiência dos responsáveis. Comunicação à Presidência e à Comissão Mista de Planos, Orçamentos Públicos e Fiscalização do Congresso Nacional. Recorrente: Congresso Nacional. Recorrido: Governo do Estado de Sergipe e Ministério da Integração Nacional. Relator: Marcos Vinicios Vilaça, 28 de maio de 2003. Disponível em: https://pesquisa.apps.tcu.gov.br/documento/acordao-completo/*/KEY:ACORDAO-COMPLETO-15080/NUMACORDAOINT%20asc/0. Acesso em: 2 maio 2025.

[41] CARMONA. *Op. cit.*, 2023, p. 56.

possa também ser resolvida pelas partes, sem o recurso ao Poder Judiciário".[42,43]

Filiando-se ao entendimento que sustenta a imprescindibilidade de autorização específica para adoção da arbitragem, diversos diplomas legais setoriais passaram a prever expressamente os mecanismos de solução de controvérsias em determinadas esferas, sobretudo na área de infraestrutura.[44] A Lei nº 8.630/1993 (Lei de Portos), anterior à Lei nº 9.307/1996, por exemplo, previa, em seu art. 23, a utilização da arbitragem de ofertas finais para solução dos conflitos surgidos na gestão de mão de obra portuária; e a Lei nº 9.472/1997 (Lei de Telecomunicações) estabeleceu, em seu art. 93, inciso XV, a obrigatoriedade da adoção de meios extrajudiciais para a solução de divergências nos contratos de concessão.

Em 2011, de forma inovadora, foi publicada a Lei nº 19.477/2011, no âmbito do Estado de Minas Gerais, autorizando a utilização da arbitragem pelos órgãos e pelas entidades da Administração Pública mineira. Naquele momento de consolidação do instituto da arbitragem, a lei mineira de arbitragem foi encarada como um importante passo com vistas a dar maior segurança ao parceiro privado e contribuir para a disseminação de uma verdadeira cultura arbitral no setor público.[45]

---

[42] CARDOSO, André Guskow. As Agências Reguladoras e a arbitragem. *In*: PEREIRA, Cesar Augusto Guimarães; TALAMINI, Eduardo (coord.). *Arbitragem e Poder Público*. São Paulo: Saraiva, 2010. p. 17.

[43] Nesse sentido, citam-se: AMARAL, Paulo Osternack. *Arbitragem e administração pública*: aspectos processuais, medidas de urgência e instrumentos de controle. Belo Horizonte: Fórum, 2012. p. 53-55; BINENBOJM, Gustavo. As parcerias público-privadas (PPPs) e a constituição. *Revista de Direito Administrativo*, Rio de Janeiro, v. 241, p. 159-176, jul./set. 2005; CASTRO, Sérgio Pessoa de Paula. A arbitragem e a administração pública: pontos polêmicos. *In*: BATISTA JÚNIOR, Onofre Alves; CASTRO, Sérgio Pessoa de Paula. *Tendências e perspectivas do direito administrativo*: uma visão da escola mineira. Belo Horizonte: Fórum, 2012. p. 199-210; GUERRERO, Luis Fernando. *Convenção de arbitragem e processo arbitral*. 2. ed. São Paulo: Atlas, 2014. p. 112-113; KLEIN, Aline Lícia. A arbitragem nas concessões de serviço público. *In*: PEREIRA, Cesar A. Guimarães; TALAMINI, Eduardo (coord.). *Arbitragem e poder público*. São Paulo: Saraiva, 2010. p. 63-109; LEMES, Selma Maria Ferreira. *Arbitragem na administração pública*: fundamentos jurídicos e eficiência econômica. São Paulo: Quartier Latin, 2007. p. 111-116; MONTEIRO, Alexandre Luiz Moraes do Rêgo. Administração pública consensual e a arbitragem. *Revista de Arbitragem e Mediação*, São Paulo, v. 9, n. 35, p. 107-123, out./dez. 2012; OLIVEIRA, Gustavo Justino de. A arbitragem e as parcerias público-privadas. *Revista de Arbitragem e Mediação*, São Paulo, v. 4, n. 12, p. 29-58, jan./mar. 2007; SUNDFELD, Carlos Ari; CÂMARA, Jacintho Arruda. O cabimento da arbitragem nos contratos administrativos. *In*: SUNDFELD, Carlos Ari (org.). *Contratações públicas e seu controle*. São Paulo: Malheiros, 2013. p. 258-260.

[44] ALENCAR; NEGRI. *Op. cit.*, p. 229.

[45] MARQUES, Ricardo Dalmaso; ALMEIDA, Fernanda Dias. A submissão de entes da Administração Pública à arbitragem – a lei mineira de arbitragem (lei estadual 19.477/11).

Traçando uma linha do tempo, diversos foram os diplomas legais federais que incluíram a arbitragem como meio de solução de controvérsias, a partir da publicação da Lei de Arbitragem. São eles: Lei nº 9.478/1997 (Lei da Agência Nacional do Petróleo, Gás Natural e Biocombustíveis – ANP); Lei nº 10.233/2001 (Lei da Agência Nacional de Transportes Terrestres e da Agência Nacional de Transportes Aquaviários – ANTT e ANTAQ); Lei nº 10.848/2004 (Lei da Agência Nacional de Energia Elétrica – ANEEL); Lei nº 11.079/2004 (Lei da Parceria Público-Privada – PPP); Lei nº 8.987/1995 (Lei das Concessões, alterada em 2005); Lei nº 11.442/2007 (Lei dos Transportes Rodoviários de Cargas); Lei nº 11.909/2009 (Lei de Transporte de Gás Natural); Lei nº 12.351/2010 (Lei de Exploração e Produção de Petróleo); Lei nº 12.462/2011 (Lei do Regime Diferenciado de Contratações Públicas – RDC); e, por fim, Lei nº 12.815/2013 (Lei de Portos).

A controvérsia foi definitivamente resolvida pela Lei nº 13.129/2015, que inseriu o §1º no art. 1º da Lei nº 9.307/1996, que passou a dispor que "[a] administração pública direta e indireta poderá utilizar-se da arbitragem para dirimir conflitos relativos a direitos patrimoniais disponíveis". O referido diploma legal estabeleceu uma autorização especial – direcionada à Administração Pública – e, ao mesmo tempo, geral, uma vez que não limitou a previsão a um setor determinado, mas permitiu o uso da arbitragem pelo Estado para dirimir quaisquer litígios relativos a direitos patrimoniais disponíveis.[46]

Encerrando uma fase de dúvidas existentes sobre a arbitrabilidade subjetiva dos entes e órgãos da administração direta ou indireta em qualquer nível da federação com a edição da Lei nº 13.129/2015, a nova redação da Lei de Arbitragem avançou em alguns pontos igualmente controversos na doutrina e na jurisprudência. Para além de admitir expressamente a utilização da arbitragem para dirimir conflitos sobre direitos patrimoniais disponíveis na Administração Pública direta e indireta, o novo texto normativo estabeleceu que

---

Migalhas, 9 nov. 2011. Disponível em: https://www.migalhas.com.br/depeso/144769/a-submissao-de-entes-da-administracao-publica-a-arbitragem---a-lei-mineira-de-arbitragem--lei-estadual-19-477-11. Acesso em: 2 maio 2025.

[46] ALENCAR; NEGRI. Op. cit., p. 229.

a arbitragem público-privada seja sempre de direito, e não julgada com base na equidade, e prevaleça, como regra, a publicidade, entre outros temas não relacionados diretamente ao Poder Público.[47]

De lá para cá, somando-se quase dez anos desde a alteração da Lei de Arbitragem, a desconfiança e o ceticismo acerca do uso da arbitragem como mecanismo de solução de conflitos pelas entidades públicas foram superados, dando lugar a um comportamento indiscutivelmente *pró-arbitragem* por parte do Poder Público.

Como explica Eugenia Marolla, "houve uma profunda alteração de posicionamento em relação ao uso de meios alternativos de solução de controvérsias"[48] no âmbito do Tribunal de Contas da União. Modificou-se a compreensão da total impossibilidade da utilização da arbitragem pelo Poder Público para "o entendimento de que a arbitragem é um instrumento de política pública que tem o efeito de aumentar a segurança jurídica e melhorar o ambiente institucional da desestatização da infraestrutura".[49] Esse fenômeno tem reflexos positivos na conduta dos agentes públicos diante de uma maior segurança jurídica para adoção de outros meios de solução de litígios.

Tal visão evolutiva é evidenciada pela constante publicação de regulamentos infralegais pelos diversos entes da federação que tratam da adoção da arbitragem e suas especificidades relacionadas ao regime jurídico de direito público. Entre os principais normativos, destacam-se o Decreto nº 46.245/2018, do Estado do Rio de Janeiro, o Decreto nº 64.356/2019, do Estado de São Paulo, o Decreto Federal nº 10.025/2019 e o Decreto nº 59.963/2020, do Município de São Paulo.

Registra-se, ainda, que a previsão expressa de meios alternativos de solução de controvérsias passou a constar também da Lei nº 14.133/2021.[50] Embora, no que se refere ao instituto da arbitragem

---

[47] As principais modificações foram (i) a possibilidade de prolação de sentenças arbitrais parciais, art. 23, §1º; (ii) a redução do rol de hipóteses de nulidade da sentença arbitral, art. 32; (iii) a possibilidade de ajuizamento de medidas cautelares e de urgência perante o Poder Judiciário anteriormente à constituição do tribunal arbitral, art. 22-A e 22-B; (iv) a criação do mecanismo da carta arbitral, art. 22-C; (v) a possibilidade de as partes afastarem a aplicação de dispositivo do regulamento do órgão arbitral institucional ou entidade especializada que limite a escolha do árbitro à respectiva lista de árbitros, art. 13, §4º; e (vi) a previsão expressa de interrupção da prescrição com a instituição da arbitragem, art. 19, §2º.

[48] MAROLLA. *Op. cit.*, 2024.

[49] *Ibidem*, p. 145.

[50] Lei nº 14.133/2021, art. 151: "Nas contratações regidas por esta Lei, poderão ser utilizados meios alternativos de prevenção e resolução de controvérsias, notadamente a conciliação, a

propriamente, a nova Lei de Licitações não tenha apresentado inovações consideráveis, trazendo dispositivos genéricos e insuficientes em vários aspectos, é evidente que sua inserção na lei geral visa incentivar o emprego do instituto e respalda o administrador que o adota para casos adequados.[51,52]

De acordo com a pesquisa realizada pelo Comitê Brasileiro de Arbitragem (CBAr) e pelo Instituto Ipsos,[53] divulgada em 2022, as três principais características da arbitragem, quando comparada aos processos judiciais, foram o "caráter técnico e a qualidade das decisões"; o "tempo necessário para ter uma solução definitiva para o conflito"; e a "possibilidade de indicar ou participar da escolha de um árbitro". Para Rodrigo Fonseca, "[a] especialização dos árbitros aumenta a previsibilidade da decisão final, na medida em que diminuem os riscos de que o conflito surgido não seja bem compreendido pelo julgador".[54] Defende o autor importante "vantagem informacional" (*informational advantage*) dos árbitros especialistas sobre os juízes generalistas, o que diminui no custo percebido *ex ante* pelas partes para resolução do litígio, na medida em que, mesmo expostos às mesmas informações, os árbitros especialistas normalmente poderão interpretar a informação e apreender os fatos de modo mais preciso e a custo mais reduzido quando comparados com os juízes estatais.[55]

---

mediação, o comitê de resolução de disputas e a arbitragem. Parágrafo único. Será aplicado o disposto no caput deste artigo às controvérsias relacionadas a direitos patrimoniais disponíveis, como as questões relacionadas ao restabelecimento do equilíbrio econômico-financeiro do contrato, ao inadimplemento de obrigações contratuais por quaisquer das partes e ao cálculo de indenizações".

[51] ALENCAR, Aristhéa Totti Silva Castelo Branco de; ZOCKUN, Carolina Zancaner; ZOCKUN, Maurício. A arbitragem na nova Lei de Licitações e Contratos e a contratação de bens e serviços comuns. *In*: ALVES, Felipe Dalenogare; AMORIM, Rafael de Amorim; MATOS, Marilene Carneiros (org.). *Nova Lei de Licitações e Contratos*: Lei nº 14.133/2021: debates, perspectivas e desafios. Brasília, DF: Câmara dos Deputados, 2023. p. 59-87.

[52] Impulsionados pela referida inovação, foram igualmente publicados o Decreto nº 9.929/2021, do estado de Goiás; Decreto nº 55.996/2021, do estado do Rio Grande do Sul; Decreto nº 10.086/2022, do estado do Paraná; e Decreto nº 2.241/2022, do estado de Santa Catarina.

[53] COMITÊ BRASILEIRO DE ARBITRAGEM (CBAr). *Arbitragem no Brasil*. [S. l.]: CBAr; Ipsos, 2021. Disponível em: https://cbar.org.br/site/wp-content/uploads/2021/09/pesquisa-cbar-ipsos-2021-arbitragem-no-brasil.pdf. Acesso em: 9 maio 2025.

[54] FONSECA, Rodrigo Garcia da. O princípio competência-competência na arbitragem: uma perspectiva brasileira. *Revista de Arbitragem e Mediação*, [s. l.], ano 3, v. 9, p. 296, abr./jun. 2006.

[55] *Ibidem*.

Quanto ao tempo para solução do litígio, André Junqueira afirma que, em regra, o processo arbitral tem duração menor se comparado ao processo judicial estatal. "Isso porque a arbitragem não está sujeita aos inúmeros instrumentos recursais previstos no Código de Processo Civil, tampouco aos diversos problemas de organização judiciária e à litigância de massa que assola o Poder Judiciário brasileiro."[56]

Não há dúvidas de que a arbitragem como forma de solução de disputas envolvendo os conflitos administrativos veio para ficar. A assimilação da jurisdição arbitral pela Administração Pública é reconhecida pelas inúmeras convenções de arbitragem celebradas nos mais diversos contratos administrativos, nas três esferas da federação, bem como pela criação das equipes especializadas no assessoramento jurídico e na representação dos entes públicos em procedimentos arbitrais, como a Assistência de Arbitragens da Procuradoria-Geral do Estado de São Paulo, criada em 2015;[57] o Núcleo Especializado em Arbitragem (NEA), criado em 2019;[58] e a Equipe Nacional de Arbitragens (ENARB), criada em 2022,[59] estes últimos unidades da Advocacia-Geral da União.

1.2 Os fundamentos da arbitragem público-privada

O acesso à justiça é um direito fundamental da cidadania previsto na Declaração Universal dos Direito Humanos e, com sede constitucional no art. 5º, XXXV, determina que "a lei não excluirá da apreciação do Poder Judiciário lesão ou ameaça a direito". Enquadrado no nosso ordenamento jurídico como garantia

---

[56] JUNQUEIRA, André Rodrigues. *Arbitragem nas Parcerias Público-Privadas*: um estudo de caso. Belo Horizonte: Fórum, 2019. p. 112.

[57] PROCURADORIA-GERAL DO ESTADO DE SÃO PAULO (PGE-SP). *Assistência de Arbitragens*: Portal de Arbitragens. [S. l.]: PGE-SP, 2019. Disponível em: https://www.pge.sp.gov.br/Portal_PGE/Portal_Arbitragens/paginas. Acesso em: 9 maio 2025.

[58] ADVOCACIA-GERAL DA UNIÃO (AGU). *Núcleo Especializado em Arbitragem da Advocacia-Geral da União (NEA-AGU)*. [S. l.]: AGU, [202-?]a. Disponível em: https://www.gov.br/agu/pt-br/composicao/cgu/cgu/nea. Acesso em: 9 maio 2025.

[59] *Idem. Equipe Nacional de Arbitragem da Advocacia-Geral da União (ENARB)*. [S. l.]: AGU, [202-?]b. Disponível em: https://www.gov.br/agu/pt-br/composicao/procuradoria-geral-federal-1/subprocuradoria-federal-de-consultoria-juridica/equipe-nacional-de-arbitragens-enarb. Acesso em: 9 maio 2025.

fundamental, a expressão "acesso à justiça" é "reconhecidamente de difícil definição, mas serve para determinar duas finalidades básicas do sistema jurídico – o sistema pelo qual as pessoas podem reivindicar seus direitos e/ou resolver seus litígios sob os auspícios do Estado".[60]

No entanto, a garantia constitucional de acesso à justiça, como visto no tópico anterior, não se restringe ao acesso ao Poder Judiciário. Ao contrário. De acordo com o entendimento do Supremo Tribunal Federal,[61] a inafastabilidade da tutela jurisdicional tem abrangência mais ampla, de forma a assegurar o acesso a outras formas de solução de litígio. O impedimento de qualquer tipo de restrição à apreciação de lesão ou ameaça a direito pelo Poder Judiciário, prevista do texto constitucional, dirige-se e se limita sobretudo ao próprio Estado, em sua função legislativa, e não ao indivíduo. Isso significa dizer que, para além do direito de buscar nos órgãos do Poder Judiciário, o jurisdicionado tem à disposição diferentes vias de acesso à justiça.

Dessa forma, o titular do direito detém a faculdade (ou liberdade) de acionar a jurisdição estatal para resolver suas controvérsias, mas não tem qualquer dever de fazê-lo, podendo optar livremente por outras soluções que lhe sejam mais convenientes.[62]

Com efeito, a solução natural – ou tradicional – dos conflitos é confiada ao Estado. No entanto, ao reconhecer a natureza jurisdicional da arbitragem, a partir do "definitivo abandono da ideia de monopólio da jurisdição pelo Estado",[63] o Supremo Tribunal

---

[60] CAPPELLETTI, Mauro; GARTH, Bryant. *Acesso à Justiça*. Tradução: Ellen Gracie Northfleet. Porto Alegre: Fabris, 1988. p. 8.

[61] BRASIL. Supremo Tribunal Federal (Tribunal Pleno). *Sentença Estrangeira nº 5.206-7 AgR*. Sentença estrangeira. Laudo arbitral. Lei de Arbitragem (L. 9.307/1996). Agravante: MBV Commercial and Export Management Establishment. Agravado: Resil Indústria e Comércio LTDA. Relator: Min. Sepúlveda Pertence, 12 de dezembro de 2001. Disponível em: https://redir.stf.jus.br/paginadorpub/paginador.jsp?docID=345889&docTP=AC. Acesso em: 9 maio 2025.

[62] "Da jurisdição (...) podemos dizer que é uma das funções do Estado, mediante a qual este se substitui aos titulares dos interesses em conflito, para, imparcialmente, buscar a atuação da vontade do direito objetivo que rege a lide que lhe é apresentada em concreto para ser solucionada (...)." CINTRA, Antônio Carlos de Araújo; GRINOVER, Ada Pellegrini; DINAMARCO, Cândido Rangel. *Teoria geral do processo*. São Paulo: Revista dos Tribunais, 1976. p. 88-89.

[63] CARMONA; MACHADO FILHO. Arbitragem: jurisdição, missão e justiça. *In*: ARABI; MALUF; MACHADO NETO (coord.). *Op. cit.*, 2019, p. 209-226.

Federal reafirma que a existência de novas portas de acesso à justiça pode ser alcançada por meio de outras existentes e abertas no ordenamento jurídico.[64] Ao indivíduo, é concedido um "acesso desobstruído aos vários caminhos que levam a todos, em igualdade de oportunidades, à satisfação dos direitos de cada um".[65]

O crescimento, nos últimos anos, da adoção de mecanismos alternativos (ou adequados) de solução de conflitos como medidas de apoio à jurisdição estatal inspirou a pioneira Resolução nº 125, de 29 de novembro de 2011, do Conselho Nacional de Justiça (CNJ), seguida pelos dispositivos a respeito desse tema previstos no novo Código de Processo Civil (CPC) – Lei nº 13.105/2015.

A aludida Resolução do CNJ estabelece que "o direito de acesso à Justiça, previsto no art. 5º, XXXV, da Constituição Federal além da vertente formal perante os órgãos judiciários, implica acesso à ordem jurídica justa".[66] Encampa, igualmente, a "necessidade de se consolidar uma política pública permanente de incentivo e aperfeiçoamento dos mecanismos consensuais de solução de litígios".[67]

O sistema multiportas estimulado pela Resolução promove às partes a eleição do meio que lhes parecer mais adequado, cabendo ao Estado disponibilizar, apoiar e incentivar o acesso aos diversos meios possíveis. Há uma mudança de paradigma antes calcada na definição dos meios possíveis pelo próprio Estado.[68]

---

[64] BRASIL. Supremo Tribunal Federal (Tribunal Pleno). *Sentença Estrangeira nº 5.206-7 AgR*. Sentença estrangeira. Laudo arbitral. Lei de Arbitragem (L. 9.307/1996). Agravante: MBV Commercial and Export Management Establishment. Agravado: Resil Indústria e Comércio LTDA. Relator: Min. Sepúlveda Pertence, 12 de dezembro de 2001. Disponível em: https://redir.stf.jus.br/paginadorpub/paginador.jsp?docID=345889&docTP=AC. Acesso em: 9 maio 2025.

[65] MEGNA, Bruno Lopes. *Políticas de solução de conflitos administrativos*: adequação e racionalidade. 2023. Tese (Doutorado em Direito Processual) – Faculdade de Direito, Universidade de São Paulo, São Paulo, 2023, p. 344.

[66] CONSELHO NACIONAL DE JUSTIÇA (CNJ). *Resolução nº 125/2011*. Dispõe sobre a Política Judiciária Nacional de tratamento adequado dos conflitos de interesses no âmbito do Poder Judiciário e dá outras providências. Brasília: CNJ, 1º dez. 2010. Disponível em: https://atos.cnj.jus.br/atos/detalhar/156. Acesso em: 9 maio 2025.

[67] *Ibidem*.

[68] Segundo Fredie Didier Jr. e Leandro Fernandez, o estímulo à adoção de outros meios de solução de conflitos tem fundamento no equilíbrio de "duas ordens: pragmática, consistente na incapacidade estrutural do Judiciário para solucionar todos os conflitos, e jurídico-sociológica, relativa à compreensão da existência de meios mais adequados do que outros para a solução de certas espécies de litígio – um dos núcleos da terceira onda

Reforçando a construção normativa da Resolução CNJ nº 125/2011, o novo CPC trouxe, entre suas normas fundamentais, em seu art. 6º,[69] aquela que prescreve o dever de cooperação entre as partes para a justa solução do litígio. Prevê, ainda, no seu art. 3º, §2º,[70] o dever do Estado de promover, sempre que possível, a solução consensual dos conflitos. Assim, o "Judiciário deixa de ser um lugar de *julgamento* apenas para ser um local de *resolução de disputas*".[71] O modelo processual introduzido pelo novo CPC confirma e prestigia o sistema multiportas, na medida em que as partes podem optar pelo meio mais eficiente e adequado.

Diante disso, é inevitável a necessidade de uma releitura do art. 5º, XXXV, da CR/1988, de forma a estabelecer a garantia de que nenhuma matéria será subtraída à apreciação jurisdicional – não necessariamente do Poder Judiciário –, respeitando-se o consenso e a liberdade das partes na escolha do método adequado para a resolução de seus conflitos. Dessa feita, cada vez mais a expressão "jurisdição" converge para a noção de acesso à justiça, seja esse acesso garantido diretamente pelo Estado ou por meio de outras soluções de resolução de conflitos reconhecidas oficialmente no ordenamento jurídico.[72]

Do contexto retratado, torna-se imprescindível mencionar um aspecto que impulsiona a abertura do ordenamento jurídico brasileiro aos métodos alternativos (ou adequados) de solução de litígios: o número excessivo de demandas pendentes de julgamento no Poder Judiciário e a demora desarrazoada na sua tramitação. Segundo Carlos Alberto Salles, a "crise da jurisdição

---

de acesso à justiça". DIDIER Jr., Fredie; FERNANDEZ, Leandro. A justiça constitucional no sistema brasileiro de justiça multiportas. *Revista da AJURIS*, Porto Alegre, v. 50, n. 154, p. 148, jun. 2023.

[69] Art. 6º Todos os sujeitos do processo devem cooperar entre si para que se obtenha, em tempo razoável, decisão de mérito justa e efetiva.

[70] Art. 3º Não se excluirá da apreciação jurisdicional ameaça ou lesão a direito.
§1º É permitida a arbitragem, na forma da lei.
§2º O Estado promoverá, sempre que possível, a solução consensual dos conflitos.

[71] CUNHA, Leonardo Carneiro Cunha. Justiça Multiportas: mediação, conciliação e arbitragem no Brasil. *Revista ANNEP de Direito Processual*, [s. l.], v. 1, n. 1, p. 140-162, jan./jul. 2020. Disponível em: revistaannep.com.br/index.php/radp/article/view/33/pdf. Acesso em: 9 maio 2025.

[72] SILVA, Diogo Dias da. *Publicação das decisões arbitrais*: critérios para a formação de uma jurisprudência arbitral. Rio de Janeiro: Lumen Juris, 2021. p. 50.

estatal reforça a necessidade de se lançar mão de mecanismos alternativos".[73]

O Relatório "Justiça em Números 2024 (ano-base 2023)", produzido pelo CNJ,[74] aponta que, no final de 2023, 83,8 milhões de processos aguardavam desfecho na Justiça, em uma alta de 1,1% em relação ao final de 2022. Diante dessa realidade, foram registrados 35,3 milhões de casos novos (3 milhões a mais que em 2022), o maior pico de demanda judicial de toda a série histórica compreendida entre 2009 e 2023. Por outro lado, foram julgados 33,2 milhões de processos, o maior volume da série histórica, e baixados 35 milhões em 2023.

O elevado número de processos judiciais pendentes de julgamento e a alta taxa de congestionamento dificultam o exercício de uma prestação jurisdicional de qualidade. No campo cível, o tempo médio de duração dos processos em tramitação na fase de conhecimento de primeiro grau é de 2 anos e 11 meses, e a tramitação na fase de execução do primeiro grau é de 5 anos e 7 meses. A execução fiscal tem tempo médio de 6 anos e 9 meses. Esses números não incluem o longo caminho percorrido pelas ações judiciais nas vias recursais, o que praticamente dobra o tempo dispendido para se chegar ao trânsito em julgado. Tais dados do Relatório apontam a incapacidade da jurisdição estatal de fornecer resposta efetiva, adequada e tempestiva ao padrão atual de demandas.[75]

---

[73] SALLES, Carlos Alberto. O consenso nos braços do Leviatã: os caminhos do judiciário brasileiro na implantação de mecanismos adequados de solução de controvérsias. *Revista Jurídica Luso-Brasileira*, [s. l.], v. 4, n. 3, p. 223, 2018. Disponível em: http://www.cidp.pt/revistas/rjlb/2018/3/2018_03_0215_0241.pdf. Acesso em: 9 maio 2025.

[74] CONSELHO NACIONAL DE JUSTIÇA. *Relatório Justiça em Números*. Brasília: CNJ, 2024. Disponível em: https://www.cnj.jus.br/wp-content/uploads/2024/05/justica-em-numeros-2024.pdf. Acesso em: 9 maio 2025.

[75] Segundo Pedro Antônio Batista Martins, "[o] dever de assegurar o acesso à justiça não se limita a simples possibilidade de distribuição do feito, ou a manutenção de tribunais estatais à disposição da população". Seu principal objetivo é "uma justiça célere em prol do jurisdicionado. Se esses fatores não imperam, o Estado está privando o cidadão do direito à jurisdição, colocando-se em potencial descumprimento de uma das suas funções primordiais". MARTINS, Pedro Antônio Batista. Acesso à justiça. *In*: MARTINS, Pedro Antônio Batista; LEMES, Selma Maria Ferreira; CARMONA, Carlos Alberto. *Aspectos fundamentais da lei de arbitragem*. Rio de Janeiro: Forense, 1999. p. 4.

Segundo Marcelo Veiga Franco:

> não é exagero afirmar que a cultura jurídica vigorante no Brasil está pautada na premissa da litigiosidade em detrimento da cultura do consenso, o que contribui para o assoberbamento dos órgãos judiciários. A morosidade excessiva na tramitação dos processos judiciais e a inefetividade dos órgãos judiciários são apenas algumas das consequências advindas de um modelo de proteção de direitos focado na tendência de acionamento abundante da via jurisdicional para a solução dos conflitos.[76]

Entre os "grandes litigantes",[77] a Administração Pública ocupa o primeiro lugar. Em termos quantitativos, o Poder Público é responsável, como parte demandante, por 11,71% de todas as ações no Poder Judiciário, e quase 30% das demandas judiciais figuram no polo passivo.

Diante do cenário exposto, nota-se que o movimento gerado pela adoção do sistema multiportas alcança igualmente a Administração Pública, não só por sua expressiva condição de litigante – que abarrota a jurisdição estatal –, mas também pela busca pela eficiência no trato das controvérsias administrativas. A prevenção da judicialização desnecessária e o emprego de técnicas de gestão racional de métodos alternativos (ou adequados) de prevenção e solução de litígios estão na ordem do dia do gestor público.

Nesse aspecto, não se mostra minimamente razoável uma interpretação no sentido de que o §3º do art. 2º do CPC/2015[78] seja direcionado exclusivamente à administração da justiça pelo Poder Judiciário. Do mesmo modo, o Estado-Administração, em seus incontáveis conflitos – dentro e fora da jurisdição estatal –, tem o dever de buscar a consensualidade e a cooperação. Trata-se de consequência lógica do reconhecimento da busca de uma solução

---

[76] FRANCO, Marcelo Veiga. *Administração Pública como litigante habitual*: a necessária mudança da cultura jurídica de tratamento dos conflitos. 2018. Tese (doutorado) – Faculdade de Direito, Universidade Federal de Minas Gerais, Belo Horizonte, 2018. p. 37.

[77] CONSELHO NACIONAL DE JUSTIÇA. *Op. cit.*

[78] Art. 3º Não se excluirá da apreciação jurisdicional ameaça ou lesão a direito.
(...)
§3º A conciliação, a mediação e outros métodos de solução consensual de conflitos deverão ser estimulados por juízes, advogados, defensores públicos e membros do Ministério Público, inclusive no curso do processo judicial.

pacífica dos conflitos (preâmbulo[79] e art. 4º, VII, da CR) como princípio constitucional aplicável ao Estado Democrático.[80]

De acordo com Marco Antonio Rodrigues, não é mais possível pensar na solução de conflitos que envolvam a Administração Pública apenas por meio da solução imposta pelo Poder Judiciário.[81] Diante dos novos paradigmas de consensualidade que acompanham os métodos alternativos (ou adequados) de solução de litígios, a Administração Pública se vê conduzida – ou mesmo impelida – a perfilhar novos caminhos que busquem a solução de controvérsias de modo mais rápido e eficaz.

Esse novo modelo, para além de assegurar o acesso à justiça (art. 5º, XXXV), a duração razoável do processo (art. 5º, LIV) e o respeito pleno ao devido processo legal (arts. 5º, LV e LXXVIII), atende aos primados de economicidade e eficiência, exigidos na atuação da Administração Pública, em um contexto de crescente modernização e reforma do Estado e mudanças de paradigmas no Direito Administrativo.[82]

Sem pretender examinar em detalhes a evolução da consensualidade no ambiente da Administração Pública, tendo em vista os propósitos e os limites deste trabalho, observa-se o recente desenvolvimento da consensualidade administrativa por meio da

---

[79] O inteiro teor do Preâmbulo da Constituição da República: "Nós, representantes do povo brasileiro, reunidos em Assembleia Nacional Constituinte para instituir um Estado democrático, destinado a assegurar o exercício dos direitos sociais e individuais, a liberdade, a segurança, o bem-estar, o desenvolvimento, a igualdade e a justiça como valores supremos de uma sociedade fraterna, pluralista e sem preconceitos, fundada na harmonia social e comprometida, na ordem interna e internacional, com a solução pacífica das controvérsias, promulgamos, sob a proteção de Deus, a seguinte CONSTITUIÇÃO DA REPÚBLICA FEDERATIVA DO BRASIL".

[80] No mesmo sentido, Luciano Ferraz defende que a busca pela solução de questões jurídicas e conflitos pela via do consenso é dever da Administração Pública, nos termos do preâmbulo da Constituição da República, "que afirma estar o Estado Brasileiro comprometido na ordem interna e internacional com a solução pacífica das controvérsias. Também no art. 4º, VII, da Constituição que impõe ao Estado Brasileiro, nas relações internacionais, com princípio, a solução pacífica dos conflitos". FERRAZ, Luciano. Termo de Ajustamento de Gestão (TAG): do sonho à realidade. *Revista Eletrônica sobre a Reforma do Estado (RERE)*, Salvador, n. 27, set./nov. 2011. Disponível em: http://www.direitodoestado.com.br/codrevista.asp?cod=577. Acesso em: 9 maio 2025.

[81] RODRIGUES, Marco Antônio. Prefácio. *In*: BRANCO, Janaína Soares Noleto Castelo. *Advocacia Pública e solução consensual dos conflitos*. Salvador: JusPodivm, 2018. p. 11.

[82] YAMAMOTO, Ricardo. *Arbitragem e Administração pública*: Uma Análise e as Cláusulas Compromissórias em Contratos Administrativos. 2018. Dissertação (Mestrado em Direito) – Faculdade de Direito, Fundação Getulio Vargas, São Paulo, 2018. p. 14.

adoção de um fluxo intenso de medidas que incentivam o uso dos meios adequados de solução de litígios.

O autoritarismo dá lugar ao efetivo diálogo como técnica de desenvolvimento das atividades administrativas, na busca de obter melhores resultados com menor custo e maior celeridade. A imperatividade é substituída pela participação e consensualidade, decisivas para aprimorar a governabilidade, frear o abuso de poder e gerar mais eficiência, legitimidade e responsabilidade para a Administração Pública.[83]

A consensualidade aproxima a Administração Pública de mecanismos de audição e de participação dos interessados, como nas audiências públicas; de métodos mais flexíveis de definição de medidas de política econômica e social, como a concertação administrativa; bem como da contratualização administrativa propriamente dita, por meio da qual se "retrata a substituição das relações administrativas baseadas na unilateralidade, na imposição e na subordinação por relações fundadas no diálogo, na negociação e na troca".[84]

Como um ganho de eficiência e de melhor governança, a consensualidade deve ser reconhecida, como ensina Juliana Palma, "como técnica de gestão administrativa".[85] Tendo por enfoque o interesse público, "o acordo administrativo consiste em um dos meios para satisfação das finalidades públicas que a Administração tem ao seu dispor, o que certamente reforça o caráter instrumental da atuação administrativa consensual".[86]

---

[83] MOREIRA NETO, Diogo de Figueiredo. *Mutações do direito administrativo*. Rio de Janeiro: Renovar, 2000. p. 40-41.

[84] OLIVEIRA, Gustavo Justino de; SCHWANKA, Cristiane. A administração consensual como a nova face da Administração Pública no séc. XXI: fundamentos dogmáticos, formas de expressão e instrumentos de ação. *Revista de Direito do Estado*, Rio de Janeiro, v. 10, ano 3, p. 275, abr./jun. 2008.

[85] PALMA. *Op. cit.*, p. 128.

[86] Segundo Juliana Bonacorsi Palma, "[a] projeção da consensualidade na Administração Pública desafia do modelo de ação administrativa tradicionalmente utilizado pelo Poder Público visando à satisfação de finalidades públicas. Ocorre que é o paradigma da imperatividade que lastreia a teoria do Direito Administrativo e orienta a prática administrativa. Em termos gerais, o paradigma da imperatividade corresponde ao exercício das competências administrativas por meio do ato administrativo unilateral e imperativo. A decisão administrativa é unilateralmente tomada pela Administração e imposta ao administrado, independentemente de sua aquiescência. Trata-se do ato de autoridade, conformado de acordo com a interpretação que a Administração dê ao interesse público

De forma a ampliar gradativamente as manifestações de consensualidade aplicáveis à atuação administrativa, juntamente ao novo Código do Processo Civil, foram publicadas a Lei nº 13.129/2015, que reformou a Lei de Arbitragem, e a Lei nº 13.140/2015, o marco legal da Mediação. Nota-se um esforço legislativo para uma maior abertura da Administração Pública à atuação consensual.

Para Janaína Soares Noleto Castelo Branco,

> [o] apego à legalidade e a resistência dos agentes públicos à consensualidade demonstraram que o melhor caminho para uma mudança de postura era a alteração legislativa. Nada mais encorajador da conduta cooperativa ao administrador, vinculado que é à legalidade, que a autorização legal.[87]

Assim, a ampliação da garantia do acesso à justiça alcançando formas alternativas à jurisdição estatal e o ambiente consensual ao qual aderiu a Administração Pública tornam-se território fértil para a adoção da arbitragem. Tendo a consensualidade como origem, o instituto da arbitragem representa mais uma porta disponível à população para a resolução de suas disputas.[88]

Fundada na autonomia da vontade e na boa-fé das partes, a arbitragem, ao lado da jurisdição estatal, reflete uma "forma justa e, às vezes, necessária, de acesso à justiça mediante prestação jurisdicional".[89] Inserida no âmbito da dinâmica do processo

---

no caso concreto, cujo remédio histórico de defesa de direitos e interesses particulares corresponde ao mandado de segurança. Não por outro motivo administrativistas indicam a consensualidade como um dos eixos de transformação da Administração Pública e, por decorrência, do Direito Administrativo. Não apenas a concepção de ação administrativa é desafiada, mas a consensualidade enseja a releitura dos institutos fundantes do direito administrativo, como o ato administrativo e o princípio da supremacia do interesse público sobre o privado". PALMA, Juliana Bonacorsi de. A consensualidade na Administração Pública e seu controle judicial. In: GABBAY, Daniela Monteiro; TAKAHASHI, Bruno (coord.). *Justiça Federal*: inovações nos mecanismos consensuais de solução de conflitos. Brasília, DF: Gazeta Jurídica, 2014. p. 144-145.

[87] RODRIGUES, Marco Antônio. Prefácio. In: BRANCO. *Op. cit.*, p. 27.

[88] Segundo Fernanda Duarte, Rafael Iorio Filho, Ana Paula Felipe e Delton Meirelles, "a arbitragem não é uma via de escape do Judiciário, mas uma solução adequada, inserida na lógica de um sistema multiportas de solução de disputas sem que se possa identificar um mecanismo preferencial e outros alternativos, mas sim em analisar as circunstâncias do caso concreto para escolha do mecanismo mais adequado". DUARTE, Fernanda *et al.* (coord.). *Escritos sobre Direito, Cidadania e Processo*: Discursos e Práticas. 1. ed. Niterói: Programa de Pós-Graduação em Sociologia e Direito (PPGSD), 2018. p. 55.

[89] CARMONA, Carlos Alberto; MACHADO FILHO, José Augusto Bitencourt. A inaplicabilidade das garantias e vedações do art. 95 da Constituição Federal aos árbitros. *In*:

constitucional, a atividade jurisdicional, exercida pela arbitragem, guarda os mesmos princípios e garantias aplicáveis à jurisdição estatal, impondo-se a obediência dos sujeitos do processo arbitral às normas constitucionais.[90]

Nesse ambiente marcado "pela abertura e pela integração entre os diferentes modos de resolução de problemas jurídicos",[91] a jurisdição arbitral se traduz como mais uma possível direção ao acesso adequado à justiça e à resolução efetiva de disputas, inclusive na esfera administrativa. A opção pelo uso da arbitragem adere aos conceitos da boa administração baseada na efetivação do princípio da eficiência administrativa, prevista como princípio constitucional.

No entanto, a busca pela eficiência administrativa pode trilhar caminho em sentido diverso da solução de litígios via arbitragem. Por vezes, a via judicial ainda será a opção mais adequada para resolver o litígio envolvendo o ente público.[92] Diante das portas abertas, cabe ao gestor público (e ao advogado público) projetar e construir o ambiente jurídico que melhor resolva aquela controvérsia específica.[93]

Embora a arbitragem não seja, em si, um meio consensual de resolução de conflitos, a escolha dessa via ocorre de forma consensual entre os litigantes, pois a escolha do meio extrajudicial é sempre voluntária ou facultativa. Assim, mesmo se enquadrando em uma das hipóteses de solução de litígios heterocompositiva, a arbitragem depende da consensualidade das partes em se submeter a esse procedimento específico. Por esse motivo, entende-se que se enquadra também no contexto de Administração Pública consensual.[94]

ABBOUD, Georges; MALUF, Fernando; VAUGHN, Gustavo Favero (coord.). *Arbitragem e Constituição*. São Paulo: Thompson Reuters Brasil, 2023. p. 211.

[90] CANALLI, Rodrigo Lobo. Proteção de dados e arbitragem: reflexões à luz do direito constitucional. *In*: ABBOUD; MALUF; VAUGHN (coord.). *Op. cit.*, p. 444.

[91] DIDIER JÚNIOR; FERNANDEZ. *Op. cit.*, p. 151-152.

[92] CUÉLLAR, Leila. O advogado como arquiteto de processos. *In*: CUÉLLAR, Leila *et al.* (coord.). *Direito Administrativo e Alternative Dispute Resolution*: arbitragem, *dispute board*, mediação e negociação. Belo Horizonte: Fórum, 2020. p. 21.

[93] No mesmo sentido, CUÉLLAR, Leila; MOREIRA, Egon Bockmann. Câmaras de autocomposição da administração pública brasileira; reflexões sobre seu âmbito de atuação. *In*: CUÉLLAR *et al.* (coord.). *Op. cit.*, p. 77.

[94] GOMES, Cristiane Cardoso Avolio; NUNES, Tatiana Mesquita. Autonomia da vontade e arbitragem: o caso da Administração Pública. *Publicações da Escola da Advocacia-Geral da União*, Brasília, DF, v. 14, n. 1, p. 89, 2022. Disponível em: https://revistaagu.agu.gov.br/index.php/EAGU/article%20/view/3224. Acesso em: 9 maio 2025.

Assim como nas demais formas de expressão da consensualidade na atuação da Administração Pública, a arbitragem pode contribuir para o aprimoramento da governabilidade do Estado, de modo a propiciar a prestação da jurisdição de forma especializada e célere. Para além disso, com a participação mais ativa do parceiro privado, as decisões tornam-se mais aceitáveis e facilmente obedecidas, o que concretiza o acesso à justiça, compreendida como justa e pacificadora.

1.3 Algumas especificidades da arbitragem público-privada

A escolha da arbitragem pela Administração Pública, por meio da celebração de convenção de arbitragem, como regra, segue a mesma sistemática das arbitragens entre privados. O regramento jurídico da arbitragem no Brasil, estabelecido na Lei nº 9.307/1996, é bastante específico. Mesmo calcada na autonomia da vontade, a Lei de Arbitragem prevê um conteúdo mínimo a ser atendido para que a decisão proferida tenha validade no ordenamento jurídico.

Alocada em ambiente diverso do Poder Judiciário, a jurisdição privada encontra-se moldada por regras e princípios constitucionais e de direito privado. Isso porque, segundo Carlos Alberto Carmona e José Augusto Machado Filho, "a missão do árbitro é substancialmente diferente daquela do juiz togado, seja em decorrência da origem dos poderes jurisdicionais, seja em decorrência de seu limitado alcance".[95] Acrescentam os autores que "o árbitro é, por definição, um agente privado ao qual são conferidos poderes jurisdicionais pelas próprias partes – mediante autorização da lei – que elegeram a via arbitral para solucionar a sua disputa".[96]

Regida por normas de direito privado, a arbitragem possibilita às partes uma ampla liberdade, não só quanto àqueles que julgaram sua demanda, mas igualmente quanto às regras processuais, normas de direito material aplicáveis, possibilidade de reserva

---

[95] CARMONA, Carlos Alberto; MACHADO FILHO, José Augusto Bitencourt. A inaplicabilidade das garantias e vedações do art. 95 da Constituição Federal aos árbitros. *In*: ABBOUD; MALUF; VAUGHN (coord.). *Op. cit.*, p. 80.

[96] *Ibidem*, p. 80-81.

das informações processuais em relação a terceiros. Contudo, esse regime jurídico predominantemente privado sofre limitação com a participação da Administração Pública na medida em que "atrai as regras norteadoras do sistema democrático e do regime público, em especial para garantir a fiscalização das condutas do Poder Público pelos órgãos de controle e pela sociedade".[97]

Nas palavras de Raul Relvas Moreira:

> Deve-se notar, pois, que apesar de originalmente forjado no Direito privado, o regime jurídico da arbitragem tem vindo a ser paulatinamente publicizado perante a necessidade da sua adaptação às especificidades impostas pela natureza pública dos litígios que envolvam a aplicação do Direito Administrativo, o que igualmente contribui para um reforço da confiança na arbitragem como via adequada para composição de litígios em matéria administrativa, particularmente no universo contratual.[98]

É importante notar que as derrogações à autonomia da vontade, pilar de sustentação do processo arbitral, como já dito, encontram-se previstas expressamente na própria Lei nº 9.307/1996. Isso porque, diante da desconfiança e do ceticismo que cercava o uso da arbitragem como mecanismo de solução de conflitos pela Administração Pública, buscou-se a conformação do instituto às particularidades do ente público pela via legislativa.

Com o advento da Lei nº 13.129/2015, que implementou alterações pontuais à Lei de Arbitragem, foram incluídos, entre outros, dispositivos sobre temas diretamente relacionados ao regime jurídico de direito público. Como abordado em tópico anterior, a reforma se propôs a afastar as incertezas existentes acerca do cabimento do instituto aos litígios da Administração Pública, de forma a conferir segurança jurídica aos gestores públicos e aos parceiros privados.

---

[97] OLIVEIRA, Gustavo Justino de. *Especificidades do processo arbitral envolvendo a Administração Pública*. São Paulo: Enciclopédia jurídica da PUCSP. Direito Administrativo e Constitucional, 2017. Disponível em: https://enciclopediajuridica.pucsp.br/verbete/49/edicao-2/especificidades-do-processo-arbitral-envolvendo-a-administracao-publica. Acesso em: 9 maio 2025.

[98] MOREIRA, Raul Relvas. O âmbito da arbitragem administrativa no domínio dos contratos. In: GOMES, Carla Amado; PEDRO, Ricardo (coord.) *A arbitragem administrativa em debate*: problemas gerais e arbitragem no âmbito do Código dos Contratos Públicos. 2. ed. Lisboa: AAFDL, 2023. p. 259.

Incorporada ao texto legal, a previsão contida no §1º do art. 1º da Lei nº 9.307/1996 anuncia que "[a] administração pública direta e indireta poderá utilizar-se da arbitragem para dirimir conflitos relativos a direitos patrimoniais disponíveis". O dispositivo assume função de norma autorizativa geral de submissão dos conflitos relacionados à Administração Pública à arbitragem e rechaça quaisquer dúvidas existentes sobre a arbitrabilidade subjetiva dos entes e órgãos da administração direta ou indireta em qualquer nível da federação.

Para João Pedro Accioly, "[a] Lei nº 13.129/2015 dispôs claramente que tanto a Administração indireta (autarquias, fundações, empresas públicas e sociedades de economia mista) quanto a Administração direta podem se valer da arbitragem para a resolução de seus conflitos".[99]

No entanto, nem toda matéria pode ser objeto de decisão pela via da arbitragem. Relativamente à arbitrabilidade objetiva, o §1º do art. 1º da Lei nº 9.307/1996 define como sendo passíveis de submissão ao juízo arbitral os litígios que dizem respeito a direitos patrimoniais disponíveis. A imprecisão da expressão direitos patrimoniais disponíveis possibilita, *per se*, as mais diversas interpretações.

Como ressalva Gustavo Justino de Oliveira, a arbitrabilidade objetiva, certamente, é

> um dos maiores entraves da adoção da arbitragem pelo Poder Público, pois a diferenciação entre direito patrimonial disponível e direito indisponível é traçada por uma linha muito tênue, sendo plenamente possível que as dimensões da indisponibilidade e da disponibilidade restem nebulosas.[100,101]

---

[99] ACCIOLY, João Pedro. *Arbitragem em conflitos com a Administração Pública*. Rio de Janeiro: Lumen Juris, 2019. p. 172.

[100] OLIVEIRA. *Op. cit.*, 2017.

[101] Para aprofundamento: ACCIOLY, João Pedro. Arbitrabilidade objetiva dos conflitos com a administração pública. *Revista Brasileira de Arbitragem*, [s. l.], v. 17, p. 7-42, 2020; ANDRADE, Erico; MAGALHÃES, Gustavo. Arbitragem e administração pública: limites e possibilidades de arbitrabilidade nos contratos de concessão (Leis 8.987/1995 e 11.079/2004). *Revista de Arbitragem e Mediação*, [s. l.], v. 65, p. 83, 2020; CORREIA, José Manuel Sérvulo. A arbitragem dos litígios entre particulares e administração pública sobre situações regidas pelo direito administrativo. *Revista de Contratos Públicos – RCP*, Belo Horizonte, ano 4, n. 6, p. 165-198, set. 2014/fev. 2015; FICHTNER, José Antônio; MANNHEIMER, Sergio Nelson; MONTEIRO, André Luís. *Teoria Geral da Arbitragem*. Rio de Janeiro: Forense, 2019; GARCIA, Fernando Couto. Regras especiais de arbitrabilidade

Diante da indefinição dos conceitos elegidos pela Lei de Arbitragem, normas supervenientes à Lei nº 13.129/2015 passaram a estabelecer regras mais detalhadas visando pautar a atuação da Administração Pública nos procedimentos arbitrais. Valendo-se da técnica de prever um rol exemplificativo do que seriam os *"direitos patrimoniais disponíveis"*, o art. 31, §4º, da Lei nº 13.448/2017, e o art. 2º, parágrafo único, do Decreto Federal nº 10.025/2019 consideram controvérsias passíveis de julgamento por arbitragem as questões relacionadas à recomposição do equilíbrio econômico-financeiro dos contratos; o cálculo de indenizações decorrentes de extinção ou de transferência do contrato de concessão; e o inadimplemento de obrigações contratuais por qualquer das partes.

A Lei nº 14.133/2021 repete em grande parte as previsões da Lei nº 13.448/2017, inovando, porém, ao prever a possibilidade de extinção dos contratos por decisão arbitral.[102] Seguindo a mesma tendência, diversos diplomas normativos contemplam a delimitação do conteúdo relacionado aos direitos patrimoniais disponíveis (arbitrabilidade objetiva), entre eles o Decreto Estadual nº 46.245/2018, do Rio de Janeiro (art. 1º),[103] o Decreto Estadual nº 64.356/2019, de São Paulo (art. 1º),[104] o Decreto Estadual nº

---

objetiva de litígios que envolvem a administração pública na lei de concessões e na lei de parcerias público-privadas. *Publicações da Escola da Advocacia-Geral da União*, Brasília, DF, v. 13, n. 2, p. 125-150, 2022; GODOY, Luciano de Souza. Arbitragem e Administração Pública: uma reflexão sobre interesses arbitráveis. *In*: RODAS, João Grandino *et al*. *Visão multidisciplinar das soluções de conflitos no Brasil*. 1. ed. Curitiba: Prisma, 2018. p. 143-172; PINTO, José Emílio Nunes. A arbitrabilidade de controvérsias nos contratos com o Estado e empresas estatais. *Revista Brasileira de Arbitragem*, São Paulo, v. 1, n. 1, jan./mar. 2004; DEUS, Adriana Regina Sarra de. Arbitrabilidade objetiva e administração pública: quais matérias podem ser arbitradas? *Revista Brasileira de Arbitragem*, [s. l.], v. 18, n. 72, p. 10-46, out./dez. 2021.

[102] Art. 138. A extinção do contrato poderá ser: I – determinada por ato unilateral e escrito da Administração, exceto no caso de descumprimento decorrente de sua própria conduta; II – consensual, por acordo entre as partes, por conciliação, por mediação ou por comitê de resolução de disputas, desde que haja interesse da Administração; III – determinada por decisão arbitral, em decorrência de cláusula compromissória ou compromisso arbitral, ou por decisão judicial.

[103] Art. 1º Este Decreto regulamenta a arbitragem nos conflitos envolvendo o Estado do Rio de Janeiro e as Entidades da Administração Pública Estadual Indireta, relativos a direitos patrimoniais disponíveis, nos termos da Lei nº 9.307/1996. Parágrafo único. Entende-se por conflitos relativos a direitos patrimoniais disponíveis as controvérsias que possuam natureza pecuniária e que não versem sobre interesses públicos primários.

[104] Art. 1º – Este decreto dispõe sobre o emprego, no âmbito da Administração Pública direta e autárquica, da arbitragem como meio de resolução de conflitos relativos a direitos patrimoniais disponíveis.

55.996/2021, do Rio Grande do Sul (art. 2º),[105] e o Decreto Estadual nº 9.929/2021, de Goiás (art. 1º).[106]

O §2º do art. 1º da Lei de Arbitragem também não constava da redação original da lei, tendo sido introduzido pela Lei nº 13.129/2015. A norma define o órgão e a autoridade competentes para celebrar a convenção de arbitragem como sendo aqueles que têm a atribuição para celebrar acordos e transações.

O acordo entre as partes para afastar a jurisdição estatal, como se verá adiante, enquadra-se como um verdadeiro negócio jurídico processual, firmado a partir do atendimento de requisitos de existência, validade e eficácia. Particularmente em relação à Administração Pública, quanto à validade, é necessário, nos termos da Lei de Arbitragem, que o agente público tenha capacidade legal de celebrar acordos e transações administrativas, ou seja, a autoridade deve estar investida de competência legalmente definida para a prática do ato negocial.[107]

O dispositivo foi inserido na Lei de Arbitragem para melhor garantir a estabilidade dos negócios jurídicos de forma a não

---

Parágrafo único – Este decreto não se aplica: 1. aos projetos contemplados com recursos provenientes de financiamento ou doação de agências oficiais de cooperação estrangeira ou organismo financeiro multilateral de que o Brasil seja parte, quando essas entidades estabelecerem regras próprias para a arbitragem que conflitem com suas disposições; 2. aos casos em que legislação específica que regulamente a questão submetida à arbitragem dispuser de maneira diversa.

[105] Art. 2º A arbitragem de que trata o art. 1º deste Decreto observará as seguintes diretrizes: I – poderão ser submetidas à arbitragem as controvérsias relativas a direitos patrimoniais disponíveis, em especial as advindas de: a) questões relacionadas à recomposição do equilíbrio econômico-financeiro de contratos; b) indenizações decorrentes de extinção ou de transferência de contratos; e c) inadimplemento de obrigações contratuais por quaisquer das partes, incluída a incidência das respectivas penalidades.

[106] Art. 1º Este Decreto regulamenta a arbitragem como meio de resolução de conflitos relativos a direitos patrimoniais disponíveis, no âmbito da administração pública estadual, nos termos da Lei federal nº 9.307, de 23 de setembro de 1996. §1º Entendem-se por conflitos relativos a direitos patrimoniais disponíveis, entre outros: I – as questões relacionadas à recomposição do equilíbrio econômico–financeiro dos contratos; II – a inadimplência de obrigações contratuais por qualquer das partes; e III – os cálculos decorrentes de penalidades contratuais, as controvérsias advindas de execução de garantias contratuais e as indenizações contratuais. §2º Não se aplica a este Decreto: I – aos projetos contemplados com recursos provenientes de financiamento ou doação de agências oficiais de cooperação estrangeira ou organismo financeiro multilateral de que o Brasil seja parte, quando essas entidades estabelecerem regras próprias para arbitragem que conflitem com suas disposições; e II – aos casos em que legislação específica regulamente a questão submetida à arbitragem de maneira diversa.

[107] MEDAUAR, Odete. *Direito Administrativo Moderno*. 21. ed. Belo Horizonte: Fórum, 2018. p. 47.

permitir que o ente público desconsiderasse a vontade manifestada consensualmente. Isso porque, de acordo com Carlos Alberto Carmona, a Administração Pública, após surgido o conflito, poderia alegar a invalidade da convenção de arbitragem por ter sido firmada por autoridade sem poderes.[108] A solução, portanto, foi estabelecer legalmente que "quem pode o mais (fazer concessões recíprocas em transação) pode o menos (não fazer concessão alguma pela arbitragem de direito)".[109]

Nas arbitragens entre partes privadas, o critério de julgamento é objeto de livre escolha entre as partes, como prevê o art. 2º da Lei nº 9.307/1996.[110] A arbitragem pode ser de direito, quando o julgamento observa regras e norma de direito positivo, ou por equidade, quando os árbitros são autorizados a julgar o litígio pautando-se pelos princípios básicos do direito, convivência social, usos e costumes.[111] O julgamento por equidade representa a "autorização para deixar de lado as normas de direito posto e julgar segundo o que parecer justo no caso concreto".[112]

No entanto, o julgamento por equidade não se coaduna com a observância do princípio da legalidade imposto à Administração Pública, nos termos do art. 37 da Constituição da República. Nesse caso, o legislador procurou deixar claros, com a inclusão do §3º do art. 2º, os limites e as cautelas que devem cercar a arbitragem que envolvam entes públicos. Dessa forma, não é admissível que as decisões tomadas em processos arbitrais sejam fundadas na equidade.

Carlos Ari Sundfeld e Jacintho Arruda Câmara sustentam que "a Administração só pode se submeter a uma decisão que seja

---

[108] CARMONA. *Op. cit.*, 2023, p. 71.
[109] MEGNA, Bruno Lopes. *Arbitragem e Administração Pública*: Fundamentos teóricos e soluções práticas. Belo Horizonte: Fórum, 2019. p. 189.
[110] Art. 2º A arbitragem poderá ser de direito ou de equidade, a critério das partes.
§1º Poderão as partes escolher, livremente, as regras de direito que serão aplicadas na arbitragem, desde que não haja violação aos bons costumes e à ordem pública.
§2º Poderão, também, as partes convencionar que a arbitragem se realize com base nos princípios gerais de direito, nos usos e costumes e nas regras internacionais de comércio.
§3º A arbitragem que envolva a administração pública será sempre de direito e respeitará o princípio da publicidade.
[111] YAMAMOTO. *Op. cit.*, p. 62.
[112] CARMONA. *Op. cit.*, 2009, p. 65.

tomada com base em critérios rigorosamente jurídicos, oriundos de normas postas formalmente (em lei, regulamento, contrato ou ato administrativo)".[113] Com efeito, os árbitros não podem afastar o direito substituindo-o por uma decisão construída com base em critérios subjetivos, levando em conta a noção de justiça e de equilíbrio.

A Lei nº 14.133/2021 igualmente prevê, em seu art. 152, que "a arbitragem será sempre de direito e observará o princípio da publicidade", não detalhando sobre quais regras de direito material será pautada a decisão arbitral. A intenção legislativa é afastar os julgamentos baseados na equidade, recorrentes em países de sistema *common law*.[114]

Assim, quando envolver a Administração Pública, a sentença arbitral (e decisões incidentes) deverá adotar as normas estritas de direito. A decisão proferida pelos árbitros não pode ser tomada fora da ordem jurídica, de modo que mesmo a maior medida de discricionariedade existente se subordinará a algum tipo de baliza legal ou constitucional.[115]

Nesse sentido, anuncia Carlos Alberto Salles que a aplicação do ordenamento jurídico brasileiro é cogente. Trata-se, pois, de uma "indisponibilidade normativa".[116] Caberá aos árbitros decidir "com base nas leis substantivas brasileiras, por força da indisponibilidade normativa quanto ao direito brasileiro e do princípio da legalidade, insculpido no art. 5º, II; art. 84, IV; art. 78, *caput*, e VII; e art. 37, *caput*, da Constituição da República".[117]

No mesmo sentido, Eugenia Cristina Marolla anota que a escolha do direito aplicável "não é livre: as normas de direito público

---

[113] CÂMARA, Jacintho Arruda; SUNDFELD, Carlos Ari. O cabimento da arbitragem nos contratos administrativos. *Revista de Direito Administrativo*, [s. l.], v. 248, p. 118-126, 2008.

[114] DI PIETRO, Maria Sylvia Zanella. *Curso de Direito Administrativo*. 35. ed. Rio de Janeiro: Forense, 2022. p. 736. E-book.

[115] TIBURCIO, Carmen; PIRES, Thiago Magalhães. Arbitragem envolvendo a administração pública: notas sobre as alterações introduzidas pela lei 13.129/2015. *Revista de Processo*, [s. l.], v. 254, p. 431-462, abr. 2016.

[116] SALLES. *Op. cit.*, 2011, p. 265.

[117] ESTEFAM, Felipe Faiwichow. *Arbitragem e Administração Pública*: a estruturação da cláusula arbitral em face do regime jurídico-administrativo. 2017. Tese (Doutorado em Direito) – Faculdade de Direito, Pontifícia Universidade Católica de São Paulo, São Paulo, 2017. p. 56.

existentes não podem ser afastadas para a utilização pura e simples do direito comum, da legislação de outros países ou normas de outros entes federativos".[118] Conclui que "a vinculação ao princípio da legalidade, neste caso, deve ser considerada em um aspecto restrito, levando em conta a existência de normas de conteúdo e a aplicação das regras próprias de competência que regem a Administração Pública".[119]

Ricardo Yamamoto, por sua vez, salienta que o §3º do art. 2º da Lei de Arbitragem "introduziu a vedação à arbitragem por equidade e obrigou a utilização da arbitragem de direito quando a Administração Pública estiver envolvida, devido à necessária observância do princípio da legalidade (estrita) do Direito Administrativo (arts. 5º, II, e 37 da CF/88)".[120] Acrescenta que "os agentes da administração pública devem pautar a sua atuação nos limites estritos do direito posto e da lei, e, assim sendo, não têm a liberdade de escolha como os particulares, que podem fazer tudo aquilo que a lei não proíbe".[121]

Acompanhando o aludido entendimento, o Decreto Federal nº 10.025/2019 prevê, em seu art. 3º,[122] que as arbitragens serão exclusivamente de direito (inciso I), sendo o direito material

---

[118] MAROLLA, Eugenia Cristina Cleto. *A arbitragem e os contratos da Administração Pública*. Rio de Janeiro: Lumen Juris, 2016. p. 148-149.
[119] *Ibidem*.
[120] YAMAMOTO. *Op. cit.*, p. 63.
[121] *Ibidem*.
[122] Art. 3º A arbitragem de que trata este Decreto observará as seguintes condições:
I – será admitida exclusivamente a arbitragem de direito;
II – as regras de direito material para fundamentar a decisão arbitral serão as da legislação brasileira;
III – a arbitragem será realizada na República Federativa do Brasil e em língua portuguesa;
IV – as informações sobre o processo de arbitragem serão públicas, ressalvadas aquelas necessárias à preservação de segredo industrial ou comercial e aquelas consideradas sigilosas pela legislação brasileira;
V – a arbitragem será, preferencialmente, institucional;
VI – uma câmara arbitral previamente credenciada pela Advocacia-Geral da União deverá ser escolhida para compor o litígio; e
VIII – a decisão administrativa contestada na arbitragem deverá ser definitiva, assim considerada aquela insuscetível de reforma por meio de recurso administrativo.
§1º Exceto se houver convenção entre as partes, caberá à câmara arbitral fornecer o acesso às informações de que trata o inciso IV do *caput*.
§2º Fica vedada a arbitragem por equidade.
§3º Observado o disposto no inciso V do *caput*, será admitida a opção pela arbitragem *ad hoc*, desde que devidamente justificada.

aplicável à legislação brasileira (II). Nota-se que o normativo, embora não seja uma regulamentação administrativa federal de caráter geral, na medida em que abrange os setores portuário, de transporte rodoviário, ferroviário e aeroportuário, tem sido aplicado para os demais casos, por analogia.

Na esfera estadual, o Decreto nº 10.086/2022, do Paraná, estabelece que a arbitragem "será sempre de direito, adotando-se a legislação brasileira" (art. 727, inciso I); o Decreto nº 64.356/2019, de São Paulo, e o Decreto nº 2.241/2022, de Santa Catarina, elegem "as leis da República Federativa do Brasil como leis aplicáveis".

Cumpre advertir que parte minoritária da doutrina defende que o disposto do §3º do art. 2º não deve ser interpretado de forma a restringir o direito aplicável ao ordenamento jurídico doméstico. Para essa corrente, a Lei de Arbitragem autoriza a aplicação do direito estrangeiro, pois "o princípio da legalidade exige, segundo nos parece, que a Administração Pública se submeta a uma regra de Direito Positivo, o que não significa que se trate de uma exclusividade em relação ao Direito Positivo brasileiro".[123] Ademais, a interpretação ampliativa pode ser mais favorável ao interesse público e atrair parceiros externos.

Para Bruno Megna, adepto dessa corrente, a aplicação de direito brasileiro significa não só a aplicação de normas positivas, mas o Direito em toda sua completude, nos termos do princípio da legalidade.[124] Dentro do conceito de legalidade, entende Carlos Alberto Carmona "que os julgadores poderiam aplicar norma jurídica estrangeira (ou ordenamento jurídico estrangeiro) ainda que a administração pública seja envolvida".[125]

Em arremate, situação diversa do julgamento por equidade é o uso da equidade pelos árbitros para tomada de decisão. Julgamentos realizados segundo regras de direito sempre se realizam por meio do preenchimento de lacunas. Neste caso, o árbitro é chamado a

---

[123] FICHTNER; MANNHEIMER; MONTEIRO. *Op. cit.*, 2019, p. 583.

[124] Para o autor, direito internacional não se confunde com direito estrangeiro. "Dentro dessa noção de legalidade se incluem as normas de direito internacional que coincidam com princípios gerais de direito e costumes internacionais (art. 4º do Decreto-Lei 4.657/1942) ou que estejam formalmente internacionalizadas no Direito Brasileiro, como, por exemplo, tratados bilaterais de investimentos." MEGNA. *Op. cit.*, 2019, p. 212-213.

[125] CARMONA. *Op. cit.*, 2023, p. 95.

configurar juridicamente uma solução no domínio da analogia *juris* de forma a encontrar uma *ratio decidendi* lógica.[126] O diploma legal, por certo, não pretende afastar esse método de interpretação do direito aplicável.

Segundo Eugenia Marolla e Paula Butti, quando a Lei nº 9.307/1996 veda o julgamento por equidade – autorização dada ao árbitro para deixar de lado as normas de direito posto e julgar segundo o que parecer justo no caso concreto –, "não significa que o uso da equidade pelos árbitros esteja totalmente vedado".[127] Concluem as autoras que "não se admite é o uso puro e simples da equidade como critério de julgamento", o que não afasta a aplicação dos princípios da razoabilidade e proporcionalidade para a solução da controvérsia.[128]

Outro ponto de atenção na disposição do §3º do art. 2º da Lei nº 9.307/1996 é a observância do princípio da publicidade. É evidentemente natural, diante do regime democrático imposto pela Constituição da República, a exigência do dever de transparência e da garantia de acesso às informações inclusive quando a Administração Pública figura como parte no processo arbitral. Aliás, sequer seria necessária a previsão para que se chegasse à conclusão de que os processos arbitrais que envolvem a Administração Pública são regidos pelo princípio da publicidade.

No entanto, a obviedade do caráter público do processo arbitral que tenha o ente público em um dos polos não afastou incertezas e discussões. "A superveniência do mencionado dispositivo [com a reforma da Lei nº 9.307/1996] é relevante porque afastou qualquer dúvida remanescente sobre a imperatividade de tal dever jurídico".[129] Segundo Gustavo Justino de Oliveira e

---

[126] CORREIA, José Manuel Sérvulo. Margem de livre decisão, equidade e preenchimento de lacunas: as finalidades e os seus limites. *Revista de Direito Administrativo e Infraestrutura – RDAI*, São Paulo, v. 7, n. 25, p. 237-264, abr./jun. 2023.

[127] CARDOSO, Paula Butti; MAROLLA, Eugenia Cristina Cleto. Comentários ao art. 2º, §3º da Lei de Arbitragem. In: WEBER, Ana Carolina; LEITE, Fabiana de Cerqueira. *Lei de Arbitragem Comentada*: Lei nº 9.307/1996. São Paulo: Thompson Reuters Brasil, 2023. p. 78-79.

[128] Para Carlos Alberto Carmona, "o dispositivo legal objetivou apenas que a entidade estatal que se submeta à arbitragem abra mão da previsibilidade (relativa) oferecida pela ancoragem dos julgadores em determinado ordenamento jurídico". CARMONA. *Op. cit.*, 2023, p. 95.

[129] OLIVEIRA. *Op. cit.*, 2017.

Caio Cesar Figueiroa, a submissão da arbitragem ao princípio da publicidade é "condição de validade do procedimento de resolução de conflitos".[130]

No entanto, a legislação brasileira silenciou-se sobre as regras específicas aplicáveis à publicidade nos processos arbitrais envolvendo a Administração Pública.[131] Como alerta Gustavo Justino de Oliveira, "[n]a própria Lei de Arbitragem poderia ser previsto um procedimento especial de arbitragem, quando os litígios a serem submetidos ao juízo arbitral envolvessem objetos típicos de contratos firmados pela Administração",[132] o que incluiria uma normatização mínima relativa à extensão e à intensidade da publicidade nos processos arbitrais.

Diante disso, diversos são os questionamentos quanto à incidência do princípio da publicidade: Qual é o fundamento da publicidade do §3º do art. 2º (publicidade administrativa ou publicidade processual)? Quais são os contornos da publicidade no processo arbitral envolvendo a Administração Pública? Qual é a abrangência: todo o processo arbitral ou apenas a sentença? Qual é o destinatário do dever de divulgar: a parte pública ou todos os envolvidos no processo? Quais são as exceções ao princípio? Qual é o momento para a divulgação: ao longo do trâmite processual ou apenas ao final?

De forma a apresentar respostas a essas e outras indagações, propõe-se, neste estudo, a partir dos próximos capítulos, o aprofundamento dessa especificidade da arbitragem público-privada, de forma a investigar seu fundamento constitucional, a maneira pela qual se concretiza o princípio da publicidade, sob a perspectiva do seu escopo (abarcando ou não a totalidade dos atos processuais) e do ambiente ideal para a divulgação, e o acesso das informações públicas para, em seguida, analisá-la, de forma sistemática, durante a tramitação do processo arbitral.

---

[130] OLIVEIRA, Gustavo Justino de; FIGUEIROA, Caio Cesar. *Arbitragem é conciliável com os princípios da transparência e publicidade.* [S. l.]: ConJur, 2015. Disponível em: https://www.conjur.com.br/2015-dez-09/arbitragem-conciliavel-transparencia-publicidade/. Acesso em: 9 maio 2025.

[131] OLIVEIRA. *Op. cit.*, 2017.

[132] *Idem.* A arbitragem e as parcerias público-privadas. *Revista de Arbitragem e Mediação,* São Paulo, v. 4, n. 12, p. 29-58, jan./mar. 2007.

CAPÍTULO 2

TEORIA GERAL DA PUBLICIDADE NA ARBITRAGEM PÚBLICO-PRIVADA

2.1 A arbitragem como jurisdição e a publicidade processual

A arbitragem é instituto privado, fundado na autonomia das partes, dotado de flexibilidade, autonomia e independência em relação à jurisdição estatal. Diferentemente da solução imposta e não negociada exarada dos órgãos do Poder Judiciário, na arbitragem, a competência do árbitro advém de ato das partes interessadas, fundado no princípio da livre-iniciativa, da liberdade econômica e da liberdade contratual, no qual não só se nomeia o terceiro de confiança que dirimirá o conflito de interesses como também se fixa a matéria a respeito da qual incidirá a atividade do julgador.[133]

Não se pode dizer, entretanto, que existem dois conceitos de jurisdição. As funções do árbitro e do magistrado são rigorosamente as mesmas. O juiz é investido no cargo e na função, atribuindo-lhe o Estado capacidade para o exercício da jurisdição, decorrente de investidura legítima. Já o árbitro exerce jurisdição, na medida em que, nos termos estabelecidos pela lei e no limite estabelecido pelas partes, conhece os fatos e aplica o direito, fazendo, assim

---

[133] CARMONA, Carlos Alberto. Arbitragem e Jurisdição. *Revista de Processo*, [s. l.], v. 58, p. 33-40, abr./jun. 1990.

como o juiz togado, a subsunção do fato à norma e solucionando a crise de certeza.[134]

Nesse sentido, o exercício de qualquer atividade jurisdicional (seja pelo árbitro, seja pelo magistrado), no ordenamento jurídico brasileiro, está sujeito à observância dos princípios constitucionais processuais. Os princípios norteadores do sistema processual constitucional, insculpidos no art. 5º, incisos LIV e LV, da Constituição da República, orientam o exercício de qualquer atividade jurisdicional, e a arbitragem não é exceção à regra.

Na dicção de Ricardo Aprigliano, "o processo arbitral, enquanto modalidade de processo jurisdicional, evidentemente se pauta pelo respeito aos princípios constitucionais do processo, porque não pode haver processo jurisdicional no Brasil sem a observância destes parâmetros constitucionais".[135]

Nas palavras de Cândido Rangel Dinamarco,

> A consciência *da natureza jurisdicional da arbitragem* e sua inserção na teoria geral do processo põe à margem de qualquer dúvida a imperiosidade de abrigá-la sob manto do *direito processual constitucional* – o que importa considerar seus institutos à luz dos superiores princípios e garantias endereçados pela Constituição a todos os institutos processuais e particularmente àqueles de caráter jurisdicional.[136]

Sob o mesmo guarda-chuva da função de pacificar conflitos mediante a realização de justiça, juízes togados e árbitros, ao exercerem a jurisdição, submetem-se ao "direito processual constitucional".[137] Isso significa que "independentemente de se tratar de processo arbitral ou judicial, a atividade jurisdicional está inserida dentro do modelo constitucional do processo, pelo que os princípios e garantias constitucionais devem ser invariavelmente aplicáveis".[138]

---

[134] CARMONA, Carlos Alberto; MACHADO FILHO, José Augusto Bitencourt. A inaplicabilidade das garantias e vedações do art. 95 da Constituição Federal aos árbitros. *In*: ABBOUD; MALUF; VAUGHN (coord.). *Op. cit.*, p. 77.

[135] APRIGLIANO, Ricardo de Carvalho. *Fundamentos processuais da arbitragem*. Curitiba: Direito Contemporâneo, 2023. p. 173.

[136] DINAMARCO, Cândido Rangel. *O processo arbitral*. 2. ed. Curitiba: Direito Contemporâneo, 2022, p. 30.

[137] *Ibidem*.

[138] CARMONA, Carlos Alberto; MACHADO FILHO, José Augusto Bitencourt. A inaplicabilidade das garantias e vedações do art. 95 da Constituição Federal aos árbitros. *In*: ABBOUD; MALUF; VAUGHN (coord.). *Op. cit.*, p. 78.

A própria Lei de Arbitragem prevê os princípios processuais constitucionais do contraditório, da igualdade das partes, da imparcialidade do árbitro e do livre convencimento aplicáveis ao processo arbitral, nos termos do §2º do art. 21. No entanto, é possível identificar e classificar como aplicáveis ao sistema arbitral, igualmente com base do texto constitucional, os princípios do devido processo legal, da inafastabilidade da tutela jurisdicional, da economia processual, da duração razoável do processo e da publicidade, entre outros.

Para José Antônio Fichtner, Sérgio Mannheimer e André Monteiro, é plenamente defensável a aplicação de diversos princípios constitucionais que compõem a teoria geral do processo. "[D]esde que a autonomia privada e o devido processo legal sejam fielmente observados, a aplicação de princípios jurídicos na arbitragem é saudável e não representa 'publicização' da arbitragem."[139]

Isso porque, na medida em que a arbitragem se destina a produzir efeitos sobre a esfera jurídica de sujeitos mediante a prolação de decisões proferidas por outro investido de jurisdição, é natural que as atividades desenvolvidas se submetam às garantias superiores que o processo constitucional proporciona.[140]

O princípio do devido processo legal, combinado com o direito de acesso à justiça (artigo 5º, XXXV, da CR/1988), o contraditório e a ampla defesa (art. 5º, LV, da CR/1988), compõe o núcleo das garantias processuais em nosso ordenamento jurídico. Logo, para que seja garantido o devido processo constitucional, em termos democráticos, devem-se observar o devido processo legal, a isonomia, a publicidade e a fundamentação das decisões, independentemente de se tratar de jurisdição estatal ou arbitral.

Especificamente no que importa a este estudo, o princípio constitucional da publicidade dos atos de prestação da atividade jurisdicional está previsto no art. 5º, inciso LX, da CR/1988, segundo o qual "a lei só poderá restringir a publicidade dos atos processuais quando a defesa da intimidade ou o interesse social o exigirem". Da previsão constitucional, extrai-se a imposição constitucional da

---

[139] FICHTNER; MANNHEIMER; MONTEIRO. *Op. cit.*, 2019, p. 119.
[140] DINAMARCO, Cândido Rangel. *A Arbitragem na Teoria Geral do Processo.* São Paulo: Malheiros, 2013. p. 23.

primazia da publicidade a qualquer tipo de prestação jurisdicional (judicial e arbitral), o que só poderá ser afastado nos casos de defesa da intimidade ou interesse social.

Assim, submetida ao *"direito processual constitucional"*, a jurisdição arbitral, mesmo que promovida em ambiente privado, é igualmente alcançada pela publicidade do art. 5º, LX, da CR/1988. No entanto, o princípio da publicidade processual poderá ser afastado quando ponderado com princípio da autonomia da vontade, expressamente previsto no texto constitucional.[141]

Em outras palavras, o valor da publicidade no sistema arbitral, no entanto, "dev[e] conviver com outros, inerentes a esse sistema, daí resultando sua significativa atenuação".[142] Sua aplicação, de modo geral, dá lugar ao princípio da autonomia da vontade, inferido de outras disposições igualmente constitucionais, como a livre-iniciativa e a liberdade negocial.[143]

Isso porque a opção pela confidencialidade nada mais é que uma das formas da expressão da autonomia da vontade.[144] Diante da ponderação entre os princípios da publicidade processual (art. 5º, LX), da livre-iniciativa e da liberdade negocial, previstos no art. 5º, *caput*, e inciso II, as partes, por se tratar de direitos de natureza disponível, têm a faculdade de convencionar a confidencialidade do processo arbitral.

Surpreendentemente, o silêncio da Lei de Arbitragem corrobora esse entendimento. Ao se omitir quanto à natureza confidencial da arbitragem, somando-se à inevitável aplicação do sistema constitucional processual ao instituto, infere-se que haveria uma publicidade dos atos processuais arbitrais, na falta de combinação contrária. Assim, segundo Eliana Baraldi e Giovanna Martins de Santana, "[a] confidencialidade na arbitragem deve ser necessariamente prevista

---

[141] APRIGLIANO. *Op. cit.*, p. 226.
[142] DINAMARCO. *Op. cit.*, 2013, p. 69.
[143] APRIGLIANO. *Op. cit.*, p. 226.
[144] Segundo Marcus Vinícius Ferreira e Clarissa Marcondes Macéa, a confidencialidade "[t]rata-se, em verdade, de um possível objeto do negócio jurídico processual pelos litigantes na via arbitral, adotado em processos arbitrais entre partes privadas". FERREIRA, Marcus Vinícius; MACÉA, Clarissa Marcondes. Publicidade da Arbitragem com o Poder Público. *In*: WALD, Arnoldo; TORRE, Riccardo Giuliano Figueira; ZUCCOLO, Letícia (coord.). *Desafios da Modernização da Arbitragem e da Mediação no Século XXI*. São Paulo: Quartier Latin, 2023. p. 267.

pelas partes, que, no exercício da autonomia privada, delimitarão a extensão do sigilo".[145]

Assim, a confidencialidade, nos termos da lei brasileira, é um acordo contratual, ajustado como a obrigação de não fazer (não dar publicidade aos atos, informações e conteúdo do procedimento), de forma a excepcionar a regra da publicidade dos atos presumida pela legislação nacional,[146] o que pode ser confirmado pela previsão expressa da confidencialidade no art. 2º da Lei nº 13.140/2015 (Lei de Mediação). O legislador, quando quis, previu de forma inquestionável a reserva das informações processuais.

Ao contrário do que foi feito com a mediação, não se presume a confidencialidade da arbitragem, mesmo entre particulares, tanto que, nos termos do art. 189, IV, do CPC/2015 e do art. 22-C da Lei nº 9.307/1996, os atos judiciais que discutam relação arbitral só tramitam em segredo de justiça se provada a cláusula de confidencialidade.[147] Isso porque não existe um princípio brasileiro de confidencialidade arbitral, e a reserva das informações depende de convenção expressa das partes.

Trata-se de escolha deixada a critério das partes, que majoritariamente optam pela confidencialidade, diretamente ou pela escolha de um regulamento que preveja essa confidencialidade. *A contrario sensu*, caso não haja a combinação prévia entre as partes da reserva das informações constantes da arbitragem, infere-se que os processos arbitrais são, em regra, públicos, por força do art. 5º, LX, da CR/1988.

Isso não significa que a publicidade do processo arbitral deve ser vista à imagem e à semelhança da publicidade dos processos judiciais, na medida em que são subsistemas desiguais, que buscam exercer a atividade jurisdicional sob fundamentos distintos e com escopo distinto.

Ademais, nem mesmo a publicidade da jurisdição estatal é absoluta, pois, em certos casos, a própria Constituição, no art. 93,

---

[145] BARALDI, Eliana; SANTANA, Giovanna Martins de. A arbitragem e a Administração Pública: Desafios da transparência. *Publicações da Escola Superior da Advocacia-Geral da União*, Brasília, DF, v. 16, n. 1, p. 93-124, mar. 2024.
[146] SILVA. *Op. cit.*, 2021, p. 23-24.
[147] MEGNA. *Op. cit.*, 2019, p. 300.

IX, restringe os atos processuais às partes e a seus advogados ou somente a estes, impondo o segredo de justiça aos terceiros.

Especificamente nas arbitragens envolvendo a Administração Pública, a Lei de Arbitragem é explícita e afasta a possibilidade de convenção entre as partes da confidencialidade. O §3º do art. 2º cria um regime jurídico especial para a publicidade processual,[148] pois afasta a possibilidade de as partes convencionarem a confidencialidade. Diversamente do que ocorre entre os litigantes privados, quando a publicidade no processo arbitral é mitigada pela vontade das partes de tornar o processo reservado, no caso das arbitragens que tenham por parte o ente público, a ponderação é inversa: a lei afasta a liberdade de se acordar a confidencialidade e reforça o caráter público ao processo arbitral.

Conforme aduz Carlos Alberto Carmona,

> Já se sabe que a confidencialidade não é obrigatória, tratando-se apenas de uma vantagem que as partes podem agregar (ou não) ao procedimento. As câmaras e centros de arbitragem normalmente adotam este modelo de tornar sigiloso o procedimento. A Lei de Arbitragem simplesmente impede este tipo de avença quando o Estado estiver envolvido.[149]

Assim, mesmo no silêncio da lei brasileira, a despeito de as partes poderem optar pela confidencialidade do processo arbitral, "renunciando, pois, à possibilidade de divulgação de seus atos ou dos atos praticados pelo árbitro no curso do processo",[150] quando se tratar de arbitragem público-privada, a lei afasta essa faculdade tendo em vista o regime jurídico aplicável à Administração Pública.

A bem da verdade, diante do caráter jurisdicional da arbitragem, inserido no sistema processual constitucional, a aplicação do princípio processual da publicidade alcança todo e qualquer processo, inclusive o arbitral, nos termos previstos no art. 5º, inciso LX, do texto

---

[148] Na dicção de Gustavo Justino de Oliveira, em artigo publicado antes da reforma, "(...) inclina-se para a necessidade de serem realizados ajustes na Lei de Arbitragem, com relação às controvérsias que digam respeito a contratos administrativos. Na própria Lei de Arbitragem poderia ser previsto um procedimento especial de arbitragem, quando os litígios a serem submetidos ao juízo arbitral envolvessem objetos típicos de contratos firmados pela Administração". OLIVEIRA. *Op. cit.*, 2007.

[149] CARMONA. *Op. cit.*, 2023, p. 96.

[150] DINAMARCO. *Op. cit.*, 2013, p. 72.

constitucional. Nesse ponto, "[a] publicidade é muito valorosa para atividade jurisdicional"[151] e só poderia ser afastada, como já dito, pela autonomia das partes, valor preponderante na arbitragem.

Dessa forma, considerando que a confidencialidade não é essencial à arbitragem e que a publicidade dos atos de prestação da atividade jurisdicional não desvirtua o *ethos* ou a natureza privada do instituto,[152] entende-se que a publicidade prevista no §3º do art. 2º da Lei nº 9.307/1996 não se refere à publicidade administrativa, mas sim à publicidade processual à qual está submetido o instituto da arbitragem.

Nesse sentido, Gustavo da Rocha Schmidt defende que "[o] art. 2º, §3º, da Lei de Arbitragem é parte de um todo orgânico e harmônico. Há de ser compreendido no contexto da Lei nº 9.307/1996, jamais de forma isolada. Pois a lei de regência, *in casu*, não é legislação voltada para disciplinar a atuação da Administração Pública".[153] Sob essa perspectiva, "a regra do art. 2º, §3º, deve ser entendida como uma norma dedicada a disciplinar a arbitragem, o procedimento arbitral, e não a atividade administrativa do Estado".[154]

O mesmo alerta é feito por Maurício Tonin. Para o autor:

> (...) a publicidade prevista no art. 2º, §3º da Lei de Arbitragem não é a publicidade dos arts. 5º, incisos XIC e XXXIII, e 37, caput, da Constituição Federal, que denotam a transparência inerente à Administração Pública. Trata-se, isto sim, da publicidade do processo, prevista nos arts. 5º, inc. LX, e 93, inc. IX, da CF/88. Isso porque a Lei de Arbitragem é uma lei sobre direito processual, não sobre direito administrativo.[155]

Por se tratar de norma que elastece o acesso à justiça mediante prestação jurisdicional de forma diversa da jurisdição estatal, sem, contudo, ferir o princípio da inafastabilidade da tutela jurisdicional (art. 5º, XXXV), a Lei de Arbitragem não regula a atuação estatal

---

[151] SILVA. *Op. cit.*, 2021, p. 3.
[152] BAPTISTA, Luiz Olavo. Confidencialidade na arbitragem. *In*: SILVA, António Vieira da (coord.). *Congresso do Centro de Arbitragem Comercial*: intervenções. Coimbra: Almedina, 2012. p. 197-208.
[153] SCHMIDT, Gustavo da Rocha. *Arbitragem na administração pública*. Curitiba: Juruá, 2018. p. 60.
[154] *Ibidem*.
[155] TONIN, Maurício Moraes. A regulamentação da arbitragem pela Administração Pública no Brasil: questões polêmicas. *In*: MOREIRA, António Júdice *et al.* (coord.). *Mediação e Arbitragem na Administração Pública*: Brasil e Portugal. São Paulo: Almedina, 2020. p. 232.

ou impõe a ela limites ou amarras. Como já mencionado, a Lei nº 9.307/1996, quando prevê regras dirigidas à Administração Pública, reforça a existência de regime jurídico próprio a ela aplicável e harmoniza suas especificidades ao caráter eminentemente privado do instituto. Em outras palavras, a lei processual, após a reforma promovida pela Lei nº 13.129/2015, viabiliza, sem descaracterizar, a participação do Poder Público no território arbitral.

Aliás, a tendência de se exigir a publicidade dos atos da prestação jurisdicional vem alcançando os processos arbitrais instaurados entre partes privadas. Mesmo no campo privado, é possível observar iniciativas visando a uma maior abertura do sistema ao conhecimento público. Como exemplo, vale citar a alteração promovida na Lei nº 11.101/2005 (Lei de Recuperação Judicial e Extrajudicial e de Falência), em 2020, pela Lei nº 14.112. Objetivando conferir maior transparência à situação econômica e financeira da recuperanda, de forma a atender ao princípio da simetria de informações, novo requisito foi introduzido à petição inicial, exigindo, conforme art. 51, IX, a juntada da "relação, subscrita pelo devedor, de todas as ações judiciais e procedimentos arbitrais em que este figure como parte, inclusive as de natureza trabalhista, com a estimativa dos respectivos valores demandados".

No ano seguinte, como já mencionado, o debate a respeito da publicidade dos processos arbitrais inspirou o Projeto de Lei nº 3.293/2021, que visa alterar a própria Lei nº 9.307/1996, prevendo a divulgação de informações do processo arbitral, bem como a publicação da íntegra da sentença arbitral (art. 5º-A e 5º-B).

Por fim, no campo das companhias abertas, a Comissão de Valores Mobiliários (CVM) editou a Resolução CVM nº 80, de 29 de março de 2022, com o objetivo de implementar a divulgação ao mercado de informações relativas ao processo arbitral para que os terceiros possam conhecer a demanda e a sentença arbitral e delas se beneficiar, se for o caso.

2.2 A confidencialidade como faculdade na lei brasileira

A despeito de se inserir no regime constitucional de jurisdição, sujeita aos princípios constitucionais da teoria geral do processo, a arbitragem assume uma roupagem mais reservada na medida em que "surge e se desenvolve em um ambiente privado, tendente ao sigilo e ao isolamento do seu procedimento".[156] Como mencionado anteriormente, o princípio da autonomia da vontade permite que as partes acordem a respeito da confidencialidade não só de algumas informações como de todo o processo arbitral.

A confidencialidade sempre ocupou lugar de destaque nas demandas comerciais que buscam a preservação de informações que contenham segredos industriais, demonstrações de contas, negociações em aberto, testemunhas, o próprio tráfego dos autos e as audiências. Como apontado por Serge Lazareff: "[o] vínculo inseparável entre arbitragem e confidencialidade deriva das próprias origens da arbitragem como método de solução de controvérsias, de sua razão de ser e da maneira como ela foi praticada ao longo dos séculos".[157]

Historicamente, as partes em litígio optam por não expor a terceiros estranhos ao processo informações e dados não conhecidos de seus concorrentes. Assim como ocorre em contratos nos quais constam cláusulas de confidencialidade, o processo arbitral, em alguns casos, pode tramitar longe dos olhares do público em geral. Para Carlos Alberto Salles, "[a] preferência por procedimentos sigilosos entre particulares é facilmente compreensível".[158] Muitas vezes, a existência de uma disputa e a divulgação de suas peculiaridades podem "atingir a reputação de uma pessoa ou empresa e prejudicar-lhe os negócios. Convém, portanto, mantê-la fora do conhecimento geral, impedir que uma desavença, muitas vezes pontual, tenha repercussão negativa sobre os interesses envolvidos".[159]

A reserva informacional mostra-se como um "argumento importante a favor da arbitragem, para evitar o conhecimento

---

[156] SALLES, Carlos Alberto de. A confidencialidade possível: a Administração Pública como parte nos mecanismos alternativos de solução de controvérsias. *Revista Eletrônica de Direito Processual – REDP*, Rio de Janeiro, ano 11, v. 18, n. 1, p. 161, jan./abr. 2017.

[157] Trecho no original: "*[t]he inseparable link between arbitration and confidentiality derives from the very origins of arbitration as a method of dispute resolution, from its raison d'être and the manner in which it has been practiced over the centuries*". LAZAREFF, Serge. Confidentiality and Arbitration – Theoretical and Philosophical Reflections. *In*: ICC INTERNATIONAL COURT OF ARBITRATION. *The ICC International Court of Arbitration Bulletin*: Special Supplement 2009. [*S. l.*]: ICC International Court of Arbitration, 2009. p. 81.

[158] SALLES. *Op. cit.*, 2017.

[159] *Ibidem*.

público dos litígios existentes, num mundo em que a imprensa econômica se desenvolveu e acompanha todas as operações das empresas".[160] A confidencialidade pode silenciar todos os participantes da arbitragem, e, como resultado, a publicidade negativa que frequentemente cerca o litígio pode ser evitada.

Para Francisco Blavi, a confidencialidade "encoraja um processo imparcial, reduzindo a divulgação prejudicial de informações comercialmente sensíveis e facilitando o acordo, minimizando o papel da opinião pública".[161,162] Para além disso, a confidencialidade protege a reputação das empresas, visto que "reduz em muito o risco de vazamento de informações privilegiadas sobre desenvolvimento de produtos, pesquisas realizadas, potenciais mercados e informações que possivelmente poderiam ser utilizadas pelos concorrentes".[163,164]

No campo normativo internacional, a confidencialidade é uma das questões mais controversas. A falta de regulamentação uniforme nas legislações nacionais e nos regulamentos das instituições arbitrais estrangeiras revela que não há entendimento uniforme sobre o tema.

A própria Lei Modelo da UNCITRAL sobre Arbitragem Comercial Internacional,[165] importante referência para o estudo da ar-

---

[160] WALD, Arnoldo. A crise e a arbitragem no direito societário e bancário. *Revista de Arbitragem e Mediação*, São Paulo, ano 6, n. 20, p. 12-13, jan./mar. 2009.

[161] BLAVI, Francisco. A Case in Favour of Publicly Available Awards in International Commercial Arbitration: Transparency v. Confidentiality. *Int'l Bus. L.J*, [s. l.], v. 1, 2016.

[162] No mesmo sentido, Sherlin Tung e Brian Lin entendem que "uma arbitragem confidencial também pode permitir que uma parte escape do escrutínio de seus clientes ou do mercado durante o curso da disputa. Também pode dar às partes a coragem de tomar posições que, de outra forma, não teriam tomado se os procedimentos fossem divulgados, potencialmente criando mais oportunidades de acordo e aumentando a eficiência geral do processo arbitral". TUNG, Sherlin; LIN, Brian. More Transparency in International Commercial Arbitration: To Have or Not to Have?. *Contemporary Asia Arbitration Journal*, Taiwan, v. 11, n. 1, p. 21-44, maio 2018. Disponível em: https://papers.ssrn.com/sol3/papers.cfm?abstract_id=3188001. Acesso em: 9 maio 2025.

[163] TIMM, Luciano Benetti; GUANDALINI, Bruno; RICHTER, Marcelo de Souza. Reflexões sobre uma análise econômica da ideia de arbitragem no Brasil. *In*: CARMONA, Carlos Alberto; LEMES, Selma Maria Ferreira; MARTINS, Pedro Antônio Batista (org.). *20 anos da lei de arbitragem*: homenagem a Petrônio R. Muniz. São Paulo: Atlas, 2017.

[164] "Este atributo [confidencialidade] permite resguardar informações sensíveis, segredos de indústria e direitos de propriedade intelectual. Além disso, a confidencialidade nas arbitragens comerciais inibe o conhecimento público de questões cuja divulgação, ainda que realizada de forma lícita, poderia gerar prejuízos materiais e imateriais ou circunstâncias indesejadas." SILVA. *Op. cit.*, 2021, p. 14.

[165] UNCITRAL. *Lei Modelo da UNCITRAL sobre Arbitragem Comercial Internacional*. Viena: UNCITRAL, 2006. Disponível em: https://uncitral.un.org/en/texts/arbitration/modellaw/commercial_arbitration. Acesso em: 9 maio 2025.

bitragem no mundo, não declara expressamente a confidencialidade como regra, tampouco grande parte da legislação em todo o mundo.

Na Austrália, a confidencialidade assumiu particular relevância por causa do processo *Esso Australia Resources Ltd. and Others vs. The Honourable Sidney James Plowman and Others*, em 1995.[166] No caso, o Supremo Tribunal da Austrália se recusou a reconhecer que existia uma obrigação alargada de confidencialidade aplicável a todos os documentos e informações da arbitragem. A decisão gerou diversos debates acadêmicos e a alteração da lei de arbitragem australiana, incluindo a confidencialidade como regra, permitindo que as partes acordem de outra forma.[167]

Adotando uma abordagem diferente, a lei de arbitragem inglesa de 1996 (*Arbitration Act 1996*) não contém disposições relativas à confidencialidade. No entanto, os tribunais ingleses tiveram diversas oportunidades para confirmar a natureza implícita da obrigação de confidencialidade entre as partes e os árbitros.[168]

O mesmo ocorreu em Singapura. Os tribunais estatais, quando provocados a se manifestar sobre o tema, sempre se posicionaram a favor da confidencialidade como dever implícito da arbitragem. Seguindo essa tendência, em 2020, a lei de arbitragem de Singapura (*Arbitration Act 2001*) foi alterada, de forma a incluir disposição que permite o tribunal arbitral dar efeito às obrigações de confidencialidade existentes entre as partes.

Já nos Estados Unidos, o Tribunal Federal de Recursos do Terceiro Circuito, no caso *United States vs. Panhandle Easten*

---

[166] AUSTRÁLIA. High Court of Australia. *Esso Australia Resources Ltd. et al. Vs Sidney James Plowman et al*. Arbitration–Agreement–Hearing in private–Implied terms Confidentiality of documents and information disclosed–Documents produced at direction of arbitrator. 7 de abril de 1995. Disponível em: https://jade.io/article/67885. Acesso em: 9 maio 2025.

[167] Ao analisarem a decisão, Jacob Dolinger e Carmen Tiburcio anotam que "a Suprema Corte australiana entendeu ser impossível a confidencialidade absoluta da arbitragem, em razão de uma multiplicidade de fatores, como por exemplo: 1) a inexistência do dever de confidencialidade por parte das testemunhas envolvidas no processo arbitral; 2) um laudo arbitral pode tornar-se público por meio de uma série de medidas judiciais relacionadas à arbitragem; e 3) as partes terem o direito de divulgar a existência e até detalhes do processo arbitral e do próprio laudo, em razão do dever de manterem os seus acionistas informados ou de terem que resgatar uma apólice de seguro". DOLINGER, Jacob; TIBURCIO, Carmen. *Direito Internacional privado*: arbitragem comercial internacional. Rio de Janeiro: Renovar, 2003. p. 82.

[168] Ver REINO UNIDO. Court of Appeal. *Dolling-Baker vs. Merrett*, 15 de março de 1990. Disponível em: https://www.uniset.ca/lloydata/css/19901WLR1205.html. Acesso em: 9 maio 2025.

Corporation,[169] de 1998, negou o argumento da requerida sobre a confidencialidade na arbitragem para evitar a apresentação de documentos, entendendo que o dever não estava estabelecido na lei e tampouco nos contratos existentes entre as partes de forma expressa. A jurisprudência estadunidense, ao contrário da Inglaterra, nega a existência de dever implícito de confidencialidade.

Na França, o regramento sobre a confidencialidade é bem peculiar. Sua legislação, publicada em 2011 (Decreto nº 2.011-48/2011), estabelece uma diferenciação entre a arbitragem doméstica e a internacional no que toca ao caráter confidencial do processo. O Código de Processo Civil francês prevê que, nas arbitragens domésticas, o procedimento arbitral está sujeito ao princípio da confidencialidade, salvo estipulação contrária pelas partes.[170] No que toca à arbitragem internacional, não existe disposição semelhante.

No direito português, a confidencialidade é prevista em lei, não tendo origem no acordo das partes. Nos termos do art. 30º, n. 5, da Lei nº 63/2011, Lei de Arbitragem Voluntária:[171]

> Os árbitros, as partes e, se for o caso, as entidades que promovam, com carácter institucionalizado, a realização de arbitragens voluntárias, têm

---

[169] ESTADOS UNIDOS DA AMÉRICA. US District Court for the District of Delaware. *United States v Panhandle Eastern Corporation*, 23 de fevereiro de 1988. Disponível em: https://www.casemine.com/judgement/us/5e6fc70f4653d0693dc9a281. Acesso em: 9 maio 2025.

[170] "Décret nº 2011-48 du 13 janvier 2011 portant reforme de l'arbitrage.
« Art. 1464. – A moins que les parties n'en soient convenues autrement, le tribunal arbitral déterme la procédure arbitrale sans être tenu de suivre les règles établies pour les tribunaux étatiques.
« Toutefois, sont toujours applicables les principes directeurs du procès énoncés aux articles 4 à 10, au premier alinéa de l'article 11, aux deuxième et troisième alinéas de l'article 12 et aux articles 13 à 21, 23 et 23-1.
« Les parties et les arbitres agissent avec célérité et loyauté dans la conduite de la procédure.
« Sous réserve des obligations légales et à moins que les parties n'en disposent autrement, la procédure arbitrale est soumise au principe de confidentialité."

[171] Artigo 30º – Princípios e regras do processo arbitral
(...)
5 – Os árbitros, as partes e, se for o caso, as entidades que promovam, com carácter institucionalizado, a realização de arbitragens voluntárias, têm o dever de guardar sigilo sobre todas as informações que obtenham e documentos de que tomem conhecimento através do processo arbitral, sem prejuízo do direito de as partes tornarem públicos os actos processuais necessários à defesa dos seus direitos e do dever de comunicação ou revelação de actos do processo às autoridades competentes, que seja imposto por lei.
6 – O disposto no número anterior não impede a publicação de sentenças e outras decisões do tribunal arbitral, expurgadas de elementos de identificação das partes, salvo se qualquer destas a isso se opuser.

o dever de guardar sigilo sobre todas as informações que obtenham e documentos de que tomem conhecimento através do processo arbitral, sem prejuízo do direito de as partes tornarem públicos os actos processuais necessários à defesa dos seus direitos e do dever de comunicação ou revelação de actos do processo às autoridades competentes, que seja imposto por lei.

Por sua vez, o art. 185º-B da Lei nº 15/2002, Código de Processo nos Tribunais Administrativos,[172] incluído por meio do Decreto-Lei nº 214-G/2015, estabeleceu que "as decisões proferidas por tribunais arbitrais transitadas em julgado são obrigatoriamente publicadas por via informática, em base de dados organizada pelo Ministério da Justiça". O dispositivo, a despeito de assegurar transparência no exercício da arbitragem, previu sua abrangência exclusivamente às sentenças arbitrais envolvendo entes públicos. A publicação deve informar o tribunal que proferiu a decisão, identificar os árbitros, informar a data da decisão e indicar a motivação e a fundamentação da decisão.[173]

Outras jurisdições igualmente introduziram alterações legislativas para prever expressamente o dever de confidencialidade para as partes e para os árbitros, como no caso da Espanha, China e República Tcheca.

No campo interno, como já mencionado, a confidencialidade do processo arbitral não encontra fundamento na Lei nº 9.307/1996. A única previsão existente no diploma legal que, de alguma forma, poderia se aproximar de eventual afastamento à publicidade dos atos processuais relaciona-se ao dever dos árbitros de proceder com discrição (art. 13, §6º).

---

[172] Art. 185º-B – Publicidade das decisões arbitrais
1 – As decisões proferidas por tribunais arbitrais transitadas em julgado são obrigatoriamente publicadas por via informática, em base de dados organizada pelo Ministério da Justiça.
2 – As decisões arbitrais apenas podem ser executadas depois de depositadas, pelo tribunal arbitral, devidamente expurgadas de quaisquer elementos suscetíveis de identificar a pessoa ou pessoas a que dizem respeito, junto do Ministério da Justiça para publicação informática, nos termos a definir por portaria do membro do Governo responsável pela área da justiça.
[173] FERREIRA, Daniel Brantes; OLIVEIRA, Rafael Carvalho Rezende. A arbitragem no direito administrativo: perspectivas atuais e futuras através de um estudo comparativo e temático entre Brasil e Portugal. *Revista Brasileira de Alternative Dispute Resolution – RBADR*, Belo Horizonte, ano 1, n. 2, p. 139-157, jul./dez. 2019.

No entanto, não parece correto deduzir que o dever de discrição do árbitro geraria necessariamente a confidencialidade do processo arbitral. Assim como os árbitros, o juiz estatal também tem dever de discrição, que decorre do art. 36, III, da Lei Complementar nº 35/1979 (Lei Orgânica da Magistratura Nacional),[174] o que não faz pressupor que os processos judiciais seriam, em regra, sigilosos.

Para a maioria dos doutrinadores,[175] a obrigação de confidencialidade só existe quando as partes manifestam sua vontade, não sendo uma obrigação implícita inerente à escolha da arbitragem comercial como meio de resolução de disputa.[176] Patrícia Baptista e Leonardo Antoun alertam que "parece haver um senso comum de que a confidencialidade, não sendo mandatória no direito brasileiro vigente, pode ser convencionada pelas partes, na cláusula compromissória, no termo de arbitragem ou em qualquer ato do procedimento".[177]

Diante da frequência de sua estipulação tanto nos contratos quanto nos regulamentos das câmaras, torna-se possível afirmar que se trata de "praxe largamente utilizada nesse instrumento de solução de controvérsias".[178]

---

[174] O art. 36, inciso III veda o magistrado de "manifestar, por qualquer meio de comunicação, opinião sobre processo pendente de julgamento, seu ou de outrem, ou juízo depreciativo sobre despachos, votos ou sentenças, de órgãos judiciais, ressalvada a crítica nos autos e em obras técnicas ou no exercício do magistério".

[175] ABBUD, André de Albuquerque Cavalcanti. Confidencialidade *vs.* publicação de sentenças pelas câmaras arbitrais: das regras às condutas. *In*: VASCONCELOS, Ronaldo et al. (org.). *Análise prática das câmaras arbitrais e da arbitragem no Brasil*. 1. ed. São Paulo: IASP, 2019. p. 361-380; FICHTNER, José Antônio; MANHEIMER, Sérgio Nelson; MONTEIRO, André Luis. A confidencialidade da arbitragem: regra geral e exceções. *Revista de Direito Privado*, [s. l.], v. 49, p. 227-285, jan./mar. 2012; TONIN, Maurício Moraes. A regulamentação da arbitragem pela Administração Pública no Brasil: questões polêmicas. *In*: MOREIRA et al. (coord.). *Op cit.*, p. 215-235; HADDAD, Ana Olivia Antunes. *Transparência no processo arbitral*. São Paulo: Almedina, 2021; FOUCHARD et al. (ed.). *Fouchard, Gaillard, Goldman on international commercial arbitration*. Haia: Kluwer Law International BV, 1999; BORN, Gary. *International arbitration*: law and practice. Alphen aan den Rijn: Wolters Kluwer Law & Business, 2012.

[176] Para Gustavo Justino de Oliveira e Elie Pierre Eid, a confidencialidade "não possui caráter de essencialidade, ou seja, encontrando exceções mesmo naquelas arbitragens que não envolvam da Administração Pública (um exemplo claro disso é a indicação do litígio arbitral como fato relevante das sociedades anônimas)". OLIVEIRA; EID. *Op. cit.*, p. 236.

[177] BAPTISTA, Patrícia; ANTOUN, Leonardo. A publicidade nas arbitragens com a Administração Pública no Brasil: finalidades e limites. *Publicações da Escola da Advocacia-Geral da União*, Brasília, DF, v. 13, n. 2, p. 65.

[178] *Ibidem*.

Por outro lado, como dito anteriormente, sendo uma das partes litigantes o Poder Público, não há espaço para a confidencialidade estipulada por acordo entre as partes. Isso porque o §3º do art. 2º da Lei de Arbitragem determina que "a arbitragem que envolva a administração pública será sempre de direito e respeitará o princípio da publicidade".

A liberdade concedida às partes privadas de ajustar a confidencialidade de algumas ou todas as informações processuais – inclusive a existência da própria arbitragem – não alcança os processos nos quais haja o envolvimento de ente público. A Administração Pública não tem vontade ínsita, como ocorre com os indivíduos, mas uma espécie de "vontade normativa".[179] Assim, a negociação quanto à reserva das informações do processo esbarra no princípio da legalidade, pelo qual só é permitido fazer o que a lei autoriza. Em outras palavras, o regime jurídico de direito público aplicável à Administração Pública afasta a liberdade negocial para eventual confidencialidade da arbitragem e ainda impõe o cumprimento do princípio da publicidade.

2.3 O escopo da publicidade processual

Afastada a liberdade de as partes convencionarem a confidencialidade nas arbitragens envolvendo a Administração Pública, outras considerações devem ser feitas acerca da publicidade processual nesses casos.

A imprecisão do §3º do art. 2º da Lei nº 9.307/1996 não responde aos desafios vividos na prática quanto ao cumprimento do princípio da publicidade processual nas demandas arbitrais que envolvam a Administração Pública. O primeiro deles diz respeito ao escopo da publicidade. Como ressalta Adriana Noemi Pucci, nem mesmo o advento de novos diplomas normativos, como os decretos infralegais, "foi capaz de fornecer respostas mais precisas quanto ao sentido e à extensão do dever de publicidade aplicável às arbitragens com o Poder Público".[180]

---

[179] GOMES; NUNES. *Op. cit.*, p. 89.
[180] PUCCI, Adriana Noemi. O princípio da publicidade na arbitragem com a Administração Pública. *Publicações da Escola Superior da AGU*, Brasília, DF, v. 16, n. 1, p. 31, mar. 2024.

Mesmo antes da reforma da Lei de Arbitragem, que incluiu o §3º ao art. 2º, a discussão quanto ao caráter público da arbitragem público-privada já rendia posicionamentos diversos da doutrina.

Parece certo que a confidencialidade absoluta do processo arbitral nunca foi cogitada pela doutrina nacional. Na verdade, os primeiros entendimentos quanto à concretude da publicidade processual nas arbitragens envolvendo o Poder Público defendiam a compatibilidade entre a reserva de algumas informações e a divulgação dos principais atos do processo. Para essa corrente, a solução seria o "acesso aos interessados à decisão e aos atos essenciais (quando necessário), preservando-se, porém, o sigilo dos debates e a confidencialidade dos documentos que instruíram o processo arbitral".[181]

Nesse sentido, Selma Lemes especifica que a observância do princípio da publicidade deve se alinhar à "adequada privacidade nas audiências, bem como quanto aos documentos comerciais e estratégicos das empresas que instruírem o processo arbitral, salvo, evidentemente, disposição em contrário das partes ou determinação legal".[182]

De forma mais radical, José Emílio Nunes Pinto sustenta que o acesso ao processo arbitral deve ser concedido tão somente a quem exerça legalmente a função de fiscalizar a legalidade e a regularidade da atuação administrativa. Sob esse prisma, "a divulgação que se pode esperar estará limitada a órgãos competentes para a condução de atividades de controle ou divulgação limitada ao público em geral".[183] A regra, então, seria a confidencialidade, e o acesso às informações e aos documentos do processo se daria de forma excepcional.[184]

Essa fórmula traduz-se na publicidade restrita defendida por Eduardo Talamini e Diego Frazoni. No regime processual da publicidade restrita, "fica assegurado o acesso aos dados processuais pelas partes e seus representantes, pelos órgãos de controle da

---

[181] CARMONA. Op. cit., 2009, p. 52.
[182] LEMES, Selma Maria Ferreira. Arbitragem na concessão de serviços públicos: arbitrabilidade objetiva – confidencialidade ou publicidade processual? Revista de Direito Bancário e do Mercado de Capitais e da Arbitragem, São Paulo, v. 6, n. 21, p. 405, jul./set. 2003.
[183] PINTO, José Emílio Nunes. A confidencialidade na arbitragem. Revista de Arbitragem e Mediação, São Paulo, n. 6, p. 25-36, jul./set. 2005.
[184] FICHTNER; MANHEIMER; MONTEIRO. Op. cit., 2012, p. 274.

Administração Pública etc.".[185] Cada sujeito que tem acesso aos dados assume o dever de não divulgar e de zelar para que se mantenha a restrição de publicidade. Assim, não há que se cogitar em audiências abertas ao público ou atos publicados em órgãos da imprensa oficial.

Por outro laudo, segundo Bruno Megna, "a publicidade é o principal instrumento de *accountability* que se pode ter nas arbitragens da Administração".[186] Quando presente um ente público, a publicidade dever ser a regra, sendo afastada nos casos de sigilo previsto legalmente. Arremata o autor: "descabe à arbitragem servir de ferramenta para diminuir a publicidade natural da própria relação material".[187]

O simples fato de optar por uma jurisdição privada não autoriza ao administrador público e à parte privada convencionar a reserva e afastar o dever de transparência e de divulgação dos atos processuais da arbitragem. A confidencialidade mostra-se incompatível com litígios arbitrais envolvendo entes públicos, ainda que a disputa se dê em torno de direitos patrimoniais disponíveis, na medida em que "a autonomia da vontade das partes cede à exigência de transparência na atuação da Administração, que traduz a ideia de que os administrados têm direito de obter conhecimento das condutas dos administradores".[188]

Isso porque o sigilo terá lugar somente quando houver previsão legal que o abarque. Assim, ao contrário da corrente anterior, a estipulação de cláusula de sigilo de arbitragem em contratos administrativos é nula, não podendo produzir efeitos e configurar-se. "A convenção privada não pode se sobrepor às normas legais."[189]

Há quem defenda a publicidade ampla, com total transparência e acesso de qualquer pessoa ao conteúdo do processo. Segundo Francisco Cahali, "[c]omo em qualquer processo público,

---

[185] TALAMINI, Eduardo; FRANZONI, Diego. Arbitragem e empresas estatais. *Revista Interesse Público – IP*, Belo Horizonte, ano 19, n. 105, p. 15-45, set./out. 2017. p. 37.
[186] MEGNA. *Op. cit.*, 2019, p. 351.
[187] *Ibidem*.
[188] AMARAL. *Op. cit.*, 2012, p. 83.
[189] MAROLLA. *Op. cit.*, 2016, p. 157.

pode haver controle de acesso e informações (ou documentos) sigilosas pela sua natureza, mas a reserva seria exceção, justificada, não regra".[190,191]

Em arremate, Clovis Reimão pondera que a publicidade é a regra e a confidencialidade é a exceção proporcional e temporária em prol dos direitos fundamentais, na medida em que "[n]a batalha entre a confidencialidade e a publicidade arbitral, o fiel da balança deve ser a proporcionalidade. O princípio da publicidade não é absoluto, mas os seus limites devem ser proporcionais".[192] Assim, a aplicação da confidencialidade deve ser adequada, necessária e proporcional para a proteção dos direitos e valores fundamentais. "Não cabe a lógica do 'tudo ou nada'."[193]

As divergências se estendem à publicidade nas audiências arbitrais. Parte da doutrina entende que esse ato processual deve ser reservado a determinados atores do sistema arbitral, na medida em que deve se alinhar à "adequada privacidade nas audiências",[194] podendo dela participar somente as partes, árbitros, assistentes técnicos, peritos, funcionários da câmara e pessoas autorizadas pelo tribunal arbitral.

Tais considerações acerca da reserva das audiências e, inclusive, dos atos produzidos na arbitragem ilustram a divergência entre as correntes citadas. A falta de densidade normativa do §3º do art. 2º da Lei nº 9.307/1996 permite as mais diversas interpretações quanto à extensão do princípio da publicidade às informações e aos atos do processo arbitral pela doutrina, o que, definitivamente, não contribui para a efetiva disponibilidade e a acessibilidade da informação para o público em geral.

---

[190] CAHALI, Francisco. *Curso de arbitragem, mediação, conciliação e tribunal multiportas*. 7. ed. atual. e aum. São Paulo: Thompson Reuters Brasil, 2018. p. 453.

[191] Para Carlos Alberto Salles, "[n]o caso brasileiro, a exclusiva divulgação da sentença, sem os elementos que lhe serviram de base, pode, ao contrário de preservar o modo arbitral de solução de controvérsias, acabar por fragilizar a própria sentença. Por essa razão, acredita-se necessária a divulgação da documentação apresentada e formada durante o processo arbitral. Essa última contribuiria para a estabilidade e legitimidade da sentença arbitral, ao permitir uma completa demonstração de seus fundamentos". SALLES. *Op. cit.*, 2017.

[192] REIMÃO, Clóvis. O rei está nu: o princípio da publicidade na arbitragem administrativa no Brasil e em Portugal. *Revista de Arbitragem e Mediação*, São Paulo, v. 77, ano 20, p. 265-290, abr./jun. 2023.

[193] *Ibidem*.

[194] LEMES. *Op. cit.*, 2003, p. 405.

Nesse contexto de multiplicidade de entendimentos, os entes públicos passaram a se valer de regulamentos infralegais para garantir a execução da previsão do §3º do art. 2º da Lei de Arbitragem, de forma a sistematizar minimamente o cumprimento do princípio evocado na Lei de Arbitragem.

Os primeiros normativos legais, antes mesmo da reforma da Lei nº 9.307/1996, tinham por objetivo estabelecer uma base legal própria para o ente federativo, como foi o caso da Lei Estadual nº 19.477/2011, do estado de Minas Gerais, e da Lei Estadual nº 4.610/2014, do estado do Mato Grosso do Sul.

No que toca à aplicação do princípio da publicidade, a lei mineira prevê em seu art. 6º que, "para fins desta Lei, somente se admitirá a arbitragem de direito, instaurada mediante processo público". A mesma redação foi adotada pela Lei sul-mato-grossense.

Com a alteração da Lei de Arbitragem, foram publicadas a Lei Estadual nº 15.627/2015, do estado do Pernambuco, a qual nada dispõe acerca do caráter público dos atos processuais; a Lei Estadual nº 4.007/2017, do estado de Rondônia, que repete a previsão do §3º do art. 2º da Lei de Arbitragem; e a Lei Estadual nº 10.885/2018, do estado do Espírito Santo, que, por sua vez, repete a redação das leis mineira e sul-mato-grossense, ambas pouco contribuindo para a sistematização do dever de transparência das informações processuais.

Como comandos gerais e abstratos, preceituando como a publicidade deve ser concretizada, o Decreto nº 46.245/2018, do estado do Rio de Janeiro, e o Decreto nº 64.356/2019, do estado de São Paulo, estabelecem que "os atos do processo arbitral são públicos, ressalvadas as hipóteses legais de sigilo, de segredo de justiça, de segredo industrial" (arts. 13 e 12, respectivamente). Para os referidos normativos, são considerados atos processuais públicos as petições, os laudos periciais, o termo de arbitragem e as decisões dos árbitros (§1º do art. 13 e §1º do art. 12, respectivamente).[195]

---

[195] Segundo Ana Sofia Signorelli e César Pereira, "evidentemente, decretos estaduais e lei municipais que versem sobre arbitragem com a Administração Pública devem ser interpretados com cautela. A União tem competência exclusiva para legislar sobre matéria processual e competência para normas gerais em contratações administrativas. Leis e Decretos de estados e municípios, portanto, não regulam a arbitragem em si, exceto nos limites da competência concorrente para a disciplina das contratações administrativas. Regulam principalmente o comportamento das pessoas jurídicas de direito público daquela circunscrição enquanto contratantes, colocando limites para a atuação durante a

Os regulamentos preveem ainda o caráter reservado das audiências arbitrais. O decreto carioca menciona o respeito pelo princípio da privacidade, o qual restringe a presença de árbitros, secretários do tribunal arbitral, partes, respectivos procuradores, testemunhas, assistentes técnicos, peritos, funcionários da instituição de arbitragem, entre outros (art. 13, §3º), no ato processual. O regulamento paulista estabelece que as audiências "poderão ser reservadas" aos árbitros, secretários do tribunal arbitral, partes, entre outros (art. 12, §3º).

O Decreto Federal nº 10.025/2019, por sua vez, estabelece apenas que as "informações sobre o processo de arbitragem serão públicas", ressalvadas também as hipóteses de sigilo legal (art. 3º, inciso IV). Já o Decreto nº 59.963/2020, do município de São Paulo, amplia o escopo da publicidade combinando a redação dos referidos decretos estaduais e do federal. Nos termos do art. 16, o regulamento paulistano prevê:

> Art. 16. Os atos do processo arbitral serão públicos e as informações sobre o processo de arbitragem serão públicas, ressalvadas aquelas necessárias à preservação de segredo industrial ou comercial e aquelas consideradas sigilosas pela legislação brasileira.
> §1º Exceto se houver convenção entre as partes, caberá à câmara arbitral fornecer o acesso às informações de que trata o caput deste artigo, especialmente sobre a existência da arbitragem, a data do requerimento de arbitragem, o nome das partes, o nome dos árbitros e o valor envolvido.
> §2º Para fins de atendimento do disposto neste artigo, consideram-se atos do procedimento arbitral as petições, os laudos periciais, o Termo de Arbitragem ou instrumento congênere, assim como as decisões dos árbitros.
> §3º As audiências do procedimento arbitral poderão ser reservadas aos árbitros, secretários do Tribunal Arbitral, partes, respectivos procuradores, testemunhas, assistentes técnicos, peritos, funcionários da câmara arbitral e às pessoas previamente autorizadas pelo Tribunal Arbitral.

Para além dos principais atos processuais (termo de arbitragem, petições, decisões dos árbitros), o Decreto nº 59.963/2020, do município de São Paulo, inova e traz exigências específicas para

---

celebração e execução dos contratos, inclusive a convenção de arbitragem". SIGNORELLI, Ana Sofia; PEREIRA, César. *Arbitragem concorrencial em perspectiva*: da natureza jurídica aos desafios procedimentais. São Paulo: Thompson Reuters Brasil, 2023. p. 125-126.

a divulgação da "existência da arbitragem, data do requerimento de arbitragem, o nome das partes, o nome dos árbitros e o valor envolvido". Como se verá adiante, a divulgação dessas informações, no primeiro momento da arbitragem, impacta diretamente na efetiva participação de terceiros nas arbitragens.

No âmbito do estado do Rio Grande do Sul, o Decreto nº 55.996/2021 determina, em seu art. 2º, inciso III, que "as informações sobre o processo de arbitragem serão públicas, ressalvadas aquelas necessárias à preservação de segredo industrial ou comercial e aquelas consideradas sigilosas pela legislação brasileira".

Nas arbitragens envolvendo o estado de Goiás, "os atos do procedimento arbitral serão públicos, ressalvadas as hipóteses legais de sigilo ou segredo de justiça", nos termos do art. 12 do Decreto nº 9.929/2021. Para tanto, "consideram-se atos do procedimento arbitral as petições, os laudos periciais, o termo de arbitragem ou instrumento congênere e as decisões dos árbitros" (art. 12, §1º). As audiências poderão ser realizadas de forma reservada (art. 12, §3º). Redação idêntica é adotada pelo Decreto nº 2.241/2022, do estado de Santa Catarina.

Por fim, o art. 727, inciso VI, do Decreto nº 10.086/2022, do estado do Paraná, prevê que a arbitragem "observará o princípio da publicidade, cabendo à instituição arbitral disponibilizar as peças e decisões proferidas nos processos arbitrais mediante a adequada solicitação e prévia ciência das partes, ressalvados os limites legais de compartilhamento de dados".

Do quadro normativo avaliado, é possível extrair alguns dados relevantes quanto aos contornos do caráter público dos processos arbitrais: (i) dentre os treze atos normativos analisados, apenas cinco esmiúçam quais atos processuais são abrangidos pela publicidade; e (ii) as audiências, quando mencionadas, são reservadas aos árbitros, secretários do tribunal arbitral, partes, respectivos procuradores, testemunhas, assistentes técnicos, peritos, funcionários da câmara arbitral e às pessoas previamente autorizadas pelo tribunal arbitral.

O que se percebe, pois, é a tendência de se limitar a publicidade do processo arbitral a determinados atos de prestação da atividade jurisdicional, na medida em que, a partir deles, as informações essenciais da demanda poderiam ser extraídas. Assim, a divulgação do termo de arbitragem, das petições das partes, dos laudos periciais e das decisões dos árbitros seriam suficientes para o atendimento do princípio da publicidade processual. As audiências, por sua vez, são reservadas, com fundamento no princípio da privacidade, alinhando-se ao entendimento de grande parte da doutrina.

No entanto, essa escolha normativa não se mostra satisfatória, na medida em que informações adicionais devem ser levadas ao conhecido público como forma de assegurar o efetivo controle da atuação estatal no processo arbitral, bem como da conduta dos julgadores e das instituições prestadoras dos serviços de administração do processo.

À exceção do Decreto nº 59.963/2020, do município de São Paulo, a publicização do processo arbitral se dá somente após a instituição da arbitragem. Vale destacar que diversas são as informações processual relevantes para o conhecimento público produzidas antes da instituição da arbitragem.

Há uma etapa processual, que se inicia com a apresentação do pedido de instauração da arbitragem e encerra-se com a instituição da arbitragem, na qual são proferidas decisões pelas instituições arbitrais relacionadas à jurisdição dos árbitros (análise *prima facie*), à impugnação dos árbitros pelas partes e à participação de terceiros no processo arbitral, de extrema relevância para o efetivo cumprimento da publicidade processual.

O que se defende neste estudo, portanto, é dar um passo à frente, de forma que a publicidade venha a abranger todas as fases do processo arbitral, desde o pedido de instauração da arbitragem até a sentença arbitral final.

Na verdade, a publicidade deve se dar nos três momentos da arbitragem: na formação da convenção de arbitragem (publicidade administrativa); durante o processo arbitral (publicidade processual arbitral); e na execução da sentença arbitral perante o Poder Judiciário (publicidade processual judicial).

O que deve ficar claro desde logo é que a publicidade processual nas arbitragens público-privadas deve englobar não apenas os atos produzidos após a instituição da arbitragem. Devem ser igualmente divulgados: (i) a notícia acerca de instauração da arbitragem; (ii) o pedido de instauração da arbitragem; (iii) a resposta ao pedido de instauração da arbitragem; (iv) as decisões sobre jurisdição dos árbitros e sobre impugnação de árbitros; e (v) as decisões sobre inclusão ou exclusão de partes. Essa gama de informações processuais, somadas aos atos já previstos nos regulamentos públicos (como o termo de arbitragem, as manifestações das partes e as decisões e sentenças arbitrais), integra o que se considera o escopo ideal para a compreensão do princípio da publicidade nas arbitragens envolvendo a Administração Pública.

Exemplificativamente, no plano das arbitragens internacionais de investimento, importa citar o regramento adotado pelo Centro Internacional para Resolução de Disputas de Investimento (International Centre for Settlement of Investment Dispute – ICSID).

Criado em 1965 para resolver especialmente arbitragens fundadas em contratos de concessão e outros contratos celebrados entre instituições públicas e investidores estrangeiros,[196] o ICSID mantém página eletrônica, organizada em base de dados com inúmeros campos de pesquisa e abas específicas sobre casos pendentes, concluídos e mais recentes, incluindo informações relativas às partes, o idioma da decisão, a data da decisão, os principais atos processuais[197] e também as decisões proferidas em incidentes de impugnação.[198] Trata-se de um modelo amplo de publicidade, gerido por aquele que administra o processo arbitral, capaz de inspirar as arbitragens domésticas.

É nessa esteira que será detalhado o Capítulo 4 do presente estudo. Na oportunidade, demonstrar-se-ão o momento e a importância de divulgação da informação e/ou do ato durante a tramitação do processo arbitral, a partir da sistemática adotada pela Lei nº 9.307/1996.

2.3.1 As exceções à publicidade processual nas arbitragens público-privadas

A partir do modelo proposto no tópico anterior, que expande o objeto da publicidade processual arbitral abrangendo todas as fases do processo arbitral, desde o pedido de instauração da arbitragem

---

[196] CHERIAN, Joy. Foreign Investment Arbitration: The Role of the International Center for Settlement of Investment Disputes. *Third World Legal Studies*, Valparaiso, v. 2, n. 6, p. 550, 1983.

[197] INTERNATIONAL CENTRE FOR SETTLEMENT OF INVESTMENT DISPUTE (ICSID). *Cases Database*. 2024. Disponível em: https://icsid.worldbank.org/cases. Acesso em: 9 maio 2025.

[198] *Idem. Decisions on Disqualification*. 2024. Disponível em: https://icsid.worldbank.org/cases/content/tables-of-decisions/disqualification. Acesso em: 9 maio 2025.

até a sentença arbitral final, é importante que sejam apresentadas as exceções ou as limitações à sua observância.

Diferentemente do que defendem alguns autores, o regime de sigilo de informações no âmbito dos processos arbitrais envolvendo a Administração Pública deve guardar correspondência com os limites impostos à publicidade aplicável à jurisdição estatal. Assim, com base na previsão do art. 5º, inciso LX, da Constituição, "a lei só poderá restringir a publicidade dos atos processuais quando a defesa da intimidade ou o interesse social o exigirem". Além disso, na forma do art. 93, inciso IX, do diploma constitucional, as audiências e os julgamentos podem ser reservados às partes e aos advogados "em casos nos quais a preservação do direito à intimidade do interessado no sigilo não prejudique o interesse público à informação".

Antes da adentrar as hipóteses de sigilo cabíveis nesses casos, todavia, cumpre trazer à baila importante distinção entre a confidencialidade e o sigilo legal. A confidencialidade, como já abordado, refere-se à reserva das informações contidas no processo, cuja origem se dá no acordo das partes, na liberdade a elas concedida de, diante da faculdade de optar pelo juízo arbitral para solução de seus litígios, limitar o acesso de terceiros às informações apresentadas e produzidas perante os árbitros.

Assim, a confidencialidade corresponde às expectativas contratuais das partes privadas, na medida em que o litígio será resolvido de acordo com o procedimento especificamente avençado. "É apenas um benefício opcional conferido por esse meio de solução de controvérsias, do qual as partes litigantes (privados) costumam usufruir, para evitar maiores desgastes em suas relações comerciais."[199]

A escolha pela arbitragem e o acordo de confidencialidade do processo representam a exclusão das formas e garantias do processo estatal, entre elas a publicidade.[200] Contudo, no que importa ao presente estudo, nas arbitragens público-privadas, não há espaço para a convenção da confidencialidade do processo.

---

[199] SALLA, Ricardo Medina. Arbitragem e Direito Público. *Revista Brasileira de Arbitragem*, Porto Alegre, v. 6, n. 22, p. 78-106, abr./jun. 2009.
[200] COSTA, Guilherme Recena. Integração contratual, confidencialidade na arbitragem e segredo de justiça. *Revista de Arbitragem e Mediação*, São Paulo, v. 48, p. 69-89, jan./mar. 2016.

O sigilo, por sua vez, é aquilo que não se pode revelar ou divulgar a partir de uma escolha legislativa relacionada à proteção de bem jurídico. Nesse caso, o que se verifica é a ponderação dos princípios aplicáveis ao caso: princípio da publicidade *versus* princípio constitucional da intimidade ou da vida. Assim, diante da ponderação de princípios no caso concreto, pode o julgador restringir a publicidade de determinado ato ou informações de forma a proteger determinado bem jurídico.[201]

Nesse sentido, a publicidade processual inscrita no §3º do art. 2º da Lei nº 9.307/1996 não é ampla e irrestrita, na medida em que deve observar normas de direito material que demandam a proteção legal de sigilo, como ocorre com os segredos relacionados à segurança do Estado, segredos profissionais resguardados por lei, patentes e segredos comerciais, bem como aquelas informações pessoais relativas à intimidade e vida privada.

Assim, a extensão da publicidade nos processos arbitrais, da mesma forma como se dá nos processos judiciais, é limitada por regras jurídicas específicas que visam proteger os interesses tanto do agente privado quanto do próprio ente público. Em paralelo à jurisdição estatal, o rol das hipóteses de segredo de justiça contido no art. 189 do CPC não é taxativo. Admite-se que a restrição da publicidade envolva informações comerciais de caráter confidencial e estratégico.[202]

Nesse sentido, os decretos do estado do Rio de Janeiro e do estado de São Paulo preveem, em suma, que "os atos do processo arbitral são públicos, ressalvadas as hipóteses legais de sigilo,

---

[201] Segundo Patrícia Baptista e Leonardo Antoun: "Um último registro: a confidencialidade não se confunde com a obrigação de sigilo. O sigilo, via de regra, é decorrente de lei, independente da vontade das partes, tais como o sigilo profissional, sigilo fiscal e o sigilo bancário. A quebra de sigilo legal deve observar o procedimento previsto, demandando quase sempre ato de autoridade judicial". BAPTISTA; ANTOUN. *Op. cit.*, p. 67.

[202] O rol das hipóteses de segredo de justiça contido no art. 155 do CPC não é taxativo. Admite-se o processamento em segredo de justiça de ações cuja discussão envolva informações comerciais de caráter confidencial e estratégico. BRASIL. Superior Tribunal de Justiça (3. Turma). *Agravo Regimental na Medida Cautelar nº 14.949 – SP*. Processo civil. Segredo de Justiça. Art. 155 do CPC. Rol Exemplificativo. Informações comerciais de caráter confidencial e estratégico. Possibilidade. Agravante: K. F. S. C. L. Agravado: C. N. S. Relatora: Min. Nancy Andrighi, 18 de junho de 2009. Disponível em: https://www.stj.jus.br/websecstj/cgi/revista/REJ.exe/ITA?seq=884852&tipo=0&nreg=200802565451&SeqCgrmaSessao=&CodOrgaoJgdr=&dt=20090618&formato=PDF&salvar=false. Acesso em: 9 maio 2025.

de segredo de justiça, de segredo industrial" (arts. 13 e 12, respectivamente).

De forma bastante similar, o Decreto Federal nº 10.025/2019 e o Decreto nº 59.963/2020, do município de São Paulo, estabelecem que todas as "informações sobre o processo de arbitragem serão públicas, ressalvadas aquelas necessárias à preservação de segredo industrial ou comercial e aquelas consideradas sigilosas pela legislação brasileira" (arts 3º, inciso IV, e 16, *caput*, respectivamente).

No caso das arbitragens envolvendo as pessoas jurídicas de direito público, raríssimas são as oportunidades em que se justifique a restrição de acesso integral aos autos, somente informações e/ou documentos específicos que não terão ampla divulgação. Isso porque o processo arbitral deve ser integralmente público, de modo que as únicas informações que não poderão ser divulgadas ou não terão acesso permitido são aquelas cujo sigilo é declarado por lei (art. 5º, LX, CR/1988).

Nesse contexto, é importante listar de forma não exaustiva as hipóteses de sigilo legal passíveis de avaliação pelos árbitros, quando provocados a restringir a publicidade de determinado ato ou informação. Segundo Juliano Heinen, a partir do texto da CR/1988 e da legislação infraconstitucional esparsa, é possível elaborar uma lista de situação nas quais as informações devem ser resguardadas, aplicável aos processos arbitrais:

- o sigilo das comunicações (art. 5º, XII, da CF/1988);
- o sigilo de dados (art. 5º, X e XII, da CF/1988);
- o sigilo da fonte (art. 5º, XIV, da CF/1988);
- o sigilo profissional (arts. 347, II, e 406, II, ambos do Código de Processo Civil (CPC);
- o sigilo pertinente aos administradores de sociedades anônimas, no que se refere a certos tipos de informação (art. 155, da Lei nº 6.404/76);
- o sigilo fiscal e bancário (art. 198 do Código Tributário Nacional (CTN), Lei nº 5.172/1966 e Leis Complementares nºs 104 e 105/2001);
- o sigilo de operação ou serviço prestado por instituição financeira (Lei Complementar nº 105/2001 e art. 18 da Lei nº 7.492/1986);
- o dever do servidor em guardar sigilo sobre assunto da repartição (art. 116, VIII, da Lei nº 8.112/90);
- o sigilo dos processos que correm perante os Tribunais de Contas (arts. 53 a 55 da Lei nº 8.443/1992);
- o Código de Ética Profissional do Servidor Público Civil do Poder Executivo Federal prevê casos de sigilo na atuação do servidor público (item VII da Seção I do Capítulo I do Decreto nº 1.171/94);

- o sigilo industrial (art. 195 da Lei nº 9.279/1996), inclusive no que se refere ao procedimento de exame de patentes (arts. 30 e 75 da mesma lei);
- o sigilo contido na área das telecomunicações (art. 39 da Lei nº 9.472/1997).[203]

Naturalmente, estando presentes os requisitos necessários à decretação do segredo de justiça, caberá a cada interessado solicitar aos árbitros a restrição de acesso à informação a terceiros, demonstrando que a peça, documento ou prova produzida contêm alguma informação que justifique seu sigilo. Deparando-se com o pedido de uma das partes, cabe ao árbitro, como juiz de fato e de direito da causa, resguardar o sigilo da informação e, se necessário, o segredo de todo o procedimento.[204]

No entanto, vale repisar: o sigilo deve ser considerado exceção e, como tal, deve ser devidamente comprovado e justificado. É certo que as hipóteses legais de sigilo se traduzem como conceitos jurídicos indeterminados; assim, diante de sua imprecisão ou vagueza conceitual, soluções simplistas adotadas pelos julgadores privados podem permitir o afastamento da publicidade processual arbitral de forma indesejável.

A marca essencial do sigilo é a imprescindibilidade. Não basta que a parte indique que determinada informação ou documento deve ser protegido pelo sigilo legal. A qualidade sigilosa da informação deve estar amparada em provas robustas e inequívocas, cabendo aos agentes econômicos envolvidos em disputas arbitrais com a Administração Pública demonstrar nos autos, minimamente, os possíveis prejuízos inestimáveis à pessoa jurídica caso sejam revelados ao público fatos que deveriam permanecer ocultos.

A publicidade, como paradigma obrigatório, só pode ser afastada desde que acoplada à pertinente, suficiente e legítima motivação dos árbitros. Mesmo que se entenda que a proteção de informações economicamente sensíveis seja essencial para o desenvolvimento do comércio e da indústria, eventual alargamento da sigilosidade das informações envolvendo a parte privada só pode limitar a publicidade dos processos arbitrais quando devidamente comprovados os prejuízos.

---

[203] HEINEN, Juliano. *Comentários à Lei de Acesso à Informação*: Lei nº 12.527/2011. Belo Horizonte: Fórum, 2014. p. 213-214.
[204] SCHMIDT. *Op. cit.*, 2018, p. 60-64.

Os árbitros não devem se furtar a examinar a consistência do pedido de decretação de sigilo de informações ou documentos processuais. Caso se esteja diante de uma situação-limite, em que não se tenha a convicção se a informação é ou não de caráter sigiloso, deve o julgador interpretar pelo indeferimento da decretação do sigilo. Na dúvida, a decisão deve privilegiar a divulgação.

Considerando-se que a razão de ser da publicidade processual arbitral nas demandas envolvendo a Administração Pública é possibilitar o controle social do exercício da jurisdição pelos árbitros e da integridade do instituto, não pode o sigilo legal servir de subterfúgio para se afastar informações que devem ser levadas a conhecimento público.

No entanto, há situações nas quais as informações oriundas da Administração Pública são passíveis de classificação, nos termos dos arts. 23 e 24 da Lei nº 11.257/2011 – Lei de Acesso à Informação,[205] por serem consideradas imprescindíveis à segurança

---

[205] Art. 23. São consideradas imprescindíveis à segurança da sociedade ou do Estado e, portanto, passíveis de classificação as informações cuja divulgação ou acesso irrestrito possam:
I – pôr em risco a defesa e a soberania nacionais ou a integridade do território nacional;
II – prejudicar ou pôr em risco a condução de negociações ou as relações internacionais do País, ou as que tenham sido fornecidas em caráter sigiloso por outros Estados e organismos internacionais;
III – pôr em risco a vida, a segurança ou a saúde da população;
IV – oferecer elevado risco à estabilidade financeira, econômica ou monetária do País;
V – prejudicar ou causar risco a planos ou operações estratégicos das Forças Armadas;
VI – prejudicar ou causar risco a projetos de pesquisa e desenvolvimento científico ou tecnológico, assim como a sistemas, bens, instalações ou áreas de interesse estratégico nacional;
VII – pôr em risco a segurança de instituições ou de altas autoridades nacionais ou estrangeiras e seus familiares; ou
VIII – comprometer atividades de inteligência, bem como de investigação ou fiscalização em andamento, relacionadas com a prevenção ou repressão de infrações.
Art. 24. A informação em poder dos órgãos e entidades públicas, observado o seu teor e em razão de sua imprescindibilidade à segurança da sociedade ou do Estado, poderá ser classificada como ultrassecreta, secreta ou reservada.
§1º Os prazos máximos de restrição de acesso à informação, conforme a classificação prevista no caput, vigoram a partir da data de sua produção e são os seguintes:
I – ultrassecreta: 25 (vinte e cinco) anos;
II – secreta: 15 (quinze) anos; e
III – reservada: 5 (cinco) anos.
§2º As informações que puderem colocar em risco a segurança do Presidente e Vice-Presidente da República e respectivos cônjuges e filhos(as) serão classificadas como reservadas e ficarão sob sigilo até o término do mandato em exercício ou do último mandato, em caso de reeleição.
§3º Alternativamente aos prazos previstos no §1º, poderá ser estabelecida como termo final de restrição de acesso a ocorrência de determinado evento, desde que este ocorra antes do transcurso do prazo máximo de classificação.

da sociedade ou do Estado. Nesses casos, "[n]ão é papel do Tribunal Arbitral, evidentemente, classificar como sigilosos, ou não, documentos trazidos pelo Poder Público ao procedimento arbitral. Não há, neste particular, qualquer margem de discricionaridade para o árbitro".[206]

Portanto, percebe-se que a publicidade, como princípio do sistema processual constitucional, alcança todas as informações e atos processuais, só podendo ser afastada sua incidência de forma motivada, de modo a sustentar a excepcionalidade da reserva.

2.4 O destinatário do dever de divulgação

É inegável que os entes da Administração Pública estão subordinados a um regime de ampla publicidade de seus atos, nos termos do art. 37, *caput*, da CR/1988. O reconhecimento do dever do Estado de garantir o direito de acesso à informação relativa aos seus atos "mediante procedimentos objetivos e ágeis, de forma transparente, clara e em linguagem de fácil compreensão" encontra-se expresso no art. 5º da Lei nº 12.527/2011.

Quando a atuação estatal se dá em seu interior, a aludida lei prevê os procedimentos destinados a assegurar o direito fundamental de acesso à informação, as diretrizes a serem observadas (art. 3º), bem como as exceções (art. 22 e seguintes). Trata-se, como já mencionado, da publicidade administrativa, fundada no art. 37, *caput* da CR/1988.

Como será visto no Capítulo 3, há uma fase pré-arbitral na qual as partes acordam a renúncia à via judicial para eleger a arbitragem como forma de solução de conflito que ocorre no interior da Administração Pública. Essa fase anterior à instauração propriamente dita da arbitragem, naturalmente, será contaminada pelo princípio da publicidade do art. 37, *caput*, da CR/1988.

---

§4º Transcorrido o prazo de classificação ou consumado o evento que defina o seu termo final, a informação tornar-se-á, automaticamente, de acesso público.
§5º Para a classificação da informação em determinado grau de sigilo, deverá ser observado o interesse público da informação e utilizado o critério menos restritivo possível, considerados:
I – a gravidade do risco ou dano à segurança da sociedade e do Estado; e
II – o prazo máximo de restrição de acesso ou o evento que defina seu termo final.
[206] SCHMIDT. *Op. cit.*, 2018, p. 60-64.

No entanto, quando a Administração Pública ocupa lugar diverso, sendo parte, demandante ou demandada em um processo arbitral, jurisdição regida por normas de direito privado, a quem caberia a responsabilidade pela divulgação das informações produzidas durante sua tramitação? Mais uma vez, a doutrina e os diplomas infralegais revelam uma divisão quanto ao tema.

2.4.1 A alternativa da publicidade promovida pelo ente público

O primeiro entendimento considera que cabe à Administração Pública divulgar as informações consideradas públicas, estando os demais participantes da arbitragem isentos de qualquer dever nesse sentido. Isso porque somente a Administração Pública, por força do art. 37 da CR/1988, estaria sujeita ao princípio da publicidade; assim, caberia a ela, exclusivamente, a responsabilidade pela divulgação dos documentos e das informações constantes do processo arbitral.

Para Egon Bockmann Moreira, o "dever é a administração, na condição de parte do procedimento, cumprir o dever de publicidade".[207] Marcus Alves proclama no sentido de que "o respeito ao princípio da publicidade impõe ao administrador público o dever de manter os dados referentes às arbitragens em curso acessíveis a qualquer um que delas queira informações".[208] Assim, "compete à entidade da Administração manter registro acessível sobre os fatos relevantes do processo arbitral",[209] visto que é o ente público o *player* submetido ao princípio constitucional da publicidade. Nesse sentido, "compete à Administração promover a publicidade e se responsabilizar pela extensão – adequada, excessiva ou insuficiente – com que o faz".[210]

---

[207] MOREIRA, Egon Bockmann. Arbitragem, administração pública e confidencialidade. *In*: CUÉLLAR *et al*. (coord.). *Op. cit.*, p. 172.
[208] ALVES, Marcus Vinicius Armani. *A Fazenda Pública na arbitragem*. 2016. Dissertação (Mestrado) – Universidade de São Paulo, São Paulo, 2016. p. 131.
[209] *Ibidem*.
[210] PEREIRA, César. Arbitragem e Administração Pública: função administrativa e controle externo. *In*: DI PIETRO, Maria Sylvia Zanella; MOTTA, Fabrício (coord.). *O Direito Administrativo nos 30 anos da Constituição*. Belo Horizonte: Fórum, 2018. p. 237-265.

Em arremate, Leonardo Cunha é categórico em afirmar que "[a] obtenção de informações que digam respeito a alguma arbitragem que envolva o Poder Público deve ser requerida diretamente à própria Administração", e não ao tribunal arbitral ou à câmara arbitral. O dever de cumprir com a publicidade é da Administração Pública; cabe a ela receber, processar e responder aos pedidos de acesso à informação.[211]

Essa orientação consta, inclusive, no Enunciado nº 4 da I Jornada de Prevenção e Solução Extrajudicial de Litígios do Conselho da Justiça Federal (CJF): "Na arbitragem, cabe à Administração Pública promover a publicidade prevista no art. 2º, §3º, da Lei nº 9.307/1996, observado o disposto na Lei nº 12.527/2011, podendo ser mitigada nos casos de sigilo previstos em lei, a juízo do árbitro".

Esse foi o entendimento adotado pelo Decreto do estado do Rio de Janeiro nº 46.425/2018, que estabelece a obrigação da Procuradoria-Geral do Estado de divulgar os atos do processo arbitral mediante requerimento de eventual interessado (§2º do art. 13); e pelo Decreto paulista nº 64.356/2019, o qual dispõe que "a Procuradoria-Geral do Estado disponibilizará os atos do procedimento arbitral na rede mundial de computadores" (§2º do art. 12), independentemente de requerimento do interessado. É importante notar que, apesar de convergirem quanto ao destinatário do dever de publicidade, os normativos divergem quanto à forma de divulgação, sendo que o Decreto fluminense condiciona o acesso à informação ao requerimento do interessado – publicidade passiva – e o Decreto paulista prevê a disponibilização das informações da arbitragem de forma ativa.

Por força do Decreto Estadual, a Procuradoria-Geral do Estado de São Paulo (PGE/SP) editou a Ordem de Serviço da Assistência de Arbitragens nº 1/2021,[212] que disciplina a organização de documentos da Assistência de Arbitragens. Seu

---

[211] CUNHA. *Op. cit.*

[212] SÃO PAULO (Estado). Procuradoria-Geral do Estado de São Paulo. *Ordem de Serviço da Assistência de Arbitragens nº 01/2021*. São Paulo: Diário Oficial do Poder Executivo, 2021. Disponível em: https://www.pge.sp.gov.br/Portal_PGE/Portal_Arbitragens/paginas/OrdemdeServicoAssistenciadeArbitragens1_2021.pdf. Acesso em: 9 maio 2025.

art. 3º sistematiza a publicidade prevista no art. 12 do Decreto paulista, *in verbis*:

> Art. 3º. A publicidade prevista no artigo 12 do Decreto Estadual nº 64.356 de 31 de julho de 2019 se dará pela disponibilização de petições sem anexos, laudos periciais, Termos de Arbitragem, ordens processuais e sentenças dos procedimentos arbitrais em andamento e pela disponibilização de Termos de Arbitragem e sentença final dos procedimentos arbitrais encerrados.
> §1º. A disponibilização dos documentos mencionados no caput deste artigo ocorrerá através da Internet, no endereço da Procuradoria Geral do Estado.
> §2º Os demais documentos dos procedimentos arbitrais em andamento deverão ser solicitados pelos interessados através do Sistema de Atendimento Eletrônico da Ouvidoria da Procuradoria Geral do Estado.
> §3º Os demais documentos dos procedimentos arbitrais encerrados deverão ser solicitados pelos interessados através do Sistema de Atendimento Eletrônico da Ouvidoria da Procuradoria Geral do Estado.

Assim, a partir de 2021, a PGE/SP divulga na rede mundial de computadores o nome das partes, a instituição arbitral, o número do processo, as petições, os laudos periciais, os termos de arbitragem, as ordens processuais e as sentenças dos processos arbitrais em andamento bem como os termos de arbitragem e a sentença final dos processos encerrados.

No âmbito federal, as equipes especializadas em arbitragem divulgam, igualmente, informações e documentos processuais. O Núcleo Especializado em Arbitragem da Advocacia-Geral da União (NEA/CGU/AGU)[213] divulga, na rede mundial de computadores, planilha de arbitragens de que a União participa (como parte ou interveniente anômala), com informações sobre número do processo, instituição arbitral, setor, valor da arbitragem (custas e honorários periciais), árbitros, partes e fase processual. O NEA/CGU/AGU disponibiliza também os termos de arbitragem, as decisões e as sentenças das mencionadas arbitragens.

A Equipe Nacional de Arbitragens da Advocacia-Geral da União (EARB/PGF/AGU),[214] por sua vez, publica todos os casos

---

[213] ADVOCACIA-GERAL DA UNIÃO (AGU). *Op. cit.*, [202-?]a.
[214] *Idem. Op. cit.*, [202-?]b.

em andamento movidos contra autarquias e fundações federais, incluindo aqueles nos quais não exerce a representação da entidade federal. Há, ainda, uma aba que compila as sentenças arbitrais definitivas proferidas em casos encerrados.

Contudo, a divulgação unilateral do ente público pode, em determinados casos, ser prejudicial à parte privada envolvida na arbitragem, na medida em que o particular pode ser surpreendido com a divulgação de determinada informação que entenda ser sigilosa. A discussão relativa ao tema foi objeto de Decisão sobre Questões Preliminares, no processo arbitral CCI nº 26772/PFF/RLS,[215] instaurado pelo Consórcio Construcap-Copasa SP-088 em face do Departamento de Estradas de Rodagem do Estado de São Paulo.

A parte requerente apresentou pedido ao tribunal arbitral no sentido de sobrestar a divulgação de documentos e informações que vinham sendo incluídos no Portal da PGE/SP, nos termos do seu decreto, conforme registrou a decisão:

> 10. Em brevíssima síntese, quanto ao tema da publicidade, os Requerentes arguiram que, nos termos da Cláusula 1.12 do Contrato, "as informações e detalhes relacionados ao Contrato devem ser tratados como privados e confidenciais, sendo que nenhuma das Partes pode divulgá-los sem prévio acordo da outra Parte", tendo essa disposição por propósito proteger os segredos comerciais dos Requerentes que serão tratados ao longo do procedimento.[216]

Acrescentam os árbitros que "todo o conteúdo de natureza sigilosa, nomeadamente os segredos comerciais das Requerentes, não poderá ser divulgado em hipótese alguma, sob pena de violação às regras contratuais e legais".[217] No entanto, "caberá às Requerentes indicar em suas respectivas manifestações, de forma fundamentada, os documentos a elas anexados que contenham

---

[215] CORTE INTERNACIONAL DE ARBITRAGEM DA CÂMARA DE COMÉRCIO INTERNACIONAL (CCI). *Arbitragem CCI nº 26772/PFF/RLS*. Requerente: Construcap CCPS Engenharia e Comércio S.A. *et al*. Requerido: Departamento de Estradas de Rodagem do Estado de São Paulo – DER/SP. Árbitro Presidente: Pedro Antônio Batista Martins, 14 de novembro de 2022. São Paulo: CCI, 2022. Disponível em: https://www.pge.sp.gov.br/Portal_PGE/Portal_Arbitragens/paginas/Arbitragem_get_file.asp?idr=539. Acesso em: 9 maio 2025.
[216] *Ibidem*.
[217] *Ibidem*.

segredos comerciais e que, portanto, não poderão ser divulgados pelo Requerido".[218] Por fim, concluiu-se que "[t]odas as demais peças, decisões, informações e documentos do procedimento arbitral que não se encontrem sob sigilo poderão ser divulgadas para fins de atendimento ao regime da publicidade previsto na Lei de Arbitragem e no Decreto referido".[219]

Esse é um efeito colateral da publicidade promovida por uma das partes do processo. Como no caso citado, por não se tratar de um terceiro neutro à relação jurídica processual, a parte pública divulgou toda e qualquer informação recebida. Até que o tribunal arbitral se manifeste sobre a natureza sigilosa do documento acostado aos autos, a parte pública, de posse das informações, pode (ou deve, de acordo com o mandamento da Lei de Acesso à Informação) tomar medidas para torná-la acessível ao público.

Outro aspecto importante a ser ressaltado é que imputar a obrigação de dar publicidade a uma das partes do processo (no caso, a Administração Pública) é atribuir certa dose de parcialidade à divulgação das informações e dos atos do processo arbitral. Defender a publicidade administrativa na arbitragem é entender que a publicidade do processo se dará de forma incompleta, abrangendo apenas as informações e os atos relacionados diretamente com a atuação do ente público e omitindo dados relativos aos demais sujeitos do processo. Caberia "ao Poder Público a primazia da escolha do que é sensível e merece ser mantido em sigilo daquilo que é público e pode ser divulgado".[220] No entanto, basta pensarmos na lógica do processo judicial brasileiro, é dizer, mesmo que um processo envolva um ente ou órgão público, quem publica o processo é o tribunal através do seu *site* institucional.[221]

Como abordado anteriormente, entende-se, para além das consequências práticas descritas, que o fundamento da publicidade do §3º do art. 2º da Lei de Arbitragem não se encontra na publicidade

---

[218] *Ibidem*.
[219] *Ibidem*.
[220] ROCHA, Caio César Vieira. Em torno da arbitragem público-privada: Notas sobre os aspectos do procedimento arbitral. *In*: MUNIZ, Joaquim de Paiva; BONIZZI, Marcelo José Magalhães; FERREIRA, Olavo Augusto Vianna Alves. (coord.) *Arbitragem e Administração Pública*: Temas Polêmicos. Ribeirão Preto: Migalhas, 2018. p. 63-91.
[221] REIMÃO. *Op. cit*.

administrativa do art. 37 da CR/1988. Assim, como se verá no tópico seguinte, a publicidade processual das arbitragens público-privadas tem como destinatário do dever de informar não só o ente público, mas os demais atores do sistema arbitral.

2.4.2 A alternativa da publicidade promovida pela instituição arbitral

Partindo da premissa de que a publicidade prevista no art. 2º, §3º, da Lei de Arbitragem refere-se à publicidade do processo, prevista no art. 5º, inciso LX, da CR/1988, na medida em que a Lei nº 9.307/1996 é uma lei sobre direito processual, e não sobre direito administrativo,[222] a segunda corrente, à qual se filia esta autora, entende que o dispositivo legal deve incidir sobre a "relação jurídica processual arbitral",[223] e não só sobre a atuação estatal.

Tratando-se o comando do §3º do art. 2º da Lei de Arbitragem de norma dirigida ao processo arbitral e, naturalmente, a todos os atores responsáveis por sua fiel execução, depreende-se que o cumprimento de dever de publicidade deve recair igualmente sobre as partes, os árbitros e a instituição arbitral, sendo esta última a principal gestora do processo arbitral.

Por sua característica de guardiã do processo arbitral, a instituição arbitral (e os árbitros nas arbitragens *ad hoc*), segundo essa corrente, seria mais capacitada para adotar medidas de publicidade que possam eliminar possível assimetria entre as partes envolvidas. Esse é o modelo adotado no exercício da jurisdição estatal, no qual é do órgão do Poder Judiciário a competência para dar publicidade ao processo.

Segundo Egon Bockmann Moreira e Elisa Schmidlin Cruz, "a principal vantagem de operacionalizar um procedimento institucional consiste na segurança conferida à condução imparcial e supervisão da demanda sob a égide de uma câmara

---

[222] Para Carmen Tiburcio e Thiago Magalhães Pires, a publicidade da arbitragem envolvendo a Administração Pública encontra fundamento no art. 5º, inciso LX, da Constituição da República de 1988, que prevê a publicidade dos atos processuais. TIBURCIO; PIRES. *Op. cit.*

[223] HADDAD. *Op. cit.*, p. 255.

especializada".[224] Tais entidades prestam serviços singulares de cunho administrativo e podem, evidentemente, incluir entre suas atividades a divulgação de informações e atos do processo arbitral.

José Frederico Straube entende que existem quatro relações jurídicas distintas quando se trata de arbitragem institucional. A primeira, entre os litigantes, é relativa à observância das previsões dos regulamentos das câmaras. A segunda é entre as partes do processo e os árbitros que aplicarão o conjunto de regras escolhidas para a tramitação do processo. A terceira relação refere-se à incidência das regras administrativas e processuais, por meio das quais a instituição detém o direito de supervisionar o procedimento, chegando inclusive a proceder o escrutínio da sentença. A quarta é a relação jurídica de prestação de serviço estabelecida entre as partes e as instituições, na qual poderia ser incluída a divulgação das informações processuais.[225]

Faz todo sentido que assim o seja, pois são as instituições arbitrais as únicas dotadas da neutralidade apta a garantir que as informações e os documentos estejam completos, incluindo a divulgação de atos que uma das partes porventura não tenha recebido ou gostaria de ter mantido em sigilo.[226]

Considerando-se a arbitragem "processo de natureza contenciosa, em que partes disputam interesses e narrativas em busca de êxito na demanda, sob a condução de decisores e instituição desinteressados no mérito",[227] a instituição arbitral é o único ator simultaneamente imparcial e institucional na arbitragem, qualidades necessárias para a boa execução da publicidade exigida pelo art. 2º, §3º, da Lei nº 9.307/1996.[228]

---

[224] MOREIRA, Egon Bockmann; CRUZ, Elisa Schmidlin. O credenciamento de câmaras arbitrais pela administração pública. *Direito do Estado em debate – Revista Jurídica Da Procuradoria Geral do Estado*, v. especial, n. 11, p. 111-132, 2020.

[225] STRAUBE, José Frederico. A vinculação das partes e árbitros ao regulamento de arbitragem. *In*: CARMONA; LEMES; MARTINS (org.). Op. cit.

[226] ALENCAR, Aristhéa Totti Castelo Branco de; SOARES, Boni de Moraes; GOMES, Cristiane Cardoso Avolio. A responsabilidade das instituições arbitrais de dar publicidade à arbitragem público-privada. *Revista Brasileira de Alternative Dispute Resolution – RBADR*, Belo Horizonte, v. 3, n. 5, p. 33-60, 2021.

[227] *Ibidem*.

[228] Segundo Leonardo Saraiva, "(...) a publicidade promovida pelas instituições de arbitragem tem o condão de prevenir eventual omissão por parte da Administração Pública de cuja diligência de seus agentes não podem depender para fins de atendimento ao dever de publicidade de seus atos, nos termos do §3º do art. 2º da Lei 9.307/1996". SARAIVA,

Para Bruno Megna, como terceiro responsável pela administração do procedimento, a divulgação da informação e dos atos processuais deve ser dirigida às instituições arbitrais, na medida em que esta "já concentra todo o fluxo de documentos relativos à arbitragem".[229]

Ademais, "as ferramentas eletrônicas e os ambientes virtuais (internet) não permitem dizer que se trata de tarefa onerosa para essas instituições – que obviamente irá inclui-la em seu preço".[230] As câmaras arbitrais já administram toda e qualquer documentação produzida ao longo do processo arbitral, podendo o serviço de gestão da publicidade das informações ser incluído no rol de serviços por elas prestados.[231]

Para além de não sobrecarregar as câmaras, a publicação de informações e atos processuais como serviço à disposição das partes pode, ainda, servir como critério objetivo utilizado pela Administração Pública na seleção do prestador de serviço que melhor atende às necessidades da solução do conflito público-privado.

Sabe-se que, assim como ocorre nas arbitragens entre privados, a escolha da instituição arbitral ocorre antes ou após a existência do litígio. As partes avaliam a reputação da câmara de arbitragem, bem como os serviços por ela prestados, de forma a eleger aquela que melhor adere às necessidades da relação jurídica existente e do litígio (ou futuro litígio). Em sendo uma das partes a Administração Pública, a avaliação abrange, sem a menor dúvida, a forma pela qual a instituição pode assumir a divulgação das informações processuais.

Diante da ausência de obstáculos na inclusão de mais um serviço, "a publicidade promovida diretamente pelas respectivas câmaras atende ao interesse dos diversos *stakeholders* envolvidos, direta ou indiretamente, na relação processual arbitral"[232] e pode

---

Leonardo. *Arbitragem na administração pública*: particularidades, governança, compliance, accountability e o desafio do envolvimento dos tribunais de contas no processo de sua institucionalização. Rio de Janeiro: Lumen Juris, 2019. p. 35.

[229] MEGNA. 2019, *Op. cit.*, p. 311.

[230] *Ibidem*.

[231] Para Diogo Dias, "(…) as instituições arbitrais ocupam posição privilegiada para realizar a mencionada publicidade, inclusive porque há incentivos competitivos para que esta divulgação seja por ela efetivada". SILVA. *Op. cit.*, 2021, p. 5.

[232] SARAIVA. *Op. cit.*, p. 36.

favorecer a formação de uma jurisprudência arbitral, conforme preconizado por Ana de Oliveira Frazão:

> (...) a ausência de publicidade das decisões arbitrais impede ou dificulta a existência de uma jurisprudência arbitral, que poderia atender a diversos propósitos: (i) direito à informação por parte da coletividade, especialmente quando as controvérsias forem de interesse público ou tiverem repercussão sobre relevantes interesses de stakeholders; (ii) aprendizado coletivo e prevenção de futuros litígios; (iii) legitimidade social das decisões arbitrais, submetendo-as ao escrutínio público (social, acadêmico e profissional); (iv) segurança jurídica e previsibilidade; (v) consolidação de entendimentos que poderiam servir de diretrizes de comportamento em nível micro e macro (*lex mercatoria*); (vi) garantia de isonomia e segurança jurídica para partes e para terceiros; e (vii) estabelecimento de concorrência saudável entre as câmaras arbitrais a partir não apenas da reputação dos seus árbitros, mas sobretudo a partir da qualidade de suas decisões.[233]

Tal entendimento foi previsto no Decreto Federal nº 10.025/2019 e no Decreto nº 59.963/2020, do município de São Paulo: "exceto se houver a convenção entre as partes, caberá a câmara arbitral fornecer o acesso a informações públicas do processo arbitral" (§1º do art. 3º e §1º do art. 16 do decreto paulistano). No mesmo sentido, o Decreto goiano nº 9.929/2021 prevê que "às câmaras arbitrais competirá assegurar a publicidade dos atos minuciados no §1º deste artigo [as petições, os laudos periciais, o termo de arbitragem ou instrumento congênere e as decisões dos árbitros], sob pena de descredenciamento" (art. 12, §3º).

Na compreensão defendida no presente estudo, cabe não só à parte pública o dever de informar sobre as arbitragens nas quais esteja envolvida. Entre os demais atores do sistema arbitral abrangidos por esse dever, as instituições arbitrais exercem importante papel na concretização do princípio previsto no §3º do art. 2º de Lei nº 9.307/1996, na medida em que a maioria dos processos arbitrais envolvendo a Administração Pública se desenvolve sob sua gestão.

Exemplificativamente, no plano federal, o próprio procedimento de credenciamento de câmaras exige como requisito "comprometer-se

---

[233] FRAZÃO, Ana de Oliveira. Arbitragem, confidencialidade e transparência: Perspectivas e desafios para a formação de uma jurisprudência arbitral. *JOTA*, 1º nov. 2017. Disponível em: https://www.jota.info/opiniao-e-analise/colunas/constituicao-empresa-e-mercado/arbitragem-confidencialidade-e-transparencia. Acesso em: 9 maio 2025.

a respeitar o princípio da publicidade nos processos arbitrais de acordo com a legislação brasileira", como estabelece o art. 39, inciso IV, da Portaria Normativa AGU nº 75/2022.[234]

Além de afastar toda e qualquer previsão de confidencialidade constante de regulamentos institucionais, o requisito da Portaria prescreve o dever da instituição de promover a publicidade de informações e atos processuais, na forma prevista em normativo estatal, na convenção de arbitragem ou no termo de arbitragem. Assim, as instituições arbitrais que optarem por se credenciar com o intuito de administrar arbitragens envolvendo pessoa jurídica de direito público – na esfera federal, que adota o sistema de credenciamento prévio – estão cientes do dever de fornecer e divulgar informações e atos processuais.

Nesse sentido, Federico Matos alerta que "no momento de contratar os serviços de centro de arbitragem, na arbitragem institucional, a administração pública deverá verificar a compatibilidade de seu regulamento com os princípios que norteiam a atividade administrativa, inclusive com o da publicidade".[235] Dessa forma, as instituições arbitrais interessadas em administrar arbitragens envolvendo órgãos e entidades públicas devem adaptar seus regulamentos de forma a fornecer ao processo arbitral maior transparência e maior controle social.[236]

No início, a adoção desse entendimento encontrou grande resistência entre as instituições arbitrais. Contudo, atualmente, é possível encontrar, nas principais instituições arbitrais, regras específicas sobre a publicidade em processos envolvendo entidades públicas, o que demonstra uma forte tendência de assunção do dever de informar por parte dessas entidades.

---

[234] ADVOCACIA-GERAL DA UNIÃO (AGU). *Portaria Normativa AGU nº 75/2022, de 23 de dezembro de 2022*. Dispõe sobre a competência, a estrutura e o funcionamento do Núcleo Especializado em Arbitragem da Advocacia-Geral da União. Brasília: Diário Oficial da União, 2022. Disponível em: https://www.gov.br/agu/pt-br/composicao/cgu/cgu/neadir/arquivos/portaria-normativa-agu-no-75-de-23-de-dezembro-de-2022-dispoe-sobre-a-competencia-a-estrutura-e-o-funcionamento-do-nea.pdf. Acesso em: 9 maio 2025.

[235] MATOS, Federico. *Novas fronteiras da arbitragem aplicável aos litígios da administração pública*: incidência sobre conflitos extracontratuais, especialmente na desapropriação. 2017. Tese (Doutorado em Direito) – Faculdade de Direito, Universidade Federal de Minas Gerais, Belo Horizonte, 2017. p. 342.

[236] *Ibidem*.

Como se verá no próximo tópico, diversas são as previsões de regras de publicidade nos regulamentos das câmaras que funcionam no Brasil, e essa função de repositório das informações e atos processuais públicos nas arbitragens público-privadas se alinha às melhores práticas adotadas internacionalmente.

2.4.2.1 As informações publicizadas pelas câmaras arbitrais

A arbitragem institucional, prevista no art. 5º da Lei nº 9.307/1996, é aquela instalada e desenvolvida perante câmara de arbitragem pré-constituída, à qual as partes contratantes atribuem a responsabilidade pela administração do procedimento arbitral. A escolha da arbitragem institucional implica às partes a vinculação às regras de alguma entidade especializada, a qual tem total independência para estabelecer as regras procedimentais para a instauração, a organização e o desenvolvimento da arbitragem. A arbitragem *ad hoc*, por sua vez, é instaurada sem o intermédio de nenhuma instituição arbitral. As partes e os árbitros definem as regras processuais e todas as providências para a realização de audiências e diligências necessárias para a tramitação da arbitragem.

De modo geral, quando se fala em arbitragens envolvendo a Administração Pública, é possível verificar uma preferência por arbitragens administradas por uma câmara – as arbitragens institucionais. Aliás, os próprios regulamentos publicados pelos entes federativos estatuem a arbitragem institucional como a via preferencial, em detrimento da arbitragem *ad hoc*, só admitida se devidamente justificada.[237]

Tal preferência fundamenta-se em sua adequabilidade ao princípio constitucional da eficiência, "afinal, a relação processual

---

[237] São eles: Lei nº 19.477/2011, do estado de Minas Gerais (art. 4º); Lei nº 4.610/2014, do estado de Mato Grosso do Sul (art. 4º); Lei nº 15.627/2015, do Estado de Pernambuco (art. 3º); Lei nº 4.007/2017, do estado de Rondônia (art. 4º); Decreto nº 46.245/2018, do estado do Rio de Janeiro; Lei nº 10.885/2018, do estado do Espírito Santo (art. 4º); Decreto nº 64.356/2019, do estado de São Paulo (art. 3º); Decreto Federal nº 10.025/2019 (art. 3º, inciso V); Decreto nº 55.996/2021, do estado do Rio Grande do Sul (art. 2º, II); Decreto nº 9.929/2021, do estado do Goiás (art. 3º); Decreto nº 10.086/2022, do estado do Paraná (art. 727, inciso II); e Decreto nº 2.241/2022, do estado de Santa Catarina (art. 3º).

fica presidida por uma instituição especializada, e não pela pessoa natural, que exerce, tipicamente, o papel de julgar, e não o de administrar".[238] Nesse sentido, as câmaras arbitrais disponibilizam às partes uma gama de serviços em seus regulamentos, como procedimento de indicação de árbitros; consulta à lista de árbitros; procedimentos de árbitro de urgência; criação de diretório para guarda e manipulação dos atos e documentos da arbitragem; entre outros.[239]

Valendo-se, em seus regulamentos, de mecanismos de exame prévio da sentença arbitral, que avalia o cumprimento dos requisitos legais exigidos pela Lei nº 9.307/1996 – escrutínio prévio da sentença proferida pelos árbitros –,[240] muitas instituições arbitrais adotam medidas que reforçam o cumprimento do princípio constitucional da impessoalidade.

Como já mencionado, a administração de arbitragem público-privada, em muitos casos, exige das instituições arbitrais o cumprimento do dever de publicidade na forma acordada pelas partes ou prevista em lei ou decreto do ente federativo. Essa imposição por maior transparência vem promovendo uma mudança na cultura até então adotada pelas instituições arbitrais no Brasil.

Em pesquisa realizada nas oito principais câmaras brasileiras,[241] percebe-se que, a despeito das variações na amplitude conferida à

---

[238] ESTEFAM. *Op. cit.*, p. 70.

[239] "Com regras procedimentais previamente estabelecidas, a câmara arbitral administra o processo de acordo com seu regulamento, fornece apoio administrativo (por exemplo: produção de documentos administrativos, protocolo de manifestações e fornecimento de estrutura para a realização de audiências) e, em alguns casos, um rol de árbitros por ela pré-aprovados. A depender do regulamento da câmara, elas exercem ainda importante papel no procedimento de constituição do tribunal arbitral (proferindo decisões a respeito de impugnações apresentadas pelas partes aos árbitros indicados) e na tomada de decisões preliminares a respeito da conexão ou não de procedimentos arbitrais, entre outros." ESTEFAM. *Op. cit.*, p. 71.

[240] O Regulamento da CCI, em seu art. 34, estipula o "Exame prévio da sentença arbitral pela Corte", por meio do qual, "[a]ntes de assinar qualquer sentença arbitral, o tribunal arbitral deverá apresentá-la sob a forma de minuta à Corte. A Corte poderá prescrever modificações quanto aos aspectos formais da sentença e, sem afetar a liberdade de decisão do tribunal arbitral, também poderá chamar a atenção para pontos relacionados com o mérito do litígio. Nenhuma sentença arbitral poderá ser proferida pelo tribunal arbitral antes de ter sido aprovada quanto à sua forma pela Corte". INTERNATIONAL COURT OF ARBITRATION (ICC). *Regulamento de arbitragem*: em vigor a partir de 1º de janeiro de 2021. Paris: ICC, 2020. Disponível em: https://iccwbo.org/wp-content/uploads/sites/3/2023/06/icc-2021-arbitration-rules-2014-mediation-rules-portuguese-version.pdf. Acesso em: 9 maio 2025.

[241] A seleção das câmaras baseou-se na pesquisa "Arbitragem em Números", feita pela Professora Selma Lemes, como o auxílio de Vera Barros e Bruno Hellmeister, realizada

publicização dos processos arbitrais, as instituições brasileiras têm, gradualmente, adotado padrões de divulgação das informações relacionadas às arbitragens das quais são parte as entidades públicas brasileiras.

O Centro de Arbitragem e Mediação da Câmara de Comércio Brasil-Canadá (CAM-CCBC), por força da Resolução Administrativa nº 15/2016,[242] assume o encargo de divulgação de informações a terceiros relativas à existência de procedimento arbitral, à data do requerimento de arbitragem e ao nome das partes, podendo, inclusive, disponibilizar esses dados no *site* do CAM-CCBC (art. 3º, *caput*).[243] No entanto, a câmara ressalva que "não fornecerá documentos e demais informações a respeito do procedimento" (art. 3º, §1º) e que as audiências do procedimento arbitral serão reservadas às partes e aos procuradores, observado o disposto pelas partes no Termo de Arbitragem (art. 3º, §2º). Por fim, "toda e qualquer informação complementar ou fornecimento de documentos, observados os limites legais e o disposto no Termo de Arbitragem, serão de competência da parte no procedimento arbitral que integra a administração pública direta, consoante a legislação que lhe é aplicável" (art. 4º).

A Câmara de Mediação e Arbitragem Empresarial – Brasil (CAMARB), a partir da alteração de seu Regulamento em 2017, divulga na internet informações básicas sobre arbitragens envolvendo pessoas jurídicas de Direito Público, isto é, o número do processo, a data do requerimento de arbitragem, o nome das partes requerente e requerida, bem como a situação do processo.[244] Para

---

em 2023 com dados de 2021-2022. LEMES. *Op. cit.*, 2023. Disponível em: https://canalarbitragem.com.br/wp-content/uploads/2023/10/PESQUISA-2023-1010-0000.pdf. Acesso em: 9 maio 2025.

[242] CENTRO DE ARBITRAGEM DA CÂMARA DE COMÉRCIO BRASIL-CANADÁ (CAM-CCBC). *Resolução Administrativa nº 15/2016*. Publicidade em procedimentos com a Administração Pública Direta. São Paulo: CAM-CCBC, 2016. Disponível em: https://www.ccbc.org.br/cam-ccbc-centro-arbitragem-mediacao/resolucao-de-disputas/resolucoes-administrativas/ra-15-2016-publicidade-em-procedimentos-com-a-adm-publica-direta/. Acesso em: 9 maio 2025.

[243] *Idem. Transparência – Administração Pública e composição de tribunais.* [S. l.]: CCBC, [202-?]. Disponível em: https://www.ccbc.org.br/cam-ccbc-centro-arbitragem-mediacao/resolucao-de-disputas/arbitragem/transparencia. Acesso em: 9 maio 2025.

[244] *Idem. Arbitragens com a Administração Pública.* [S. l.]: CAMARB, [202-?]. Disponível em: https://camarb.com.br/arbitragem/arbitragens-com-a-administracao-publica/. Acesso em: 9 maio 2025.

além das informações mencionadas, a CAMARB divulga o "Digesto dos procedimentos de impugnação de árbitros em arbitragens administradas pela Câmara de Mediação e Arbitragem Empresarial – Brasil (CAMARB)",[245] por meio do qual compila as decisões sobre impugnação de árbitros, em ordem cronológica.

A Câmara de Comércio Internacional (CCI), em 2019, com a atualização de sua "Nota às Partes e aos Tribunais Arbitrais sobre a Condução da Arbitragem",[246] reconheceu que a publicidade "constitui um elemento-chave" para que a arbitragem seja instrumento confiável de solução de disputas. Nesse sentido, a Nota estabelece que, salvo acordo em contrário entre as partes, a Corte deve publicar em seu *site*, para arbitragens a partir de 1º de julho de 2019, informações como nome dos árbitros, suas funções no tribunal arbitral, se a arbitragem está em curso ou já foi encerrada e o setor empresarial a que corresponde. Determina também que as sentenças arbitrais proferidas a partir de 1º de janeiro de 2019 serão presumidamente públicas, bem como os votos dissidentes ou concordantes.[247] O acesso público às informações e atos do processo, incluindo as sentenças, é disponibilizado na plataforma *JusMundi*.[248]

A mesma parceria foi firmada entre *JusMundi*[249] e o Centro Brasileiro de Mediação e Arbitragem (CBMA), mas para divulgação de informações do processo, sentenças arbitrais e decisões de forma não identificada.

A Câmara de Conciliação, Mediação e Arbitragem CIESP/FIESP (Câmara CIESP/FIESP), a partir de 2021, com a publicação

---

[245] Idem. *Digesto dos procedimentos de impugnação de árbitros em arbitragens administradas pela CAMARB*. São Paulo: Centro de Estudos e Pesquisa em Arbitragem da Universidade de São Paulo (CEPArb-USP), 2021. Disponível em: https://camarb.com.br/en/wp-content/uploads/2021/11/2021-11-29-digesto-camarb-consolidado-rev-ceparb-final-v2.pdf. Acesso em: 9 maio 2025.

[246] CÂMARA DE COMÉRCIO INTERNACIONAL (CCI). *Nota às partes e aos tribunais arbitrais sobre a condução da arbitragem conforme o regulamento de arbitragem CCI*. Brasília: CCI, 2021a. Disponível em: https://iccwbo.org/wp-content/uploads/sites/3/2021/03/icc-note-to-parties-and-arbitral-tribunals-on-the-conduct-of-arbitration-portuguese-2021.pdf. Acesso em: 27 out. 2024.

[247] *Ibidem*.

[248] JUSMUNDI. *A unique partnership for the publication of ICC Arbitral Awards*. [S. l.]: Jusmundi, [202-?]. Disponível em: https://jusmundi.com/en/partnership/icc. Acesso em: 9 maio 2025.

[249] CENTRO BRASILEIRO DE MEDIAÇÃO E ARBITRAGEM (CBMA). *Overview*. [S. l.]: Jusconnect, [202-?]. Disponível em: https://jusconnect.com/en/d/profile/institution/en-cbma-brazilian-center-for-mediation-and-arbitration. Acesso em: 9 maio 2025.

da Resolução nº 9/2021,[250] limita-se a divulgar a existência do procedimento arbitral, a data do requerimento de instauração da arbitragem, o nome das partes e o número do procedimento nos casos envolvendo a Administração Pública,[251] bem como divulga a sentença em seu *site*, salvo manifestação expressa de qualquer das partes em sentido contrário.

Da mesma forma, o Centro de Arbitragem e Mediação da Amcham – Brasil (CAM Amcham), na versão atual de seu Regulamento,[252] prevê um artigo dedicado à publicidade envolvendo entes da Administração Pública, no qual assume o encargo de divulgar em seu *site* somente: (i) a existência da arbitragem; (ii) a data do Requerimento de Instauração do Procedimento Arbitral; (iii) os nomes das partes; (iv) os nomes dos(as) árbitros(as); e (v) o número do Procedimento Arbitral (artigo 20.3). Ainda que se comprometa a fornecer informações do processo arbitral, o CAM Amcham, nos termos do artigo 20.4:

> não fornecerá documentos e informações adicionais sobre o procedimento. Toda e qualquer informação adicional ou acesso a documentos, observados os ditames legais e o disposto no Termo de Arbitragem, deverão ser providenciados pela Parte na arbitragem que integra a Administração Pública, consoante a legislação que lhe é aplicável.

Por sua vez, a Câmara de Arbitragem do Mercado – B3 (CAM-Mercado) não publica nem regulamenta a publicidade nas arbitragens envolvendo entes públicos; no entanto, editou, em janeiro de 2024, a Resolução CAM nº 04/2024,[253] que "dispõe sobre o procedimento adotado pela instituição em relação ao cumprimento do disposto no Anexo I da Resolução nº 80/22 da Comissão de Valores Mobiliários – CVM".

---

[250] CÂMARA DE CONCILIAÇÃO, MEDIAÇÃO E ARBITRAGEM CIESP/FIESP. *Arbitragens com a Administração Pública*. [S. l.]: Câmara de Arbitragem CIESP/FIESP, [2024?]. Disponível em: https://www.camaradearbitragemsp.com.br/arbitragens-com-a-administracao-publica. Acesso em: 9 maio. 2025.

[251] *Ibidem*.

[252] CENTRO DE ARBITRAGEM DA AMCHAM-BRASIL. *Regulamento 2023*. São Paulo: Amcham-Brasil, 2023. Disponível em: https://estatico.amcham.com.br/arquivos/2023/arbitragem-comercial-regulamento-2023-v2.pdf. Acesso em: 9 maio 2025.

[253] CÂMARA DO MERCADO – B3. *Resolução CAM nº 04/2024*. São Paulo: Câmara do Mercado, 2024. Disponível em: https://www.camaradomercado.com.br/assets/pt-BR/2024.01.06-resolucao-cam-n_04-24-ICVM-80-VF.pdf. Acesso em: 9 maio 2025.

Em consulta à Câmara de Mediação e Arbitragem FGV, não foi encontrada nenhuma iniciativa relacionada à transparência quanto a informações e documentos processuais.

Partindo da premissa adotada por este estudo de que as instituições arbitrais devem adaptar seus regulamentos de forma a fornecer ao processo arbitral maior transparência, nos termos acordados pelas partes, é possível verificar nos dados obtidos que, embora as instituições arbitrais estejam comprometidas a divulgar informações gerais acerca das arbitragens que conduzem, a publicidade não alcança os fins desejados, o que comprova seu caráter incipiente e difuso.

A ausência de regras pormenorizadas sobre o tema e a falta de uniformidade do tratamento da publicidade nas previsões existentes pouco contribuem para o cumprimento efetivo do princípio. Mesmo as câmaras credenciadas para administrar os processos arbitrais envolvendo a Administração Pública federal não adotam medidas de transparência apropriadas. A divulgação limitada à existência do procedimento arbitral, à data do pedido de instauração da arbitragem, ao nome das partes e ao número do procedimento, como feito pelo CAM-CCBC, CAMARB, Câmara CIESP/FIESP e CAM Amcham, não satisfaz à finalidade da publicidade processual nos casos que envolvam a Administração Pública.

É curioso verificar que a CCI, ao contrário das demais, disponibiliza todos os dados acerca dos processos arbitrais, bem como os principais atos processuais,[254] o que demonstra a viabilidade da assunção pela instituição arbitral do serviço de divulgação das informações. Na plataforma *JusMundi*, encontram-se disponíveis as informações relativas: (i) à natureza do processo; (ii) ao tipo de caso; (iii) ao setor econômico abrangido pelo contrato; (iv) à data do requerimento de instauração; (v) à fase processual na qual foi

---

[254] Na plataforma *JusMundi*, encontram-se disponíveis as informações relativas a: natureza do processo; tipo de caso; setor econômico; data do requerimento de instauração; fase processual; nome das partes; instituição arbitral que administra o processo; regras arbitrais aplicáveis; sede da arbitragem; direito aplicável; nome dos árbitros e documentos do caso. CÂMARA DE COMÉRCIO INTERNACIONAL (CCI). *Aeroportos Brasil-Viracopos S.A. v. Agência Nacional de Aviação Civil – ANAC, ICC Caso nº 26042/PFF/RLS*. Brasília: CCI, 2021b. Disponível em: https://jusmundi.com/en/document/decision/pt-aeroportos-brasil-viracopos-s-a-v-agencia-nacional-de-aviacao-civil-anac-and-uniao-decisao-sobre-pedido-de-esclarecimentos-monday-5th-june-2023. Acesso em: 9 maio 2025.

feita a demanda; (vi) ao nome das partes; (vii) às regras arbitrais aplicáveis; (viii) à sede da arbitragem; (ix) ao direito aplicável; e (x) aos árbitros designados. O endereço eletrônico disponibiliza, ainda, documentos do caso. O modelo adotado pela câmara centraliza as informações de todas as arbitragens em curso, o que propicia maior facilidade na busca por informações.

A publicidade processual arbitral, como defendido neste trabalho, não pode se limitar ao acesso às informações relacionadas à Administração Pública e sua forma de atuação no processo. O direito de obter informações se expande, recaindo também sobre a prestação de serviços pelas instituições arbitrais e, notadamente, sobre a atuação dos árbitros, que, ao fim e ao cabo, decidirão sobre a alocação de recursos públicos.

Como já noticiado neste estudo, a experiência internacional confirma esse entendimento. O Centro Internacional para a Resolução de Disputas de Investimento (International Centre for Settlement of Investment Dispute – ICSID), desde sua criação, em 1965, assume a obrigação de dar publicidade às arbitragens de investimento. Desde suas primeiras edições, de 1967, os Regulamentos Administrativos e Financeiros e as Regras de Arbitragem do ICSID impõem à sua Secretaria-Geral a obrigação de publicar informações sobre requerimentos de arbitragem e sentenças arbitrais (art. 22.1 do Regulamento).[255] Igualmente, havendo consentimento das partes, deve o ICSID publicar o teor das sentenças arbitrais, atas de audiência e outros atos processuais (art. 22.2 do Regulamento).

Em cumprimento a tais obrigações, o Secretariado do ICSID mantém página eletrônica com informações detalhadas sobre as arbitragens, contendo: objeto da disputa; setor econômico da disputa; normativo invocado; regulamento aplicado; o nome das partes e sua nacionalidade; data do requerimento de arbitragem; data da constituição do tribunal arbitral; nome dos árbitros; idioma; andamento processual; último andamento processual e os principais atos processuais (ordens processuais; manifestação das partes;

---

[255] INTERNATIONAL CENTRE FOR SETTLEMENT OF INVESTMENT DISPUTES (ICSID). *ICSID Regulations and Rules.* [S. l.]: ICSID, 1968. Disponível em: https://icsid.worldbank.org/sites/default/files/ICSID%20Regulations%20and%20Rules%201968%20-%20ENG.pdf. Acesso em: 9 maio 2025.

depoimento escrito; sentenças etc.);[256] e, também, as decisões proferidas em incidentes de impugnação.[257]

Trata-se de um modelo amplo de publicidade no qual compete à própria instituição arbitral providenciar a publicização de dados e documentos relativos a cada processo, o que é feito por meio de páginas de internet sujeitas a constante atualização. Nada impede que, de forma a ampliar a amplitude da divulgação, os entes públicos envolvidos na arbitragem noticiem, em seus endereços eletrônicos, dados básicos dos processos arbitrais, direcionando os interessados às instituições arbitrais escolhidas para administrar a solução do litígio.

É nesse sentido que será analisada a publicidade processual arbitral no Capítulo 4, momento em que será detalhada a forma de divulgação de informações e dados em cada fase do processo arbitral. Até aqui, o que importa é uma macrovisão do que deve ser levado a público e qual é o ator mais apropriado para tanto.

2.5 O impacto da LGPD nos processos arbitrais

A publicidade nos processos arbitrais envolvendo a Administração Pública é a regra, e o sigilo, a exceção; no entanto, a divulgação dos dados constantes do processo deve ser compatibilizada com o direito à privacidade, à liberdade e ao livre desenvolvimento da pessoa natural. Para além das exceções relacionadas ao sigilo legal, o tratamento dos dados pessoais, assim como no processo judicial, deve obedecer às exigências apontadas pela Lei nº 13.709/2018, conhecida como Lei Geral de Proteção de Dados (LGPD).

Por uma questão de recorte metodológico, optou-se por uma abordagem pouco aprofundada da LGPD, na medida em que o tema surge no presente estudo como um reforço ao entendimento da responsabilidade das instituições arbitrais de dar publicidade às informações e aos atos do processo arbitral. A sistemática da publicidade processual será definida pelas partes e prestada pelas câmaras, como um dos serviços, entre outros.

---

[256] *Ibidem.*
[257] *Idem. Decisions on Disqualification.* 2024. Disponível em: https://icsid.worldbank.org/cases/content/tables-of-decisions/disqualification. Acesso em: 9 maio 2025.

Assim como ocorre na jurisdição estatal, o dever de divulgar as informações processuais arbitrais deve dialogar com os princípios instituídos pela LGPD para que se possibilite o cumprimento do dever legal de publicidade sem se descuidar da proteção à integridade da pessoa física que ali expõe dados inerentes à sua intimidade. Para Ana de Oliveira Frazão:

> [o]s problemas que decorrem da exploração dos dados pessoais soam muito mais extensos do que a mera violação da privacidade, especialmente se tal direito for compreendido sob a sua acepção clássica, ou seja, no sentido da intimidade e do direito de ser deixado só. Além da privacidade, há vários outros desdobramentos da personalidade que são colocados em risco pela economia movida a dados, como a própria individualidade e autonomia. Mais que isso, não é exagero afirmar que a própria democracia passar a estar sob a ameaça.[258]

Durante a tramitação do processo arbitral, naturalmente, são coletados diversos dados pessoais dos sujeitos nele envolvidos: partes, advogados, árbitros, peritos, testemunhas, entre outros. Dado pessoal, nos termos do art. 5º, I, da LGPD, é toda "informação relacionada a pessoa natural identificada ou identificável". Dado pessoal sensível, por sua vez, refere-se à informação pessoal sobre origem racial ou étnica, convicção religiosa, opinião política, filiação a sindicato ou organização de caráter religioso, filosófico ou político, saúde ou vida sexual, informação genética ou biométrica (art. 5º, inciso II).

Independentemente de se tratar de arbitragem entre privados ou público-privada, qualquer informação constante de um documento juntado ao procedimento arbitral que permita a identificação de um indivíduo pode ser considerada "dado pessoal", como aquelas encontradas em troca de comunicações (por meio físico ou virtual), laudos técnicos e depoimentos escritos.

Por sua vez, o inciso X do mesmo art. 5º define tratamento de dados como:

> toda operação realizada com dados pessoais, como as que se referem a coleta, produção, recepção, classificação, utilização, acesso, reprodução,

---

[258] FRAZÃO, Ana de Oliveira. Direitos básicos dos titulares de dados pessoais. *Revista dos Advogados*, São Paulo, n. 144, nov. 2019.

transmissão, distribuição, processamento, arquivamento, armazenamento, eliminação, avaliação ou controle da informação, modificação, comunicação, transferência, difusão ou extração.

A LGPD igualmente lista quem seriam os agentes de tratamento (art. 5º, inciso IX): o controlador (pessoa natural ou jurídica, de direito público ou privado, a quem competem as decisões referentes ao tratamento de dados pessoais, conforme inciso VI do mesmo artigo) e o operador (pessoa natural ou jurídica, de direito público ou privado, que realiza o tratamento de dados pessoais em nome do controlador, conforme inciso VI do mesmo artigo).

Nos termos do Guia Orientativo para Definições dos Agentes de Tratamento de Dados Pessoais e do Encarregado,[259] publicado pela Autoridade Nacional de Proteção de Dados:

> (...) o controlador será uma pessoa jurídica, seja de direito privado, seja de direito público. É o que ocorre, por exemplo, quando sociedades empresárias ou entidades públicas tomam as principais decisões a respeito do armazenamento, da eliminação ou do compartilhamento de informações que integram um banco de dados pessoais que é gerido no âmbito da organização.

Por sua vez, "o operador é o agente responsável por realizar o tratamento de dados em nome do controlador e conforme a finalidade por este delimitada".[260] A principal diferença entre o controlador e o operador é o poder de decisão: o operador só pode agir no limite das finalidades determinadas pelo controlador. Destacam-se, ainda, algumas das obrigações do operador: (i) seguir as instruções do controlador; (ii) firmar contratos que estabeleçam, entre outros assuntos, o regime de atividades e responsabilidades com o controlador; (iii) dar ciência ao controlador em caso de contrato com suboperador.

No que diz respeito à arbitragem, Gustavo Justino de Oliveira e Felipe Razzini[261] defendem que as câmaras arbitrais, os tribunais

---

[259] AUTORIDADE NACIONAL DE PROTEÇÃO DE DADOS (ANPD). *Guia Orientativo para Definições dos Agentes de Tratamento de Dados Pessoais e do Encarregado*. Brasília: ANPD, 2022. Disponível em: https://www.gov.br/anpd/pt-br/documentos-e-publicacoes/guia_agentes_ de_tratamento_e_encarregado___defeso_eleitoral.pdf. Acesso em: 9 maio 2025.
[260] *Ibidem*.
[261] OLIVEIRA, Gustavo Justino de; RAZZINI, Felipe; VENTURINI, Otávio. LGPD e arbitragem: notas sobre a proteção de dados nas arbitragens envolvendo a Administração

arbitrais e os árbitros desempenham o papel de agente de tratamento de dados:

> (...) a proteção de dados é de suma importância para a continuidade das atividades desempenhadas pelas câmaras arbitrais, pelos tribunais arbitrais e pelos árbitros, na medida em que manuseiam uma ampla variedade de dados pessoais e informações usualmente vinculadas a contratos e transações extremamente sensíveis e sigilosas para as partes envolvidas e também para terceiros (testemunhas, funcionários das empresas envolvidas, ex-diretores que formalizaram instrumentos contratuais, entre outros).

Toda operação realizada com dados pessoais, como as que se referem a coleta, produção, recepção, classificação, utilização, acesso, reprodução, transmissão, distribuição, processamento, arquivamento, armazenamento, eliminação, avaliação ou controle da informação, entre outras, é definida pela LGPD como tratamento de dados, nos termos do inciso X do art. 5º.

Nesse contexto, é possível afirmar que as instituições arbitrais e os árbitros efetuam o tratamento de dados na medida em que coletam diversas informações e administram um enorme banco de dados acerca de seus clientes, *experts* e testemunhas, seja por meio de um cadastro desses dados em seu sistema interno, seja através das provas coletadas no curso do procedimento arbitral.

Assim, as câmaras arbitrais, ao exercerem a administração de processos arbitrais, promovem a coleta, a recepção, a reprodução, a distribuição, o processamento e o arquivamento ou armazenamento, enquadrando-se no conceito de agentes de tratamento e devendo, então, cumprir rigorosamente as exigências postas na LGPD. O mesmo raciocínio se aplicará aos tribunais arbitrais e/ou aos árbitros sempre que a arbitragem não for institucional.

Essa preocupação faz muito sentido na medida em que, no curso da arbitragem, há o manuseio de uma grande quantidade de informações de titularidade dos seus vários participantes e se justifica ainda mais diante da facilitação da transmissão de dados por meio eletrônico, decorrente da adoção cada vez mais frequente do formato virtual para os procedimentos.

Pública brasileira. In: PIRONTI, Rodrigo (coord.). *Lei Geral de Proteção de Dados no Setor Público*. Belo Horizonte: Fórum, 2021. p. 204.

Sobre a legalidade do tratamento de dados pelas câmaras arbitrais, elucidam Gustavo Justino de Oliveira e Felipe Razzini, com fulcro no art. 7º, inciso IV, que "a LGPD reconheceu expressamente a possibilidade de tratamento de dados para resguardar direito postulatório perante o Poder Judiciário e, também, para procedimentos arbitrais e administrativos".[262] Ainda, para os autores, "inexiste a figura do consentimento nas hipóteses do exercício regular de direito em juízo"[263] para o tratamento dos dados pessoais dos participantes do processo arbitral.

Acompanhando o novo regramento, muitas câmaras arbitrais nacionais passaram a se adequar aos termos da nova legislação, adotando políticas de governança de proteção de dados, o que permite estabelecer os fluxos de tratamento que envolvem dados pessoais. A Câmara de Arbitragem do Mercado (CAM B3) elaborou uma política de privacidade tendo por objetivo formalizar o compromisso com a proteção de dados.[264] Nela, são detalhados os tipos de informações coletadas, como elas são utilizadas, armazenadas e protegidas, o prazo de armazenamento, as hipóteses de transferência das informações e como são endereçados os requerimentos legais.

Ademais, a Orientação CAM nº 01/2019[265] estabelece, em seu art. 4º, que "todas as informações que identificam ou possam vir a identificar uma pessoa física ("Dados Pessoais") serão tratadas nos termos da legislação vigente aplicável e da Política de Privacidade disponibilizada na Plataforma, que deverá ser lida antes do início de sua utilização".

Por sua vez, a Corte Internacional de Arbitragem da Câmara de Comércio Internacional (CCI) disponibiliza a "Nota às Partes e aos Tribunais Arbitrais sobre a Condução da Arbitragem", conforme seu regulamento de arbitragem. Justamente pelo fato de o regulamento de arbitragem nada dispor a respeito de proteção de dados, a instituição emitiu a nota complementar e inseriu o tema

---

[262] *Ibidem*, p. 205.
[263] *Ibidem*.
[264] CÂMARA DO MERCADO – B3. *Orientação CAM nº 01/2019*. Disponível em: https://www.camaradomercado.com.br/assets/pt-BR/Resolucao%20CAM%20B3%20Digital%20assinada.pdf. Acesso em: 9 maio 2025.
[265] *Ibidem*.

no campo de "Condução da Arbitragem", reconhecendo a sua qualidade de responsável pelo tratamento de dados.[266]

No mesmo sentido, a Câmara de Conciliação, Mediação e Arbitragem CIESP/FIESP, por meio da Resolução nº 13/2022,[267] estabelece o seguinte:

> Art. 5º Todos os dados inseridos no Portal que possam vir a identificar uma pessoa física (dados pessoais) estão sujeitos à Lei Geral de Proteção de Dados (Lei 13.709/2018 – LGPD) brasileira e a General Data *Protection Regulation* europeia (*Regulation (EU) 2016/679 of the European Parliament and of the Council of 27 April 2016*) e serão tratados de acordo com a Política de Privacidade disponibilizada na plataforma, cuja leitura é obrigatória antes do início de sua utilização.

Quanto aos demais atores envolvidos no processo arbitral, entende-se que a LGPD também afeta advogados, árbitros, secretário(s) e assistentes que atuarem no procedimento em si, no que tange às bases legais de tratamento de dados das partes.

De acordo com Flávia Bittar e Danielle Farah Ziade, no contexto da arbitragem, há uma constante troca de dados entre diferentes participantes. O controlador tanto pode ser a entidade quanto o indivíduo que, sozinho ou em conjunto, tem a capacidade de determinar o propósito e os meios de tratamento dos dados envolvidos no procedimento. Havendo múltiplos controladores, a depender da função exercida na arbitragem, advogados, instituições arbitrais, testemunhas e, evidentemente, árbitros têm responsabilidade e direitos relativos à proteção de dados. É indispensável que haja clareza quanto a essa condição de controlador de dados para que haja a efetiva proteção exigida no caso.[268]

Para as autoras, os árbitros têm papel fundamental de zelar pela integridade da arbitragem, na medida em que são destinatários

---

[266] CÂMARA DE COMÉRCIO INTERNACIONAL (CCI). *Op. cit.*, 2021.

[267] CÂMARA DE CONCILIAÇÃO, MEDIAÇÃO E ARBITRAGEM CIESP/FIESP. *Resolução nº 13/2022*. São Paulo: Câmara de Mediação CIESP/FIESP, 2022. Disponível em: https://www.camaradearbitragemsp.com.br/pt/atos-normativos/resolucao-13-2022.html. Acesso em: 9 maio 2025.

[268] NEVES, Flávia Bittar; ZIADE, Danielle Farah. Tratamento de dados pessoais pelos árbitros no procedimento arbitral segundo as leis europeia e brasileira sobre proteção de dados. *In*: MACHADO FILHO, José Augusto Bitencourt *et al*. (org.). *Arbitragem e Processo*: Homenagem ao Prof. Carlos Alberto Carmona. São Paulo: Quartier Latin, 2022. p. 527.

de todas as informações e dados pessoais mencionados em petições e documentos juntados aos autos, pertencentes às partes, advogados, *experts*, testemunhas, entre outros que estejam envolvidos de qualquer forma no contexto do procedimento arbitral.[269]

Cientes da importância do assunto e das dificuldades das possíveis divergências na interpretação da legislação aplicável, entende-se recomendável a inclusão, na cláusula compromissória e no termo de arbitragem, de autorização expressa para o tratamento de dados pessoais durante o procedimento arbitral e de quem seria o responsável pelo tratamento dos dados.

Nesse sentido, entre as medidas voltadas a disciplinar e prevenir problemas relacionados ao tratamento de dados na arbitragem, "[a] primeira delas, que pode ser adotada pelas próprias partes, previamente ao surgimento dos conflitos que será levado à arbitragem, é endereçar o assunto na própria cláusula arbitral".[270]

Outra medida sugerida por Flávia Bittar Neves e Danielle Farah Ziade[271]

> consiste em abordar as questões relacionadas ao tratamento e proteção dos dados pessoais em um documento específico destinado a regulamentar este assunto, ou em uma seção do próprio termo de arbitragem ou, ainda, em uma ordem procedimental expedida pelos árbitros no início da arbitragem.

As autoras acrescentam que "o documento também pode disciplinar as regras de confidencialidade, a mitigação do uso dos dados não relevantes ao procedimento, alocação de responsabilidades quanto aos direitos do titular dos dados, entre outros".[272,273]

---

[269] Ibidem.
[270] Ibidem, p. 540.
[271] Ibidem, p. 541.
[272] Ibidem.
[273] Nesse sentido, com vistas a orientar os árbitros na redação de uma cláusula sobre proteção de dados, nas hipóteses em que o tribunal arbitral considerar que sejam aplicáveis à arbitragem a LGPD, a CCI disponibiliza em seu sítio eletrônico Modelo de Cláusula de Proteção de Dados para Ordem Processual nº 1. CÂMARA DE COMÉRCIO INTERNACIONAL (CCI). *Cláusula Padrão sobre Proteção de Dados para Ordem Processual nº 1.* [S. l.]: CCI, [20--]. Disponível em: https://iccwbo.org/wp-content/uploads/sites/3/2021/03/icc-model-po1-data-protection-portuguese.pdf. Acesso em: 9 maio 2025.

Dado o caráter flexível da arbitragem, é de extrema relevância que a política de proteção de dados seja prevista de forma clara, logo no início do processo arbitral, seja por meio da convenção de arbitragem ou no termo de arbitragem. Diversamente do que ocorre nas arbitragens entre privados, nas quais a confidencialidade mitiga o acesso às informações do processo, "o dever de publicidade [nas arbitragens envolvendo a Administração Pública] gera o dever/direito de privacidade".[274]

Portanto, é importante que a instituição arbitral, os árbitros e as partes discorram, na primeira oportunidade, sobre a extensão da publicidade das informações e dos atos processuais, bem como sobre as medidas destinadas ao cumprimento do dever de proteção de dados e seus responsáveis.

---

[274] OLIVEIRA, Gustavo Justino de; RAZZINI, Felipe; VENTURINI, Otávio. LGPD e arbitragem: notas sobre a proteção de dados nas arbitragens envolvendo a Administração Pública brasileira. *In*: PIRONTI (coord.). *Op. cit.*, p. 211.

CAPÍTULO 3

A PUBLICIDADE NA FASE PRÉ-ARBITRAL – PUBLICIDADE ADMINISTRATIVA

Definidos os principais contornos da publicidade processual, sobretudo o que deve ser publicizado e quem deve instrumentalizá-lo, é preciso ir mais longe. Justamente por se tratar de uma jurisdição privada, realizada no exterior da organização judiciária, faz-se necessário sistematizar a aplicação da teoria geral proposta no Capítulo 2 às fases do processo arbitral, de forma a demonstrar a importância – ou até imprescindibilidade – de se tornarem públicas as informações e os atos produzidos ao longo da tramitação do processo.

Embora o estudo tenha por objeto principal a publicidade processual durante a tramitação das arbitragens público-privadas, seguindo a ordem cronológica estabelecida pela Lei nº 9.307/1996, o presente capítulo mira na fase que antecede o processo arbitral propriamente, dedicando-se a explorar a publicidade administrativa, dada a relevância da formação do acordo entre as partes que afasta a jurisdição estatal e elege o mecanismo arbitral para solucionar os litígios, no âmbito da Administração Pública.

É oportuno rememorar que, em relação à arbitragem público-privada, o dever de publicidade se desdobra em dois pontos: a *publicidade administrativa*, do art. 37, *caput*, da CR/1988, que diz respeito à divulgação da opção pela jurisdição arbitral; e a *publicidade processual*, prevista no §3º do art. 2º da Lei nº 9.307/1996, relacionada ao processo arbitral propriamente dito.

A convenção de arbitragem, por sua vez, se relaciona com o princípio da publicidade de duas formas, como se verá. Sob o enfoque de negócio jurídico firmado pela Administração Pública, a cláusula compromissória e o compromisso arbitral devem ser levados a conhecimento público, como condição indispensável para sua eficácia (*publicidade administrativa*). Por outro lado, a convenção arbitral é um importante instrumento de distribuição da jurisdição ao árbitro e de previsão de regras procedimentais indispensáveis ao desenvolvimento da arbitragem. Neste último caso, a convenção de arbitragem deve prever um desenho processual mínimo sobre a *publicidade processual*, como se verá adiante.

3.1 A convenção de arbitragem

A convenção de arbitragem traduz-se em um ajuste de vontades pelo qual as partes se vinculam à solução de litígios determinados ou determináveis, presentes ou futuros, por meio de juízo arbitral, sendo derrogada, em relação aos mencionados litígios, a jurisdição estatal.[275] Configura-se o principal momento da externalização do consenso entre as partes. Nesse momento, o princípio da autonomia das partes investe a um terceiro o exercício de uma jurisdição, a mesma jurisdição do juiz estatal, com a diferença de que sua autoridade jurisdicional lhe é atribuída diretamente pelas partes envolvidas no conflito.

Ao celebrar a convenção de arbitragem, as partes obrigam-se mutuamente a submeter a solução ao juízo arbitral, renunciando a competência do juízo estatal. Assim, a convenção arbitral é a base para o exercício da jurisdição.[276] Para Selma Lemes, a "convenção de arbitragem é o atestado de nascimento do juízo arbitral".[277]

Esse acordo outorga jurisdição ao árbitro, autoriza o desenvolvimento da jurisdição arbitral e define muitos dos aspectos do processo. Como anuncia João Luiz Lessa Neto, não é a Lei de

---

[275] GUERRERO, Luis Fernando. *Convenção de Arbitragem e processo arbitral*. São Paulo: Atlas, 2009. E-book.

[276] ESTEFAM. *Op. cit.*, p. 56.

[277] LEMES, Selma Maria Ferreira. Convenção de arbitragem e termo de arbitragem. Características, efeitos e funções. *Revista do Advogado*, [s. l.], p. 94-99, 2012.

Arbitragem que legitima uma arbitragem específica.[278] O diploma legal "reconhece, estabelece e legitima o sistema arbitral e permite seu funcionamento",[279] mas só o ajuste entre as partes outorga ao julgador privado a jurisdição.

Para Carlos Carmona e José Augusto Machado Filho, "[a] origem dos poderes jurisdicionais dos árbitros, portanto, reside em um acordo de vontade das partes litigantes. O fundamento para o exercício da função é eminentemente contratual".[280] A convenção arbitral seria, portanto, a moldura estabelecida pelas partes no exercício de sua autonomia privada que delimita o poder de julgar atribuído aos árbitros. Trata-se, portanto, do ato que revela a natureza jurídica contratual da arbitragem, no que concerne à sua origem.

Como ato anterior e exterior à arbitragem, a convenção deve ser enquadrada como negócio jurídico processual[281] na medida em que cria direitos e obrigações recíprocos para as partes celebrantes. "Muito embora expressa por meio de simples cláusula contratual, a convenção de arbitragem constitui verdadeiro pacto, negócio jurídico ao qual, inclusive, se reconhece autonomia no tocante à validade do contrato como um todo."[282] Em sendo a convenção de

---

[278] AZEVEDO NETO, João Luiz de. *A relação entre arbitragem e Poder Judiciário na definição da competência do árbitro*. 2015. Dissertação (Mestrado em Direito) – Faculdade de Direito, Universidade Federal de Pernambuco, Recife, 2015. p. 83.

[279] *Ibidem*.

[280] CARMONA, Carlos Alberto; MACHADO FILHO, José Augusto Bitencourt. A inaplicabilidade das garantias e vedações do art. 95 da Constituição Federal aos árbitros. *In*: ABBOUD; MALUF; VAUGHN (coord.). *Op. cit.*, p. 211.

[281] "A convenção arbitral é o pacto (negócio) pelo qual as partes se obrigam a submeter a um árbitro (e não a um juiz estatal) a controvérsia sobre a uma relação jurídica de direito material (relação jurídica subjacente), que será decidida definitivamente por meio de um procedimento dotado de normatividade (processo arbitral). Assim, a arbitragem tem conteúdo jurisdicional, mas origem negocial. A doutrina majoritária associa a convenção arbitral à noção de negócio jurídico: fala-se em convenção processual, contrato processual ou negócio jurídico processual." MEGNA. *Op. cit.*, 2019, p. 178.

[282] SALLES. *Op. cit.*, 2011, p. 108. No mesmo sentido, segundo Francisco Cahali, "a cláusula pressupõe o vínculo contratual". No momento da celebração do contrato (que regula a relação jurídica material), "criam-se duas relações jurídicas: o negócio contratado e a arbitragem, esta última independente, porém restrita à vontade das partes em submeter aquela primeira à tutela arbitral". CAHALI. *Op. cit.*, p. 166. Para Fichtner, Monteiro e Mannheimer, "a convenção de arbitragem teria natureza contratual e que, portanto, seria uma espécie de negócio jurídico privado, razão pela qual a capacidade mencionada no art. 1º da Lei de Arbitragem (...) seria aquela capacidade de fato prevista no Código Civil". FICHTNER; MANNHEIMER; MONTEIRO. *Op. cit.*, 2019. Em arremate, Felipe Estefam,

arbitragem o pacto por meio do qual as partes se obrigam a submeter a um terceiro a controvérsia sobre uma relação jurídica de direito material, "fala-se em convenção processual, contrato processual ou negócio jurídico processual".[283]

Para Ricardo Aprigliano, a arbitragem se consubstancia em uma jurisdição privada, "que se origina em uma convenção das partes, um negócio jurídico processual que tem fundamentalmente dois efeitos, o de impor a solução arbitral às partes contratantes, e de excluir a jurisdição estatal acerca do mesmo objeto".[284] No mesmo sentido, André Junqueira confirma que "a convenção de arbitragem é um negócio jurídico processual feito em um contrato em que as partes se comprometem a levar os conflitos para serem apreciados por um árbitro".[285]

Como mencionado anteriormente, é nesse sentido que se vislumbra a arbitragem como uma das formas de consensualidade da Administração Pública. Mesmo que não enquadrada como um meio autocompositivo de resolução de conflitos, a opção pela arbitragem se dá de forma consensual, pois depende do acordo entre as partes para afastar a jurisdição estatal.

Nesse sentido, Carlos Alberto Carmona ressalta a natureza jurídica da cláusula arbitral como negócio jurídico processual: "eis que se trata de declaração de vontade socialmente vista como destinada a produzir efeitos jurídicos, quais sejam, negativos (em relação ao processo estatal) e positivos (em relação ao processo arbitral, já que, com a cláusula, atribui-se jurisdição aos árbitros)".[286]

É interessante observar que, independentemente do *nome iuris* adotado, o ajuste celebrado entre as partes tem natureza de negócio jurídico (contrato ou ajuste processual). Partindo-se dessa premissa, é importante que se distinga a convenção de arbitragem dos demais negócios jurídicos processuais, sobretudo daqueles previstos no

---

ao se manifestar pela natureza jurídica da cláusula compromissória, anuncia que "a arbitragem tem base contratual, mas o seu fim é o exercício da jurisdição. Sobre esta base contratual, note-se que o acordo escrito pelo qual se estabelece o emprego da arbitragem como meio de solução de controvérsia". ESTEFAM. *Op. cit.*, p. 53.

[283] MEGNA. *Op. cit.*, 2019, p. 178.
[284] APRIGLIANO. *Op.cit.*, p. 142.
[285] JUNQUEIRA. *Op. cit.*, p. 70.
[286] CARMONA. *Op. cit.*, 2009, p. 124.

art. 190 do CPC/2015.[287] O ajuste firmado entre as partes visando, precipuamente, ao afastamento da jurisdição estatal não se trata de um ato endoprocessual, mas de um "ato para o processo".[288] Reconhece-se à convenção de arbitragem, seja a cláusula compromissória ou o compromisso arbitral, o efeito de renúncia ao Poder Judiciário.[289] Assim, sua celebração se dá fora e independentemente da existência de ação ajuizada na jurisdição estatal.

No sistema brasileiro, a convenção de arbitragem, como se extrai do art. 3º da Lei nº 9.307/1996,[290] é biparte, isto é, tem duas espécies: a cláusula compromissória (ou cláusula arbitral) e o compromisso arbitral (arts. 4º e 9º, respectivamente).[291] O compromisso arbitral é a convenção através da qual as partes submetem um litígio preexistente ao juízo arbitral, cumpridos os requisitos previstos nos arts. 10 e 11 da Lei nº 9.307/1996.

Já a cláusula compromissória é tipicamente inserida em negócios jurídicos celebrados entre as partes e, por isso, é caracterizada como a convenção de arbitragem anterior ao litígio. É sempre encartada em determinado ajuste de vontade, de forma genérica ou específica, ficando latente até a ocorrência de eventual

---

[287] Art. 190. Versando o processo sobre direitos que admitam autocomposição, é lícito às partes plenamente capazes estipular mudanças no procedimento para ajustá-lo às especificidades da causa e convencionar sobre os seus ônus, poderes, faculdades e deveres processuais, antes ou durante o processo.

[288] BARABINO, André. *Negócios Jurídicos na Arbitragem*. 2016. Dissertação (Mestrado em Direito) – Faculdade de Direito, Pontifícia Universidade Católica de São Paulo, São Paulo, 2016. p. 50.

[289] "Trata-se o efeito negativo da convenção de arbitragem. Ao firmarem a convenção de arbitragem, as partes deslocam a submissão de conflito para a justiça privada, não mais podendo arrepender-se ou reverter a questão, unilateralmente, à jurisdição estatal. O efeito positivo, por sua vez, advém dos princípios da autonomia privada das partes e do pacta sunt servanda. Celebrada a convenção de arbitragem, é obrigatória a submissão do litígio ao juízo arbitral." Para aprofundamento, ver CARMONA. *Op. cit.*, 2023.

[290] Art. 3º As partes interessadas podem submeter a solução de seus litígios ao juízo arbitral mediante convenção de arbitragem, assim entendida a cláusula compromissória e o compromisso arbitral.

[291] No campo internacional, a Lei Modelo UNCITRAL não prevê a dualidade entre cláusula e compromisso, na medida em que prevê a categoria unitária da convenção de arbitragem, fazendo referência única e exclusivamente à expressa convenção de arbitragem. Segundo a Lei Modelo, "convenção de arbitragem é o acordo pelo qual as partes decidem submeter à arbitragem todos ou alguns dos litígios surgidos entre elas com respeito a uma determinada relação jurídica, contratual ou extracontratual. Uma convenção de arbitragem pode adotar a forma de uma cláusula compromissória em um contrato ou a de um acordo autônomo" (art. 7º, item 1). UNCITRAL. *Op. cit.*, 2006.

conflito a ser solucionado. Sua autonomia em relação ao contrato em que estiver inserta é revelada pelo art. 8º da Lei nº 9.307/1996, "de tal sorte que a nulidade deste [do contrato] não implica, necessariamente, a nulidade da cláusula compromissória". Isso significa que a alegação de vícios no contrato não atinge diretamente a cláusula arbitral, devendo tais questões – relativas aos supostos vícios – ser também submetidas à arbitragem.

Como cláusula incluída em contratos (cláusula compromissória) ou como negócio jurídico processual celebrado diante da existência de litígio preexistente (compromisso arbitral), a formação da convenção de arbitragem, quando tem como uma das partes a Administração Pública, deve seguir os ditames processuais aos quais se submetem os ajustes da Administração Pública, entre eles o cumprimento do princípio da publicidade administrativa. Sobre esse ponto específico, passa-se a analisar a incidência do aludido princípio na fase pré-arbitral.

3.2 A publicidade administrativa na formação da convenção de arbitragem

O princípio da publicidade administrativa, fundado no art. 37, *caput*, da CR/1988, traduz-se em uma obrigação a ser atendida sempre que o Estado atua, de forma a garantir ao cidadão o pleno, amplo e livre acesso às informações da Administração Pública, resguardando não só o conhecimento, mas também a participação e o controle das atividades desempenhadas.[292] Para Juarez Freitas, "o normal é que tudo que não possa vir a público deva ser encarado como suspeito de incorreção".[293] O Poder Público "precisa prestar

---

[292] Para Gustavo Binenbojm, "[c]hega a ser um lugar comum afirmar-se que a democracia é o regime do poder visível, em oposição aos regimes totalitários, nos quais a regra é o segredo de Estado e o controle da informação com um dado oficial". BINENBOJM, Gustavo. O princípio da publicidade administrativa e a eficácia da divulgação de atos do poder público pela internet. *Revista Eletrônica de Direito do Estado*, Salvador, n. 19, p. 1-23, jul./set. 2009. Disponível em: http://www.direitodoestado.com.br/codrevista.asp?cod=348. Acesso em: 9 maio 2025.

[293] FREITAS, Juarez. *O controle dos atos administrativos e os princípios fundamentais*. 3. ed. atual. e aum. São Paulo: Malheiros, 2004. p. 56.

contas de todos os seus atos e velar para que tudo seja feito com a visibilidade do sol do meio-dia".[294]

Desse modo, sob a ótica do titular do poder, o aludido princípio assegura ao administrado não só o conhecimento detalhado da atuação cotidiana do Estado, mas também a efetiva participação popular na tomada de decisão na gestão administrativa, legislativa e jurisdicional. Assim, a exigência de que todos os atos sejam públicos reflete-se na garantia dos cidadãos diante de toda e qualquer conduta do Estado, caracterizando-se uma verdadeira ferramenta de salvaguarda na confiança existente entre os representantes e representados.[295,296]

Assim, a publicidade administrativa, para alcançar sua efetividade, deve se apoiar em quatro vertentes: (i) direito de conhecer todos os expedientes e motivos referentes à ação administrativa, bem como seus desdobramentos e resultados; (ii) direito subjetivo de acesso aos arquivos e registros públicos em decorrência direta do princípio democrático; (iii) participação no processo de produção de decisões administrativas, em contraposição ao segredo procedimental, por meio da audiência dos envolvidos e interessados; e (iv) direito de exigir do Estado ações positivas para possibilitar a visibilidade, a cognoscibilidade e o controle das ações administrativas.[297]

O controle da ação estatal abrange igualmente o processo de formação da convenção de arbitragem. Muito embora expressa por

---

[294] *Ibidem.*

[295] Clóvis Reimão, citando Luis Filipe Colaço Antunes, defende que a "atuação estatal possibilita: i) o controle e a responsabilização dos agentes públicos (*accountability*); ii) a participação popular nas decisões estatais; iii) a legitimação da atuação estatal e aumento da confiança popular no Estado; iv) uma conduta estatal mais eficiente e menos corrupta; e v) maior proteção do cidadão contra o arbítrio estatal". REIMÃO. *Op. cit.*

[296] "O secreto, invisível, reinante na Administração, mostra-se contrário ao caráter democrático do Estado. A publicidade ampla contribui para garantir direitos dos administrados; em nível mais geral, assegura condições de legalidade objetiva porque atribui à população o direito de conhecer o modo como a Administração atua e toma decisões; abate o muro secreto da cidadela administrativa, possibilitando o controle permanente sobre suas atividades (...) com a publicidade como regra, tem-se o diálogo em lugar do mutismo, a transparência em lugar da opacidade e suscita-se a confiança do administrado na Administração." MEDAUAR, Odete. *O direito administrativo em evolução.* 2. ed. rev. atual. e aum. São Paulo: Revista dos Tribunais, 2003. p. 235.

[297] MOTTA, Fabrício. *Fundação normativa da administração pública.* Fórum: Belo Horizonte, 2007. p. 107.

meio de simples cláusula contratual (cláusula compromissória) ou de negócio jurídico autônomo (compromisso arbitral), a convenção de arbitragem deve ser considerada um elemento integrante da formação da contratação pública, sujeitando-se, assim, ao atendimento do princípio da publicidade administrativa em todas as fases do processo administrativo.

Como se verá adiante, nessa fase pré-arbitral, o princípio da publicidade pode se exteriorizar de três formas, por meio de: (i) eventual consulta pública e/ou audiência pública, na fase interna; (ii) publicação do edital de licitação, na fase externa; e (iii) publicação do extrato do contrato no qual está inserida a cláusula compromissória.

3.2.1 A publicidade em eventual consulta pública e audiência pública

A contratação da arbitragem é etapa necessária e indispensável para que possam as partes afastar a jurisdição estatal e se valer do juízo arbitral para dirimir conflitos que derivem do ajuste firmado. Vale lembrar que a regra ainda é a solução judicial, de sorte que a opção pela via arbitral, por ser uma exceção à regra geral e derivação da autonomia da vontade, depende de acordo prévio a respeito.[298]

Como em todo processo de contratação pública que, em regra, se efetiva por meio da regra do procedimento licitatório, seguindo a rotina prevista na Lei nº 14.133/2021, "a Administração não pode adotar providências inconsistentes, incoerentes e não planejadas".[299] Para tanto, a Administração Pública deve percorrer um procedimento de formação da vontade administrativa que, caso positiva, culminará no compromisso propriamente dito.[300]

---

[298] SCHMIDT, Gustavo. Interações entre Tribunal de Contas, arbitragem e as autoridades administrativas nela envolvidas. *Revista Brasileira de Arbitragem*, [s. l.], v. 19, n. 75, p. 34-35, 2022.

[299] OLIVEIRA, Gustavo Justino de; ESTEFAM, Felipe Faiwichow. *Curso Prático de arbitragem e Administração Pública*. São Paulo: Thomson Reuters Brasil, 2019. p. 89.

[300] Para Bruno Megna, "[e]ste (negócio jurídico arbitral) deverá ser composto por partes capazes, objeto lícito e determinável e forma regular. Aquele deverá ser procedido por agente competente, na qual deverão ser explicitados motivo e finalidade". MEGNA. *Op. cit.*, 2019, p. 182.

Diferentemente da sistemática adotada entre privados, na qual a liberdade na definição dos termos e condições que irão regular o procedimento é ampla, na esfera administrativa do Estado, "a adoção da arbitragem como método de solução de conflitos e a definição das regras em que será conduzida devem respeitar os limites impostos pela legislação aplicável".[301]

Durante a fase interna da contratação, a opção pela arbitragem deve ser precedida, nos termos dos princípios inscritos no art. 5º, *caput*, da Lei nº 14.133/2021,[302] de uma análise prévia pelo gestor público dos custos envolvidos em eventual instauração da arbitragem, na medida em que esse meio de solução de litígios exige a alocação de valores significativos, quer com os honorários dos árbitros, quer com as taxas de administração devidas às instituições arbitrais.

Ainda nessa fase de ponderação entre a jurisdição arbitral *versus* estatal, o ente público deve avaliar a complexidade e as especificidades dos eventuais conflitos que podem surgir em decorrência da celebração do contrato administrativo no qual será inserida a cláusula compromissória. A mesma avaliação deve ser realizada no caso concreto quando se pretende celebrar o compromisso arbitral. Nesse sentido, anuncia Gustavo Justino de Oliveira:[303]

> A arbitragem não é uma panaceia para a solução de litígios decorrentes de todo e qualquer contrato público. Assim, a previsão da cláusula compromissória coadunar-se-ia a contrato de alta complexidade e que demandem uma resolução altamente técnica e célere, como são os contratos da área de infraestrutura, por exemplo. O uso indiscriminado da arbitragem pela Administração Pública revela-se contraproducente e, por isso tal opção estratégica haverá de ser reservada para determinados casos e modelagens contratuais, e previamente motivada pela realização de estudos de impacto que avaliem a eficiência do uso da arbitragem.

---

[301] SCHMIDT. *Op. cit.*, 2022.

[302] Art. 5º Na aplicação desta Lei, serão observados os princípios da legalidade, da impessoalidade, da moralidade, da publicidade, da eficiência, do interesse público, da probidade administrativa, da igualdade, do planejamento, da transparência, da eficácia, da segregação de funções, da motivação, da vinculação ao edital, do julgamento objetivo, da segurança jurídica, da razoabilidade, da competitividade, da proporcionalidade, da celeridade, da economicidade e do desenvolvimento nacional sustentável, assim como as disposições do Decreto-Lei nº 4.657, de 4 de setembro de 1942 (Lei de Introdução às Normas do Direito Brasileiro).

[303] OLIVEIRA; ESTEFAM. *Op. cit.*, p. 89.

Nesse momento, a participação dos setores que serão impactados com a decisão de incluir (ou não) uma cláusula arbitral e seus termos pode prover subsídios para uma tomada de decisão mais eficiente, neutralizando – ou tentando neutralizar – eventual assimetria informacional. A consulta pública e a audiência pública, como procedimentos que aproximam o indivíduo da atividade administrativa e "fomentam o debate na fase procedimental, no momento de construção da decisão administrativa",[304] se apresentam como instrumentos de concretização do princípio da publicidade.

A consulta pública está prevista no art. 31 da Lei nº 9.784/1999 (Lei do Processo Administrativo Federal), o qual estabelece que "quando a matéria do processo envolver assunto de interesse geral, o órgão competente poderá, mediante despacho motivado, abrir período de consulta pública para manifestação de terceiros, antes da decisão do pedido, se não houver prejuízo para a parte interessada".

A consulta pública pode se tornar fase relevante do processo de tomada de decisão. Trata-se de oportunidade "[d]a participação de terceiros no exercício de sua cidadania, de forma que possam os indivíduos opinar sobre determinado assunto geral",[305] de modo a obter isoladamente ou de segmentos da coletividade seu posicionamento sobre determinado assunto.

Nas lições de Gustavo Justino de Oliveira:

> [p]orque inserida na fase processual da instrução, a finalidade primordial da realização das consultas públicas é, sob o ponto de vista da Administração Pública, a de angariar por escrito ou por via eletrônica – mas sempre em momento anterior à tomada de decisão administrativa que envolva interesse geral – informações consideradas essenciais ou indispensáveis para o adequado tratamento da matéria.[306]

---

[304] BERTAZZO, Rafael Lins. *Audiências e consultas públicas*: A democracia material na função administrativa. Belo Horizonte: Fórum, 2024. p. 66.

[305] CARVALHO FILHO, José dos Santos. *Processo Administrativo Federal*: Comentários à Lei nº 9.784/99. 5. ed. rev. e atual. São Paulo: Atlas, 2013. p. 186.

[306] OLIVEIRA, Gustavo Justino de. Comentários ao art. 29 da LINDB. *In*: CUNHA FILHO, Alexandre Jorge Carneiro da; ISSA, Rafael Hamze; SCHWIND, Rafael Wallbach (coord.). *Lei de Introdução às Normas do Direito Brasileiro – Anotada*. São Paulo: Quartier Latin, 2019. p. 454. v. 2.

No mesmo sentido, estabelece o art. 29, *caput*, do Decreto-Lei nº 4.657/1942, com as alterações promovidas pela Lei nº 13.655/2018.[307] Assim, a consulta pública, quando realizada, deve preceder a tomada de decisão, de modo que as sugestões e contribuições dos interessados possam ser consideradas do administrador. É importante que a coleta das informações seja feita de modo transparente, de forma a tornar o cidadão copartícipe e a decisão legítima, em consonância com o interesse público.[308]

Considerando-se a importância da participação popular na formação da convenção de arbitragem, o ente público, sempre que for o caso, pode divulgar previamente uma minuta da cláusula compromissória e abrir prazo para que os interessados possam encaminhar contribuições e questionamentos por escrito, visando "melhor instruir o processo administrativo e viabilizar a tomada de uma decisão administrativa dotada de conteúdo de melhor qualidade".[309]

A audiência pública igualmente funciona como meio de instrução de processo administrativo, visto que se trata de "reunião aberta em que a autoridade responsável colhe da comunidade envolvida suas impressões e demandas a respeito de um tema".[310]

No que toca especificamente às contratações públicas, a Lei nº 14.133/2021 prevê a convocação da audiência pública sobre "licitação que pretenda realizar, com disponibilização prévia de informações pertinentes, inclusive de estudo técnico preliminar e elementos do edital de licitação, e com possibilidade de manifestação

---

[307] Art. 29. Em qualquer órgão ou Poder, a edição de atos normativos por autoridade administrativa, salvo os de mera organização interna, poderá ser precedida de consulta pública para manifestação de interessados, preferencialmente por meio eletrônico, a qual será considerada na decisão.

[308] ZOCKUN, Carolina Zancaner; MELLO, Gabriela Zancaner Bandeira de. Consulta Pública e audiência pública na Lei das Agências Reguladoras (artigos 9º ao 13 da Lei 13.848/2019). *In*: SCHIER, Adriana da Costa Ricardo *et al.* (coord.). *Marco Legal das agências reguladoras na visão delas*: comentários à Lei nº 13.848/2019 e à IN nº 97/2020. Belo Horizonte: Fórum, 2021. p. 87-100.

[309] OLIVEIRA, Gustavo Justino de. *Direito Administrativo Democrático*. Belo Horizonte: Fórum, 2010. p. 28.

[310] CABRAL, Antônio do Passo. Os efeitos processuais da audiência pública. *Boletim Científico da Escola Superior do Ministério Público da União*, Brasília, DF, v. 6, n. 24/25, p. 41-65, jul./dez. 2007. Disponível em: https://www.mpsp.mp.br/portal/page/portal/documentacao_e_divulgacao/doc_biblioteca/bibli_servicos_produtos/bibli_informativo/bibli_inf_2008/IJC24_01.pdf. Acesso em: 9 maio 2025.

de todos os interessados" (art. 21, *caput*). Da mesma forma, "[a] Administração também poderá submeter a licitação a prévia consulta pública, mediante a disponibilização de seus elementos a todos os interessados, que poderão formular sugestões no prazo fixado" (art. 21, parágrafo único).[311]

A adoção desses instrumentos no campo da arbitragem envolvendo a Administração Pública é bastante comum e incentivada. Com o objetivo de colher dados e informações, e, sobretudo, obter de indivíduos isolados ou de segmentos da coletividade sua opinião sobre tema relacionado à aplicação da arbitragem nos contratos públicos, a consulta pública e a audiência, em momento anterior à tomada de decisão pelo administrador público, robustecem e legitimam a decisão estatal.

Exemplo dessa participação dialógica foi o caso da consulta pública, seguida de audiência pública sobre minuta de cláusula padrão de mecanismos adequados de resolução de controvérsias,[312] no âmbito da Administração Pública federal direta, por iniciativa do Ministério da Infraestrutura, na qual os interessados puderam contribuir com sua visão mercadológica para a construção conjunta de cláusula modelo.

Segundo a Nota nº 370/2022/CONJUR-MINFRA/CGU/AGU,[313] exarada pela Consultoria Jurídica junto ao Ministério da Infraestrutura (à época), ao analisar a solicitação de realização de consulta pública referente à minuta de cláusula padrão mencionada, "observa-se que mecanismos adequados de resolução de controvérsias conferem mais segurança jurídica a uma relação que envolve, além de, via de regra, vultosos investimentos, atividades e serviços que possuem um alto valor intrínseco à sociedade". Diante

---

[311] Para Maria Sylvia Di Pietro, "a participação do particular no procedimento é garantida pela previsão de audiência pública, a ser realizada facultativamente, de forma eletrônica ou presencial, nos termos do artigo 21 da Lei no 14.133, e pela possibilidade, prevista no parágrafo único do mesmo dispositivo, de realização de consulta pública, mediante a disponibilização de seus elementos a todos os interessados, que poderão formular sugestões no prazo fixado". DI PIETRO. *Op. cit.*, p. 502.

[312] MINISTÉRIO DOS TRANSPORTES. *Audiência Pública sobre minuta de cláusula padrão de mecanismos adequados de resolução de controvérsias*. Brasília: Ministério dos Transportes, 2022. Disponível em: https://www.gov.br/participamaisbrasil/audiencia-publica-minuta-de-clausula-padrao-de-mecanismos-adequados-de-resolucao-de-controversias. Acesso em: 9 maio 2025.

[313] *Ibidem.*

disso, a "cláusula deve ser clara e bem compreendida, razão pela qual se mostra de tamanha importância a consulta ora pretendida". Ademais, "o objetivo principal é receber contribuições da sociedade acerca da minuta de cláusula padrão de mecanismos adequados de resolução de controvérsias, a fim de se verificar, sobretudo, possibilidades de melhorias e aprimoramentos na cláusula".

No campo das agências reguladoras federais, a consulta pública e a audiência pública estão previstas na Lei nº 13.848/2019, que dispõe sobre o processo decisório e o controle social das agências reguladoras, entre outros, o que demonstra especial preocupação com a efetiva participação dos destinatários das decisões administrativas.

Nessa linha, é possível verificar, nos endereços eletrônicos de grande parte das agências reguladoras,[314] o uso dos aludidos instrumentos de forma a perseguir o fortalecimento da legitimidade democrática dos atos de agentes públicos, bem como o aprimoramento de suas decisões.

3.2.2 A publicação do edital de licitação e a minuta de contrato

A fase externa da licitação inicia com a publicação do edital. Encerrada a instrução do processo sob os aspectos técnico e jurídico, com a inclusão da cláusula compromissória na minuta do instrumento de contrato, o edital de licitação é publicado e segue a mesma tramitação e publicidade dos demais processos de contratação pública.

De modo geral, a partir da entrada em vigor da Lei nº 14.133/2021, a divulgação do edital de licitação deve se dar por

---

[314] AGÊNCIA NACIONAL DE AVIAÇÃO CIVIL (ANAC). *Consultas públicas*. 2024. Disponível em: https://www.gov.br/anac/pt-br/@@search?SearchableText=consultas%20p%C3%BAblicas. Acesso em: 9 maio 2025; AGÊNCIA NACIONAL DE TRANSPORTES TERRESTRES (ANTT). *PARTICIPANTT*: Sistema de participação pública da ANTT. 2024. Disponível em: https://participantt.antt.gov.br/Site/AudienciaPublica/ConsultarAvisoAudienciaPublica.aspx?tipo=audiencias). Acesso em: 9 maio 2025; AGÊNCIA NACIONAL DE TELECOMUNICAÇÕES (ANATEL). *Consultas públicas*. 2024. Disponível em: https://www.gov.br/anatel/pt-br/acesso-a-informacao/participacao-social/consultas-publicas. Acesso em: 9 maio 2025; entre outras.

meio do Portal Nacional de Contratações Públicas (PNCP) e do seu extrato no Diário Oficial, observadas as exigências contidas no art. 54 da Lei nº 14.133/2021.[315]

O Portal surge como mais um meio de publicização, juntamente à tradicional publicação na imprensa oficial, e tem o objetivo de garantir transparência nas licitações e nas contratações públicas, em reforço à transparência dos atos estatais e ao efetivo controle social e institucional.[316]

A partir desse momento, o particular pode participar do controle da licitude do procedimento mediante a impugnação do edital por irregularidade na aplicação da lei ou solicitação de esclarecimentos sobre os seus termos.

3.2.3 A publicação do termo de contrato

Por último, após a homologação do processo licitatório, o termo de contrato será publicado no PNCP, nos termos do art. 94 da Lei nº 14.133/2021. O mesmo procedimento de publicação deve ser adotado quando uma cláusula compromissória for incluída em contrato decorrente de dispensa ou inexigibilidade de licitação.

A divulgação no PNCP é condição indispensável para a eficácia do contrato e seus aditamentos e deverá ocorrer nos prazos indicados nos incisos I e II do art. 94 da referida lei. Tratando-se de contratos de obras, a publicação pelo PNCP deverá se dar em dois momentos, conforme o que estabelece o §3º do art. 94 da Lei nº 14.133/2021.

Regime semelhante será adotado quando se tratar de compromisso arbitral. No entanto, por não se tratar de cláusula inserida em edital de licitação ou minuta de contrato, o compromisso arbitral deve tramitar em processo administrativo relacionado ao litígio. Após sua celebração e submissão ao juízo arbitral, o negócio jurídico processual deverá observar o princípio da publicidade, nos moldes do art. 94 da Lei nº 14.133/2021.

---

[315] MINISTÉRIO DA GESTÃO E DA INOVAÇÃO EM SERVIÇOS PÚBLICOS. *Portal Nacional de Contratações Públicas (PNCP)*. 2024. Disponível em: https://www.gov.br/pncp/pt-br. Acesso em: 9 maio 2025.

[316] OLIVEIRA, Rafael Carvalho Rezende de. *Curso de Direito Administrativo*. 11. ed. Rio de Janeiro: Método, 2021. p. 970.

3.3 A previsão das regras da publicidade processual na convenção de arbitragem

Não obstante a convenção de arbitragem se caracterize como ato anterior e exterior à arbitragem, abrangida, por óbvio, pela publicidade administrativa, é preciso repisar que esse negócio jurídico representa importante instrumento de delineamento da publicidade nos processos arbitrais, como se verá ao longo deste tópico. Assim, são de extrema relevância a cautela e a precaução ao redigi-la, sobretudo quando um dos contratantes é a Administração Pública.

Como já tivemos a oportunidade de defender,[317] a convenção de arbitragem (cláusula compromissória e compromisso arbitral), quando celebrada pela Administração Pública, deve conter os elementos mínimos, de forma que a cláusula ofereça clareza na forma de instituição da arbitragem e preveja os preceitos advindos do Direito Administrativo.

Para tanto, a convenção deve prever, além dos elementos básicos previstos nos arts. 5º, 10 e 11 da Lei de Arbitragem, aptos a permitir a instituição da arbitragem e seu desenvolvimento posterior, as particularidades intrínsecas à atividade estatal, muitas das vezes previstas em regulamentação administrativa. Assim, eventuais condicionantes de direito público que exijam uma especial conformação do processo arbitral devem constar da convenção, de maneira a não surpreender o particular contratante, garantindo sua exigibilidade e evitando impugnação judicial de futura sentença arbitral.[318]

Por óbvio, como abordado no Capítulo 2, não se pretende com a incorporação de particularidades ou requisitos do regime de direito público a desnaturação da arbitragem como meio privado de solução de litígio. "O regime processual da arbitragem deve continuar privado, devendo a incidência das normas de direito público ter um caráter excepcional."[319]

---

[317] ALENCAR, Aristhéa Totti Silva Castelo Branco de. Arbitragem e Administração Pública: A anatomia das cláusulas compromissórias. *Publicações da Escola Superior da AGU*, Brasília, DF, v. 16, n. 01, p. 47-67, mar. 2024.
[318] SALLES. *Op. cit.*, 2011, p. 273.
[319] Ibidem.

Entre os elementos do regime jurídico administrativo a serem observados no processo arbitral e que, necessariamente, devem constar da convenção de arbitragem, destacam-se, nas lições de Gustavo Justino de Oliveira e Felipe Estefam: (i) esclarecimento quanto à forma de instituição de arbitragem, com adoção preferencial da arbitragem institucional; (ii) aplicação do direito brasileiro; (iii) previsão como sede da arbitragem a sede do ente público; (iv) previsão do idioma português; (v) adoção do critério de julgamento de direito, vedada a arbitragem por equidade; (vi) observância de eventual prazo previsto no regulamento do ente público; e (vii) obediência ao princípio da publicidade.[320]

Merece atenção a previsão das regras relativas ao cumprimento da publicidade processual na própria convenção de arbitragem (cláusula compromissória ou compromisso arbitral). Dadas a falta de densidade normativa do §3º do art. 2º da Lei de Arbitragem e a vagueza dos regulamentos dos entes públicos, o momento da formação da convenção de arbitragem é determinante para se estabelecer a amplitude ou a limitação da aplicação do princípio da publicidade processual nas arbitragens público-privadas.

Esse ponto normalmente é pouco explorado na fase pré-arbitral. O papel desse negócio jurídico processual, a partir da compreensão defendida nesta obra, seria fixar parâmetros de publicização de informações e atos processuais, isto é, devem as partes, sempre que possível, na cláusula compromissória (ou no compromisso arbitral, se for o caso), deixar claras, nessa primeira oportunidade, as regras de publicidade e transparência que regem o caso concreto, incluindo quais informações e atos devem ser publicados, qual forma da divulgação (ativa e/ou passiva) deverá ser adotada, qual será o momento, bem como quem serão os responsáveis pela publicização.[321]

Não se trata de meramente repetir as previsões constantes dos normativos infralegais. O ideal é ir além e levar ao conhecimento de todos (parceiro privado, árbitros e instituições arbitrais) o que será

---

[320] OLIVEIRA; ESTEFAM. *Op. cit.*, p. 89.
[321] CARMONA, Carlos Alberto. Arbitragem e administração pública: primeiras reflexões sobre a arbitragem envolvendo a administração pública. *Revista Brasileira de Arbitragem*, [s. l.], v. 13, n. 51, p. 7-21, jul./set. 2016.

disponibilizado, onde constará e em que momento será possível ter acesso à informação. Essa fórmula elimina alguns inconvenientes que decorrem do desconhecimento, por exemplo, por parte da câmara arbitral dos serviços a serem prestados em eventual instituição da arbitragem.[322]

Diante da maior frequência do uso da arbitragem pela Administração Pública, é possível defender que a redação da convenção de arbitragem seja lapidada para prever um regramento mínimo acerca da publicidade do processo arbitral, isto é, devem as partes detalhar, sempre que possível, em que medida deve se dar a publicidade e as formas de sua concretização.[323]

Assim, a redação da cláusula ou compromisso deve (i) listar as informações e os atos processuais a serem disponibilizados, nos termos defendidos no tópico 2.3 e (ii) prever um prazo para sua divulgação, de forma ativa, na rede mundial de computadores, bem como (iii) estipular o responsável pela publicização. A previsão na convenção de arbitragem previne eventuais discussões no início do processo arbitral e durante este, visto que a parte privada, os árbitros e a instituição arbitral terão plena ciência do regime de publicidade eleito. Especificamente no que toca à câmara arbitral interessada em administrar processos envolvendo a Administração Pública,

---

[322] Exemplificativamente, cita-se trecho da cláusula compromissória do Contrato de Concessão nº 002/AANAC/2023, para ampliação, manutenção e exploração do aeroporto de Congonhas/SP, relativa à publicidade do processo arbitral:
"16.19. O procedimento arbitral deverá observar o princípio da publicidade, nos termos da Legislação Brasileira, resguardados os dados confidenciais nos termos deste contrato. A divulgação das informações ao público ficará a cargo da câmara arbitral que administrar o procedimento e será feita preferencialmente por via eletrônica.
16.19.1. Caberá a cada Parte da arbitragem, em suas manifestações, indicar as peças, dados ou documentos que, a seu juízo, devem ser preservadas do acesso público, apontando o fundamento legal.
16.19.2. Caberá ao Tribunal Arbitral dirimir as divergências entre as Partes da arbitragem quanto às peças, dados e documentos indicados no item 16.19.1 e à responsabilidade por sua divulgação indevida". ANAC. *Contrato de Concessão nº 002/AANAC/2023*. Ampliação, manutenção e exploração do aeroporto de Congonhas/SP, relativa à publicidade do processo arbitral. Brasília: ANAC, 2023. Disponível em: https://www.gov.br/anac/pt-br/assuntos/concessoes/andamento/setima-rodada/bloco-sp-ms-pa-mg-1/contrato-e-anexos/contrato-de-concessao-n-002-anac-2023-sp-ms-pa-mg/view. Acesso em: 9 maio 2025.

[323] ALENCAR, Aristhéa Totti Silva Castelo Branco de; GOMES, Cristiane Cardoso Avolio. Arbitragem e Administração Pública: formas de concretização do princípio da publicidade. In: BARALDI, Eliana; ABDO, Helena; MASTROBUONO, Cristina (coord.). *Resolução de disputas em infraestrutura*. 1. ed. Rio de Janeiro: Synergia, 2023. p. 87.

é imprescindível seu conhecimento prévio acerca da assunção da responsabilidade de dar publicidade ao processo.

> **DESENHO PROCESSUAL MÍNIMO DA PUBLICIDADE DA CONVENÇÃO DE ARBITRAGEM**
>
> ⬇
>
> - listar as informações e os atos processuais a serem disponibilizados, de forma ativa;
> - prever um prazo para sua divulgação, na rede mundial de computadores; e
> - definir o responsável pela publicização.

CAPÍTULO 4

A PUBLICIDADE NA FASE ARBITRAL – PUBLICIDADE PROCESSUAL

É pública a fase pré-arbitral nos casos envolvendo a Administração Pública. As medidas necessárias para sua ampla divulgação encontram assento no princípio da publicidade previsto no art. 37, *caput*, da CR/1988. No entanto, havendo um conflito e apresentado o pedido de instauração da arbitragem, inicia-se a fase arbitral, e as informações e os atos do processo passam a ser submetidos à publicidade processual prevista no §3º do art. 2º da Lei nº 9.307/1996.

Vê-se que aqui o ambiente no qual a jurisdição arbitral se desenrola não é mais no interior dos órgãos e das entidades públicas. Toda atividade jurisdicional – ou pré-jurisdicional –[324] é exercida ora sob a administração dos árbitros (nas arbitragens *ad hoc*), ora pela instituição arbitral (nas arbitragens institucionais),[325] e o processo arbitral cuja tramitação ocorre na esfera privada e sobre a publicidade inscrita no §3º do art. 2º da Lei nº 9.307/1996 é o foco deste capítulo.

A partir das definições apresentadas na teoria geral da publicidade na arbitragem público-privada (Capítulo 2), o estudo percorrerá a sistemática prevista na Lei nº 9.307/1996, desde a

---

[324] Como é o caso de decisões proferidas pelas instituições arbitrais relacionadas à jurisdição dos árbitros (análise *prima facie*), à fase de indicação e impugnação dos árbitros, entre outras.

[325] A preferência da Administração Pública pela arbitragem institucional já foi objeto de ponderação neste trabalho no tópico 2.4.2.1.

apresentação do pedido de instauração da arbitragem até a sentença arbitral final, de forma a propor um modelo de publicidade nos processos arbitrais envolvendo as pessoas jurídicas de direito público. Como se verá, a cada tópico, será apresentada uma fase do processo arbitral e de que forma deve ser concretizada a divulgação das informações e dos atos nele produzidos.

4.1 A instauração da arbitragem

A cláusula compromissória inserida em contrato fica latente à espera de quando, surgida a controvérsia, virá a arbitragem a ser instalada.[326] No caso do compromisso arbitral, as partes, diante de um conflito, resolvem afastar a jurisdição estatal e eleger a arbitragem como forma adequada para sua solução. Havendo um litígio abarcado pela moldura da convenção de arbitragem, caberá a uma das partes o pontapé inicial para instauração da arbitragem.

O ato de instauração da arbitragem não é descrito na Lei nº 9.307/1996; contudo, o *caput* do art. 19 é expresso ao afirmar que "considera-se instituída a arbitragem quando aceita a nomeação pelo árbitro, se for único, ou por todos, se forem vários". Nota-se que *instauração* e *instituição* da arbitragem são termos distintos para definir momentos diversos da arbitragem.

Como ensina Ricardo Aprigliano, "a Lei de Arbitragem não define ou estabelece qualquer parâmetro para o início do processo arbitral, de forma que essa disciplina é inteiramente regulada pelas instituições arbitrais".[327] Assim, em regra, "[a] parte requerente apresenta requerimento de instauração da arbitragem perante o órgão arbitral institucional, obedecendo aos requisitos formais estabelecidos no regulamento",[328] no caso de arbitragem institucional. "Ato contínuo, a parte requerida é notificada a se manifestar sobre o pedido de instauração, também nos termos e prazos definidos no regulamento arbitral."[329]

---

[326] LEMES. *Op. cit.*, 2012.
[327] APRIGLIANO. *Op. cit.*, p. 58.
[328] *Ibidem.*
[329] *Ibidem*, p. 47.

Na arbitragem *ad hoc*, mesmo tramitando fora de um ambiente institucional, o processo terá início mediante comunicação remetida pela parte interessada à outra, na qual se requer a instalação do tribunal arbitral e detalha-se a matéria em torno da qual giram a controvérsia, as partes envolvidas, a descrição dos fatos, os pedidos e os documentos comprobatórios.

Assim, a instauração da arbitragem "consiste na provocação da outra parte do conflito e a tomada de providências para a indicação e nomeação dos árbitros se for o caso".[330] A parte interessada, ao apresentar o requerimento de instauração de arbitragem, pratica o primeiro ato preparatório que dará início ao processo arbitral, seja por protocolo perante a câmara ou órgão administrador de litígios extrajudiciais, seja por notificação entre as partes em caso de arbitragem *ad hoc*, nos termos do art. 6º da Lei de Arbitragem.

A partir desse momento, as partes podem, de forma a complementar a convenção arbitral, estipular regras sobre o início da arbitragem e a indicação de árbitros ou optar pela arbitragem institucional, aderindo a algum regulamento de arbitragem.[331]

Essa fase antecede ao processo de escolha dos árbitros, e, por isso, é importante que sejam integrados à relação processual todos aqueles que celebraram a convenção arbitral (mesmo que tacitamente), bem como terceiros que, de alguma forma, têm relação com a questão controvertida à arbitragem ou possam contribuir para o deslinde da demanda.

A intervenção de terceiros em demandas judiciais ou arbitrais pressupõe o conhecimento da existência de sua propositura ou instauração. Reconhecendo que uma das finalidades da divulgação das informações da arbitragem é o exercício do controle social da atuação da Administração Pública,[332] a divulgação da instauração

---

[330] CAHALI. *Op. cit.*, p. 253.
[331] GABBAY, Daniela Monteiro; MANGE, Flávia. Comentários ao art. 21 da Lei de Arbitragem. *In*: WEBER; LEITE. *Op. cit.*, p. 242-243.
[332] Nesse caso, "Por controle social se entende o conjunto de meios de intervenção, quer positivos quer negativos, acionados por cada sociedade ou grupo social a fim de induzir os próprios membros a se conformarem às normas que a caracterizam, de impedir e estimular os comportamentos contrários às mencionadas normas, de restabelecer condições de conformação, também em relação a uma mudança do sistema normativo". CONTROLE SOCIAL. *In*: BOBBIO, Norberto *et al. Dicionário de Política*. 5. ed. Brasília: Ed. UnB, 2000. p. 283.

de arbitragem certamente oportuniza a participação de terceiros em período anterior à sua instituição.[333]

Esse é o entendimento adotado pelas "Regras da UNCITRAL sobre Transparência em Arbitragem Investidor-Estado baseadas em Tratado" (UNCITRAL Transparency Rules).[334] Esse conjunto de regras aprovadas pela UNCITRAL destina-se a garantir maior transparência nas arbitragens de investimento, sendo aplicáveis aos tratados em matéria de investimento assinados depois de 1º de abril de 2014.

Um dos primeiros atos regulamentados pelas Regras da UNCITRAL é a publicação de informações do início de uma arbitragem, nos termos do seu art. 2:

> **Artigo 2. Publicação de informações no início do processo arbitral**
> Uma vez recebida a notificação de arbitragem pelo demandado, cada uma das partes em disputa deverá comunicar imediatamente uma cópia da notificação de arbitragem ao repositório referido no artigo 8. Após o recebimento da notificação de arbitragem do requerido, ou após o recebimento da notificação de arbitragem e um registro de sua transmissão ao requerido, o repositório deverá disponibilizar imediatamente ao público informações sobre o nome das partes em disputa, o setor econômico envolvido e o tratado sob o qual a reivindicação está sendo feita (tradução livre).[335]

---

[333] Como alerta Carolina Smirnovas, "a escolha de árbitros é um dos atos mais importantes de todo o procedimento arbitral, seja pela indicação de um profissional conhecedor da matéria objeto do litígio, seja pela necessidade de ter atenção redobrada para evitar possíveis nulidades referentes a impedimento". SMIRNOVAS, Carolina. O perfil dos árbitros dos procedimentos envolvendo a Administração Pública. *Migalhas*, 27 fev. 2024. Disponível em: https://www-migalhas-com-br.cdn.ampproject.org/c/s/www.migalhas.com.br/amp/coluna/observatorio-da-arbitragem/402404/perfil-dos-arbitros-dos-procedimentos-na-administracao-publica. Acesso em: 9 maio 2025.

[334] UNCITRAL. *UNCITRAL Rules on Transparency in Treaty-based Investor-State Arbitration*. Nova York: UNCITRAL, 2014. Disponível em: https://uncitral.un.org/sites/uncitral.un.org/files/media-documents/uncitral/en/rules-on-transparency-e.pdf . Acesso em: 9 maio 2025.

[335] "*Article 2. Publication of information at the commencement of arbitral proceedings*
Once the notice of arbitration has been received by the respondent, each of the disputing parties shall promptly communicate a copy of the notice of arbitration to the repository referred to under article 8. Upon receipt of the notice of arbitration from the respondent, or upon receipt of the notice of arbitration and a record of its transmission to the respondent, the repository shall promptly make available to the public information regarding the name of the disputing parties, the economic sector involved and the treaty under which the claim is being made." UNCITRAL. *Op. cit.*, 2014. Disponível em: https://uncitral.un.org/sites/uncitral.un.org/files/media-documents/uncitral/en/rules-on-transparency-e.pdf . Acesso em: 9 maio 2025.

Iniciada a arbitragem envolvendo Estado e investidor, as partes são obrigadas a enviar cópia do requerimento de arbitragem ao Transparency Registry, que publicará as informações básicas do processo, como os nomes das partes em litígio, o setor econômico relevante e o tratado relevante.

Nesses termos, a publicidade é garantida logo no início do procedimento, de forma a viabilizar o conhecimento do objeto da arbitragem por terceiros interessados que possam ser por ela afetados. Eventual ingresso como terceiro interessado ou amigo da corte depende, inevitavelmente, da ciência da existência do processo arbitral.

Contudo, antes de adentrarmos no modelo de publicidade proposto para essa fase, é importante que se esclareçam algumas hipóteses de participação de terceiros no processo arbitral, à luz dos processos arbitrais envolvendo a Administração Pública. Para além do controle da atuação da parte pública, a publicidade é a garantia de que a coletividade tem a possibilidade de participar do processo arbitral a cuja decisão venha a se sujeitar.

O instituto da intervenção de terceiro não foi previsto na Lei de Arbitragem. O tema é complexo e merecedor de estudo a ele voltado exclusivamente, o que se desvia do objeto desta obra. No entanto, como forma de atender aos objetivos específicos deste trabalho – averiguar a utilidade da publicidade nos diversos momentos do processo arbitral e suas consequências –, abordar-se-ão, nos subtópicos seguintes, duas hipóteses de participação de terceiros comumente associadas às arbitragens público-privadas e a importância da divulgação da instauração para seu ingresso em momento adequado.

4.1.1 O *amicus curiae*

Como sabido, a arbitragem é espécie de jurisdição e a sentença arbitral produz efeitos análogos à sentença judicial, do que deflui sua aptidão para formar coisa julgada e impor seu comando à sociedade. A sentença arbitral pode produzir efeitos reflexos, para além das partes, sobretudo quando se tratar de arbitragens envolvendo entes públicos, tendo em vista que os conflitos usualmente abarcam relações jurídicas contratuais no setor de transportes, petróleo, energia, telecomunicações e infraestrutura. Ademais, as decisões proferidas potencialmente trarão impacto econômico a outros entes públicos, privados e, em último nível, a toda a sociedade, destinatária final de serviços públicos.

Diante disso, a divulgação da instauração da arbitragem admite repercussão ainda mais relevante. Os interesses públicos estão inegavelmente presentes e são dignos de séria atenção. O conhecimento por terceiro da arbitragem, logo nos seus primeiros atos processuais, propicia um maior controle social do procedimento desde sua origem. Em outras palavras, tornar pública a informação do início da arbitragem favorece a participação de terceiros (não partes) com a finalidade de exercer controle social sobre a atuação da Administração e dos árbitros.

Entre as formas de controle social admitidas em processos judiciais, a figura do *amicus curiae* é, nas palavras de Cassio Scarpinella Bueno, o "legítimo portador de um 'interesse institucional', assim entendido aquele interesse que ultrapassa a esfera jurídica de um indivíduo"[336] e que, por isso, não se torna assistente de uma das partes. A atuação processual do *amicus curiae* "é de aprimorar a decisão jurisdicional a ser proferida, levando ao Estado-juiz informações complementares que, de outro modo, não seriam, muito provavelmente, de conhecimento seu".[337]

No mesmo sentido, Fredie Didier Jr. conceitua *amicus curiae* como "terceiro que, espontaneamente, a pedido da parte ou por provocação do órgão jurisdicional, intervém no processo para fornecer subsídios que possam aprimorar a qualidade da decisão".[338] Para Adhemar Ferreira Maciel, o amigo da corte é "instrumento de matiz democrático, uma vez que permite, tirando um ou outro caso

---

[336] BUENO, Cassio Scarpinella. *Amicus curiae*: uma homenagem a Athos Gusmão Carneiro. In: DIDIER Jr., Fredie *et al.* (coord.). *O terceiro no processo civil brasileiro e assuntos correlatos*: estudos em homenagem ao Professor Athos Gusmão Carneiro. São Paulo: Revista dos Tribunais, 2010. p. 160-167. Disponível em: http://www.scarpinellabueno.com/images/textos-pdf/005.pdf. Acesso em: 9 maio 2025. Do mesmo autor, cf. *Amicus curiae no processo civil brasileiro*: um terceiro enigmático. 2. ed. São Paulo: Saraiva, 2008.

[337] *Ibidem*.

[338] DIDIER Jr., Fredie. Intervenção de amicus curiae em processo apto a formação de precedente administrativo obrigatório. *Civil Procedure Review*, [s. l.], v. 11, n. 2, p. 209-218, maio/ago. 2020. Disponível em: www.civilprocedurereview.com. Acesso em: 9 maio 2025.

de nítido interesse particular, que terceiros penetrem no mundo fechado e subjetivo do processo para discutir objetivamente teses jurídicas que vão afetar toda a sociedade".[339]

Inserida expressamente no CPC a partir de 2015, por meio do art. 138, na seção destinada à assistência litisconsorcial, a admissibilidade do aludido instituto na arbitragem já foi objeto de intensas discussões. Ainda pouco frequente em arbitragens público-privadas domésticas, a presença de *amicus curiae* em arbitragens de investimento é uma realidade.

As submissões de *amicus curiae* visam, precipuamente, proteger interesses públicos relevantes, como a proteção do meio ambiente e da saúde, os direitos humanos, os direitos dos trabalhadores, o desenvolvimento sustentável, a cultura, o patrimônio, a luta contra a corrupção e as políticas governamentais. Embora as partes elejam árbitros qualificados, isso não significa que os julgadores privados são capazes de conhecer todos os aspectos e particularidades do caso.[340] Assim, questões de óbvia importância pública permitem a participação de um terceiro não parte como forma de contribuir para seu conhecimento especializado, experiência prática e independência.

Questões de interesse público e direitos humanos geralmente surgem em grande parte das arbitragens de investimento. Para responder a essas preocupações, a sociedade civil tem recorrido ao instituto do *amicus curiae* para integrar a relação jurídico-processual e apresentar informações pertinentes ao deslinde da causa.

Katia Gómez,[341] ao analisar as arbitragens de investimento, observa cinco aspectos positivos do *amicus curiae*: (i) proteção do interesse público; (ii) melhoria da qualidade da sentença; (iii) aumento da transparência; (iv) implementação do interesse público na arbitragem; e (v) efeitos positivos do escrutínio público sobre o sistema.

---

[339] MACIEL, Adhemar Ferreira. *Amicus Curiae*: um instituto democrático. *Revista de Informação Legislativa*, Brasília, DF, v. 39, n. 153, p. 7, jan./mar. 2002.
[340] GÓMEZ, Katia Fach. Rethinking the Role of Amicus Curiae in International Investment Arbitration: How to Draw the Line Favorably for the Public Interest. *Fordham International Law Journal*, Nova York, v. 35, n. 2, p. 511-542, 2012. Disponível em: https://ir.lawnet.fordham.edu/ilj/vol35/iss2/3. Acesso em: 9 maio 2025.
[341] *Ibidem*.

Segundo a autora, o ambiente arbitral se beneficia com a presença do *amicus curiae* na medida em que "o Estado pode não ter conhecimento ou evidências sobre algumas questões, ou o Estado pode não ter recursos ou experiência para desenvolver adequadamente uma defesa global";[342] assim, "as alegações do *amicus curiae* oferecem perspectivas adicionais úteis, fáticas, legais e técnicas, ao tribunal arbitral".[343]

Para além da proteção e da implementação do interesse público, a figura do amigo da corte "é um incentivo para atrair o interesse da mídia e influenciar o debate público sobre esses tópicos de interesse público".[344] O aumento da transparência conduz uma maior visibilidade do processo arbitral, pressionando os árbitros a um julgamento de qualidade, o que, por consequência, é capaz de provocar "um impacto educacional de longo prazo ou mesmo influenciar mudanças significativas no futuro, como uma modificação legislativa nacional ou o estabelecimento de um instrumento para regular uma questão particularmente sensível".[345,346]

É curioso perceber a relação bastante próxima, ou até íntima, entre a participação do *amicus curiae* e a transparência do processo arbitral, uma relação de causa e efeito que, em alguma medida, se inverte: para que haja participação do *amicus curiae* em arbitragem, é necessária a divulgação da existência do processo – é o que se

---

[342] Trecho original: "*the state might have no knowledge or evidence on some issues, or the state might lack resources or expertise to properly develop a global defense*"; assim, "*amicus submissions offer useful additional perspectives, factual, legal, and technical, to the arbitral tribunal (...)*". GÓMEZ. *Op. cit.*

[343] Trecho original: "*amicus submissions offer useful additional perspectives, factual, legal, and technical, to the arbitral tribunal (...)*". GÓMEZ. *Op. cit.*

[344] Trecho original: "*is an incentive to attract media interest and influence public debate on these public-interest topics (...)*". GÓMEZ. *Op. cit.*

[345] Trecho original: "*have a long-term educational impact or even be an influence for significant changes in the future, such as a national legislative modification or the establishment of an international instrument to regulate a particularly sensitive issue (...)*". GÓMEZ. *Op. cit.*

[346] Em convergência, Pozo entende que "*la participación de terceros no solo puede propiciar la búsqueda una mayor transparencia en el procedimiento arbitral, sino también, de forma general, contribuir a mejorar la sistemática del Derecho Internacional de las inversiones y una mejor evolución del mismo. En este sentido, permitirá lograr una coherencia entre el Derecho internacional de inversión y el Derecho internacional en general, teniendo en cuenta la transparencia de las cuestiones que son tratadas bajo el paraguas protector del primero en regímenes de tratados especiales y, una, innegable influencia en el Derecho internacional de los derechos humanos, o en el Derecho ambiental, por solo citar algunos*". POZO, Nayiber Febles. *La transparencia en el arbitraje internacional*: una visión práctica. Madri: Editorial Jurídica Sepín, 2021. p. 64-65.

defende neste estudo – e, em outro sentido, a participação de terceiros nos processos arbitrais propicia um maior interesse e transparência do objeto discutido.[347]

Sobre o tema, há um caso paradigmático frequentemente citado pela doutrina internacional acerca de transparência e admissão de *amicus curiae*, no qual foram discutidos a pertinência da sua participação e o momento adequado para seu ingresso.

No caso ICSID n. ARB/03/19, de 2003, envolvendo a *Suez, Sociedad General de Aguas de Barcelona S.A. and Vivendi Universal S.A.* e a República da Argentina, o tribunal arbitral foi provocado a se manifestar sobre pedido de autorização para apresentar petições de *amicus curiae* de cinco organizações não governamentais, sediadas em Buenos Aires e Washington DC. Para fundamentar o pedido de ingresso, as ONGs alegaram que o caso envolvia questões de interesse público básico e direitos fundamentais das pessoas que viviam na área afetada pela disputa. Adicionalmente, as peticionárias solicitaram acesso aos autos do caso e às audiências.

O tribunal, após ouvidas as partes, decidiu que o "acesso às audiências é limitado às partes, suas testemunhas e especialistas, e aos funcionários do Tribunal, a menos que as partes concordem de outra forma. Na ausência do consentimento acordado das partes neste caso, o Tribunal não teve escolha senão negar o pedido".[348] Quanto ao pedido de apresentar petições, o tribunal entendeu que a admissão de memoriais de *amicus curiae* dependeria de três critérios básicos: "(a) a adequação do objeto do caso; (b) a idoneidade de uma

---

[347] Nesse sentido, Nayiber Febles Pozo, em sua obra, afirma *"la participación de la figura procesal del amicus en el arbitraje de Inversiones se justifica por la presencia del interés público presente en este tipo de arbitraje, los cuales siempre buscan promover el interés colectivo presente por encima del interés privado del inversor. La presencia del amicus curiae en el procedimiento puede contribuir a la existencia de más transparencia, siempre que incida en la búsqueda de una mayor apertura procesal, divulgación pública de la información y menos secretismo del procedimiento, lo que puede favorecer, a su vez, una mayor legitimidad del sistema, considerando que la participación pública está severamente limitada en el arbitraje de inversiones, y teniendo en cuenta, además, los efectos que tiene la resolución final del litigio no solo en el erario de los Estados, sino también directamente en la población"*. POZO. *Op. cit.*, p. 63.

[348] Trecho original: "(...) *access to hearings is limited to the parties, their witnesses and experts, and the officers of the Tribunal, unless the parties otherwise agree. In the absence of the parties' agreed consent in this case, the Tribunal had no choice but to deny the request"*. ICSID. *Case nº ARB/03/19. Suez, Sociedad General de Aguas de Barcelona S.A. and Vivendi Universal S.A. v. Argentine Republic*. Buenos Aires: ICSID, 2019. Disponível em: https://icsid.worldbank.org/cases/case-database/case-detail?CaseNo=ARB/03/19. Acesso em: 9 maio 2025.

determinada parte não envolvida para atuar como *amicus curiae* nesse caso; e (c) o procedimento pelo qual a submissão de *amicus curiae* é feita e considerada".[349]

Partindo da análise dos requisitos mencionados, o tribunal decidiu que os peticionários demonstraram sua adequação para se manifestar nos autos do processo, na medida em que:

> (...) ela [a Petição] fornece informações suficientes para mostrar que os cinco Requerentes são organizações não governamentais respeitadas e que, como grupo, desenvolveram uma *expertise* e são experientes em questões de direitos humanos, meio ambiente e prestação de serviços públicos. Além disso, a Petição alega que eles são independentes de qualquer uma das Partes nesta arbitragem. Os Requerentes não contestam nenhuma das afirmações dos Peticionários a esse respeito nem contestam, de forma nenhuma, a adequação dos Peticionários para servir como *amici* com relação à sua *expertise*, experiência ou independência (tradução livre).[350]

Em fase anterior à decisão mencionada, as partes tiveram a oportunidade de se posicionar quanto à admissão ou não das ONGs. A parte requerente pleiteou a improcedência do pedido, alegando, entre outros pontos, "que a Petição chegou tarde demais no processo para ser".[351] Para os requerentes:

> [d]epois que a Ordem do Tribunal de 19 de maio de 2005 declarou expressamente que uma petição de *amicus curiae* não seria considerada durante a fase jurisdicional deste caso, o momento em que os Requerentes poderiam ter apresentado a sua petição pela primeira vez foi logo após 3 de agosto de 2006, data da decisão do Tribunal sobre a jurisdição no caso (tradução livre).[352]

---

[349] Trecho original: "(...) *(a) the appropriateness of the subject matter of the case; (b) the suitability of a given nonparty to act as amicus curiae in that case, and (c) the procedure by which the amicus submission is made and considered*". ICSID. *Op. cit.*

[350] "(...) *it [the Petition] provides sufficient information to show that the five Petitioners are respected nongovernmental organizations and that they have as a group developed an expertise in and are experienced with matters of human rights, the environment, and the provision of public services. Moreover, the Petition alleges that they are independent of either Party in this arbitration. The Claimants do not challenge any of the Petitioners' assertions in this regard nor do they challenge in any way the Petitioners suitability to serve as amici with respect to their expertise, experience or independence*". ICSID. *Op. cit.*

[351] Trecho original: "*that the Petition arrived too late in the proceeding to be considered (...)*". ICSID. *Op. cit.*

[352] Trecho original: "(...) *[s]ince the Tribunal's Order of May 19, 2005 expressly stated that an amicus curiae submission would not be considered during the jurisdictional phase of this case, the*

Nota-se que, para a parte requerente, haveria um momento adequado para a participação do *amicus curiae* no processo arbitral, de forma a evitar tumulto e ônus indevido a qualquer das partes. O tribunal, ao se debruçar sobre o tema, entendeu por bem "limitar a submissão do *amicus curiae* a um prazo razoável, permitindo que o *amicus curiae* forneça informações substantivas sem sobrecarregar o caso com mais um resumo substancial".[353]

Esse é um exemplo capaz de ilustrar a importância da divulgação dos primeiros atos da arbitragem. É certo que não há um momento exclusivo/ideal para o ingresso de *amicus curiae* em processos arbitrais. Contudo, quanto antes a instauração da arbitragem for a público, sendo de amplo conhecimento pelos possíveis interessados, maiores serão as oportunidades de o terceiro exercer a faculdade de requerer seu ingresso. A admissão do *amicus curiae* em fase embrionária proporcionará ao tribunal arbitral, igualmente, a oportunidade de contar com subsídios adicionais sempre que entender relevante.[354,355]

---

time when the Petitioners might first have filed their petition was shortly after August 3, 2006, the date of the Tribunal's decision on jurisdiction in this case ICSID. Op. cit.

[353] Trecho original: "(...) *it will limit the amicus submission to a reasonable length, allowing the amicus to provide substantive input without burdening the file with yet another substantial brief"*. ICSID. *Op. cit.*

[354] Corroborando a tese defendida, observa Nayiber Febles Pozo que "[e]l núcleo de la transparencia en el procedimiento es la divulgación y el acceso o conocimiento público de todas las actuaciones que se llevan a cabo durante el procedimiento. De ahí que la que la doctrina reconozca que, en cuanto a la transparencia en el ISDS, existen al menos tres aspectos básicos que pueden verse afectados cuando la controversia se resuelve mediante arbitraje internacional: el conocimiento de la disputa, el acceso al procedimiento e la información relativa a su resultado final". POZO. *Op. cit.*, p. 64.

[355] Sobre o tema, Gustavo Justino de Oliveira e Guilherme Baptista Schwartsmann esclarecem que "a figura do *amicus curiae* não é estranha às arbitragens envolvendo o Estado. Ela vem se consolidando na esfera transnacional em arbitragens de investimento. A própria OCDE apontou em 2005 que é recomendável, além da transparência, em particular pela publicação de laudos arbitrais, para um aumento na aceitação e efetividade da arbitragem internacional de investimentos, a participação de terceiros, submetidos a regras claras e específicas. (...) O critério consolidado pelos tribunais arbitrais para a admissão da manifestação do amicus curiae foi: (i) independência, expertise e experiência dos peticionários; (ii) argumentação dentro do escopo da disputa; (iii) perspectiva legal ou factual; (iv) interesse significativo dos peticionários ou um elemento de interesse público; e (v) participação que não onere as partes indevidamente ou tumultue os procedimentos". OLIVEIRA, Gustavo Justino de; SCHWARTSMANN, Guilherme Baptista. Arbitragem público-privada no Brasil: a especialidade do litígio administrativo e as especificidades do procedimento arbitral. *Revista de Arbitragem e Mediação*, São Paulo, v. 44, p. 150-171, jan./mar. 2015.

Embora pouco comum nas arbitragens domésticas, alguns regulamentos[356] já preveem a participação de *amicus curiae*, atendo-se a questões gerais e pacificadas, dada a flexibilidade que rege os procedimentos arbitrais. Contudo, a divulgação da instauração da arbitragem é uma medida simples, capaz de oportunizar um maior controle social e incentivar a participação de terceiros desde os primeiros atos preparatórios da arbitragem.

4.1.2 A intervenção anômala das pessoas jurídicas de direito público

Outro instituto jurídico aderente às arbitragens público-privadas que depende, inegavelmente, do conhecimento da existência da demanda é a intervenção anômala.

A Lei nº 9.469/1997, em seu art. 5º, parágrafo único, criou uma modalidade particular de intervenção de terceiros, própria para as pessoas jurídicas de direito público, que "destoa completamente do regime e dos princípios que norteiam as demais intervenções de terceiro".[357]

O dispositivo legal outorga à União e às demais pessoas jurídicas de direito público prerrogativa excepcional, a qual se convencionou denominar *"intervenção anômala"*. Trata-se da possibilidade de intervir em processos independentemente da demonstração de interesse jurídico, sendo suficientes o interesse econômico ou a presença de determinadas entidades em um dos polos da ação.

Segundo Paula Butti e Tatiana Nunes, "a intervenção anômala é figura que, embora possa ser enquadrada na categoria de intervenção de terceiros, se aproxima mais propriamente da figura do *amicus curiae* ou do assistente simples", isso por "não ocorrer o ingresso no feito da condição de parte" e "não infligir, em sua configuração,

---

[356] Ver Resolução Administrativa nº 03/2014 do Centro de Arbitragem e Mediação da Câmara de Comércio Brasil-Canadá – CAM/CCBC; bem como a Regra 67 do Regulamento de Arbitragem *ICSID*. CENTRO DE ARBITRAGEM DA CÂMARA DE COMÉRCIO BRASIL-CANADÁ (CAM-CCBC). *Regulamento de Arbitragem*. São Paulo: CAM-CCBC, 2022. Disponível em: https://ccbc.org.br/cam-ccbc-centro-arbitragem-mediacao/wp-content/uploads/sites/10/2023/05/Regulamento-de-Arbitragem-2022.pdf. Acesso em: 9 maio 2025; INTERNATIONAL CENTRE FOR SETTLEMENT OF INVESTMENT DISPUTES (ICSID). *Op. cit.*

[357] MARINONI, Luiz Guilherme; ARENHART, Sérgio Cruz; MITIDIERO, Daniel. *Novo curso de processo civil*. São Paulo: Revista dos Tribunais, 2015. p. 100. v. 2.

qualquer alteração, como eventual deslocamento de competência (tratando-se, por exemplo, da União)".[358]

Por se tratar de direito potestativo dos entes públicos, não há dúvidas quanto à aplicação do art. 5º (*caput* e parágrafo único) à jurisdição arbitral. Isso porque, "embora haja a previsão da possibilidade de derrogação da jurisdição estatal pela Administração Pública em caso de direito disponível (...), tal possibilidade não alcança uma consequente derrogação de institutos outros, previstos de forma geral e irrestrita em legislação esparsa".[359]

Assim, a autonomia da vontade exercida na jurisdição privada não repercute negativamente "de forma a afastar a possibilidade, às pessoas jurídicas de direito público, de intervenção anômala em caso de reflexos econômicos – ainda que indiretos – da contenda".[360]

O exercício desse direito potestativo pelos entes públicos depende, necessariamente, do conhecimento da existência da instauração da arbitragem, que, da mesma forma do *amicus curiae*, somente ocorrerá caso haja a divulgação, na forma ativa, das informações básicas dos primeiros movimentos processuais. Quanto antes o ente público, dotado da prerrogativa de ingressar como interveniente anômalo, tomar conhecimento da existência da arbitragem na qual haja, minimamente, um interesse direto ou indireto, maior será o leque de opções para o requerimento de ingresso para participação desta fase do procedimento arbitral.

Alguns exemplos práticos – e públicos – podem ilustrar essa realidade: Caso Viracopos (CCI nº 26042 PFF),[361] Caso Telefônica (CCI nº 263830 PFF),[362] Caso Claro (CCI nº 26467),[363] Caso Oi (CCI

---

[358] CARDOSO, Paula Butti; NUNES, Tatiana Mesquita. A Administração Pública na arbitragem e a intervenção anômala. *In*: VALIM, Rafael; WARDE, Walfrido (org.). *Direito Público e Arbitragem*. São Paulo: Contracorrente, 2022. p. 319.

[359] *Ibidem*.

[360] *Ibidem*.

[361] CÂMARA DE COMÉRCIO INTERNACIONAL (CCI). *Processo Arbitral CCI nº 26042/PFF. Aeroportos Brasil-Viracopos S.A. v. Agência Nacional de Aviação Civil*. São Paulo: CCI, 2021c. Disponível em: https://www.gov.br/agu/pt-br/composicao/cgu/cgu/neadir/casos-de-arbitragem-2/caso-viracopos. Acesso em: 9 maio 2025.

[362] *Idem. Processo Arbitral CCI nº 26383/PFF. Telefônica Brasil S.A. v. ANATEL*. São Paulo: CCI, 2022. Disponível em: https://www.gov.br/agu/pt-br/composicao/cgu/cgu/neadir/casos-de-arbitragem-2/caso-telefonica. Acesso em: 9 maio 2025.

[363] *Idem. Processo Arbitral CCI nº 26467/PFF. Claro S.A. v. ANATEL*. São Paulo: CCI, 2022. Disponível em: https://www.gov.br/agu/pt-br/composicao/cgu/cgu/neadir/casos-de-arbitragem-2/caso-claro. Acesso em: 9 maio 2025.

nº 26470).[364] Em todos, a União integrou a demanda arbitral como "interveniente anômala".

No Caso Viracopos, o pedido de ingresso da interveniente anômala se deu em momento anterior à constituição do tribunal arbitral. Assim, mesmo não tendo ingerência sobre os termos da ata de missão, por não ser parte, a União pôde participar da audiência de celebração do documento e ter acesso a todos os documentos enviados até aquele momento pelas partes. O mesmo ocorreu nos casos Claro e Oi, em que a União teve acesso aos autos do procedimento, bem como participou da audiência para celebração da ata de missão.

Por sua vez, no Caso Telefônica, o ingresso da União se deu em momento posterior à celebração da ata de missão, por meio de Decisão Incidental, nada obstante o pedido de participação como interveniente anômala tenha sido apresentado em data anterior.

Assim, resta demonstrado que, na realidade das arbitragens envolvendo entes públicos, são admitidas formas de participação de terceiros, não signatários da convenção de arbitragem, sempre que a decisão arbitral tenha potencialidade de impactar interesses públicos relevantes, algo impensável se a notícia da existência da arbitragem não for levada a público.

4.1.3 A publicação do requerimento de arbitragem

O pedido de instauração da arbitragem aponta o início da arbitragem, o que se diferencia da instituição da arbitragem, como esclarecido anteriormente. Esse impulso inicial revela-se no âmbito das arbitragens público-privadas, momento primordial para a participação de terceiros que pretendam integrar ou contribuir para o deslinde da demanda.[365] O conhecimento da pretensão que desaguará em uma arbitragem, de plano, atrai o olhar curioso da sociedade civil.

Surge, então, o dever de divulgar informações relacionadas ao pedido de instauração protocolado. A publicidade se limitará

---

[364] *Idem. Processo Arbitral CCI nº 26470/PFF. OI S.A. v. ANATEL.* São Paulo: CCI, 2022. Disponível em: https://www.gov.br/agu/pt-br/composicao/cgu/cgu/neadir/casos-de-arbitragem-2/caso-oi. Acesso em: 9 maio 2025.

[365] Para Victoria Udoh, o primeiro passo para a publicidade do processo arbitral é informar ao público sobre a existência do litígio. UDOH. *Op. cit.*

à divulgação das informações básicas da demanda objeto da arbitragem, contidas no requerimento de instauração e na resposta ao requerimento. Trata-se de substrato suficiente que permite que o público em geral e os terceiros não partes que tenham especial interesse na disputa possam conhecer sua existência e, dessa maneira, requerer participação no deslinde da demanda.[366]

Modelo semelhante é adotado no UNCITRAL Transparency Rules, como abordado anteriormente neste trabalho. O art. 2 do Regulamento[367] obriga que, uma vez recebida a notificação de arbitragem pelo requerido, cada uma das partes em disputa deve enviar imediatamente uma cópia da notificação de arbitragem ao repositório referido no art. 8.[368] Após o recebimento da notificação de arbitragem pelo requerido ou após o recebimento da notificação de arbitragem e um registro de sua transmissão ao requerido, o repositório disponibiliza imediatamente ao público informações sobre o nome das partes em disputa, o setor econômico envolvido e o tratado sob o qual a reivindicação está sendo feita.

No repositório criado pela Secretaria-Geral das Nações Unidas ou outra instituição indicada pela UNCITRAL, reúne-se não só a notícia de existência da arbitragem, como também os demais atos e informações produzidas ao longo do processo arbitral,[369] o que oferece aos interessados um espectro bem abrangente do que é objeto da demanda e quem são as partes.

No campo das arbitragens domésticas, a citada Resolução CVM nº 80/2022 cria a obrigação de divulgação, pela companhia emissora de valores mobiliários, da existência de uma disputa

---

[366] MASIÁ. *Op. cit.*, p. 101.

[367] *"Article 2. Publication of information at the commencement of arbitral proceedings Once the notice of arbitration has been received by the respondent, each of the disputing parties shall promptly communicate a copy of the notice of arbitration to the repository referred to under article 8. Upon receipt of the notice of arbitration from the respondent, or upon receipt of the notice of arbitration and a record of its transmission to the respondent, the repository shall promptly make available to the public information regarding the name of the disputing parties, the economic sector involved and the treaty under which the claim is being made".* UNCITRAL. *Op. cit.*, 2014.

[368] *"Article 8. Repository of published information. The repository of published information under the Rules on Transparency shall be the Secretary-General of the United Nations or an institution named by UNCITRAL".* UNCITRAL. *Op. cit.*, 2014.

[369] *Ibidem.*

societária, em arbitragem, contendo informações acerca das partes envolvidas no processo; dos valores, bens ou direitos envolvidos; dos principais fatos; e do pedido ou provimento pleiteado.

Nos termos do inciso I do art. 2º do Anexo I do normativo, o cumprimento do dever imposto à companhia deve ocorrer no prazo de sete dias úteis contados a partir da apresentação do requerimento de arbitragem (se o emissor figurar como demandante) ou do recebimento do requerimento de arbitragem (se o emissor figurar como demandado).

Inspirando-se nas regras citadas, entende-se que, para o efetivo cumprimento do princípio da publicidade processual inscrita no §3º do art. 2º da Lei nº 9.307/1996, cabe à instituição arbitral divulgar as informações relativas à instauração da arbitragem, incluindo as partes e os custos envolvidos no processo, de forma ativa, na rede mundial de computadores, em um prazo razoável, sob pena de prejudicar a participação dos terceiros no processo de escolha dos árbitros. Devem ser igualmente publicados o inteiro teor do pedido de instauração do processo e o da resposta ao pedido apresentada pela contraparte.

FASE DE INSTAURAÇÃO DA ARBITRAGEM

⬇

- publicação do inteiro teor do Pedido de Instauração da Arbitragem e da Resposta ao Pedido apresentada pela contra parte, nos termos da LGPD.

4.2 A fase de indicação de árbitro

Para além da faculdade de afastar a jurisdição estatal, a arbitragem igualmente se relaciona com a liberdade de escolha do julgador. A possibilidade de eleger aquele que decide a disputa, levando-se em conta sua especialidade com relação ao processo e ao mérito da causa, é uma das principais vantagens da arbitragem.[370]

A escolha de árbitros em processos envolvendo a Administração Pública, é bom que se diga, constitui fator de especial relevância, na medida em que as decisões por eles proferidas repercutirão diretamente na alocação de recursos públicos. O árbitro, como ator relevante do procedimento arbitral, está sujeito a circunstâncias diferentes daquelas às quais está sujeito o juiz estatal. Enquanto este último é um servidor concursado, cuja função exerce de forma exclusiva, portanto, dotado da presunção de imparcialidade e independência inerente aos membros do Poder Judiciário, o árbitro é um profissional privado, dotado de uma infinidade de relações pessoais e profissionais de toda espécie, que podem (ou não) configurar eventuais conflitos de interesse em relação às partes e/ou ao litígio.[371]

Nas lições de Selma Lemes, "não existe a profissão do árbitro. O árbitro exerce uma missão específica e ocasional outorgada pelas partes".[372] Nesse sentido é que estabelece a Lei nº 9.307/1996, em

---

[370] Segundo estudo realizado pelo Comitê Brasileiro de Arbitragem (CBAr), a possibilidade de indicar ou participar da escolha de um árbitro foi considerada a quarta principal vantagem da arbitragem, atrás somente da celeridade, tecnicidade das decisões e flexibilidade do procedimento. ABBUD, André de Albuquerque Cavalcanti. *Arbitragem no Brasil – Pesquisa CBAr-Ipsos*. São Paulo: CBAr-Ipsos, 2021. Disponível em: https://www.cbar.org.br/PDF/Pesquisa_CBAr-Ipsos-final.pdf. Acesso em: 9 maio 2025.

[371] Segundo Paulo Osternack Amaral, "[a] possibilidade de as partes escolherem o profissional que julgará a sua causa traduz-se em duas vantagens marcantes da arbitragem em relação ao processo estatal. A primeira consiste na segurança em relação ao julgamento. Ao contrário do que ocorre nos litígios submetidos ao Poder Judiciário, em que a demanda é apreciada de regra por pessoas completamente desconhecida das partes, na arbitragem, as partes nomeiam como árbitro uma pessoa de sua confiança. Logo, é até intuitivo que os litigantes sintam-se mais seguros e confiantes quanto à imparcialidade e à independência do julgador na arbitragem. A segunda vantagem diz respeito à tecnicidade dos julgados. Como a tendência é que sejam escolhidos árbitros com conhecimento especializado na matéria objeto do litígio, nada mais natural do que se esperar uma decisão tecnicamente mais adequada, mais precisa do que seria prolatada no Judiciário. (...) O juiz togado é generalista, que normalmente não detém conhecimento técnico sobre a matéria objeto do litígio". AMARAL, Paulo Osternack. Vantagens, desvantagens e peculiaridades da arbitragem envolvendo o Poder Público. *In*: PEREIRA, César A. Guimarães; TALAMINI, Eduardo (org.). *Arbitragem e poder público*. São Paulo: Saraiva, 2010. p. 239-248, 333.

[372] LEMES, Selma Maria Ferreira. Árbitro. Dever de Revelação. Inexistência de Conflito de Interesses. Princípios da Independência e da Imparcialidade do Árbitro. Artigo 39, II, da Lei de Arbitragem e Artigo V(II)(b) da Convenção de Nova Iorque. *Revista Brasileira de Arbitragem*, [s. l.], v. 11, n. 41, p. 24, 2014.

seu art. 13, ao prever que "pode ser árbitro qualquer pessoa capaz e que tenha a confiança das partes". O árbitro é um sujeito jurídico transitório, constituído *ad hoc*, e sua existência não configura profissão ou atividade contínua.

Para conceituar confiança, Selma Lemes e Vera Monteiro de Barros descrevem duas óticas de análise:

> A primeira intrínseca, significa que o árbitro deve ser pessoa de bem, honesta e proba. É que se denomina de probidade arbitral. A honorabilidade de uma pessoa para ser indicada como árbitro representa a sua idoneidade legal para o exercício
> A segunda, extrínseca, representa a certeza [a incutir em terceiros que nele confiam] de ser pessoa capaz de exarar decisão, sem se deixar influenciar por elementos estranhos e que não tenha interesse no litígio. O árbitro deve ser independente e imparcial, antes e durante todo o procedimento arbitral, até ditar a sentença, quando põe fim ao seu mister de árbitro. A confiança da parte depositada na pessoa do árbitro representa a certeza de que este terá independência para julgar com imparcialidade, posto que a independência é um pré-requisito da imparcialidade.[373]

Veja-se, portanto, que, embora exista liberdade das partes na indicação dos árbitros, é imprescindível que haja confiança de que os profissionais selecionados exercerão sua função de forma imparcial e independente, sob pena de nulidade da sentença por eles proferida.[374]

---

[373] LEMES, Selma Maria Ferreira; BARROS, Vera Cecília Monteiro de. Comentários ao art. 13 da Lei 9.307/1996. *In*: WEBER; LEITE. *Op. cit.*, p. 172-173.

[374] Sobre o tema, Carlos Alberto Carmona, em parecer apresentado nos autos do processo Sentença Estrangeira Contestada nº 9.412-EX (2013/0278872-5), Caso Abengoa, defende que: "A 'confiança das partes', expressão utilizada pela Lei de Arbitragem, precisa ser bem compreendida, pois se trata de via de mão dupla: de um lado, a parte nomeia efetivamente pessoa que merece sua confiança (ou que aparenta merecer tal atributo) para integrar o painel de julgadores (quando colegiado); de outro, aceita que participe do órgão julgador (quando colegiado) pessoa que mereça a confiança da parte oposta, e de quem não tenha razão para desconfiar. Esta 'via de mão dupla' que qualifica a confiança fica ainda mais clara quando se trata de nomear o presidente de um painel de árbitros: normalmente nenhuma das duas partes o escolhe (é comum que os árbitros nomeados pelas partes escolham o presidente do painel, ou que ele seja indicado por um órgão administrativo da câmara arbitral). Nesse caso, as partes não indicaram uma pessoa em quem confiam (eventualmente nem conhecem o presidente indicado), mas toleram a indicação de uma pessoa que apresente os atributos para bem julgar e que não provoque a desconfiança dos litigantes. A pedra de toque neste jogo de confiança-desconfiança é o dever de revelação". BRASIL. Superior Tribunal de Justiça (Corte Especial). *Sentença Estrangeira Contestada 9412/ US (2013/0278872-5)*. Sentença arbitral estrangeira em face da ordem pública nacional. Requerente: Asa Bioenergy Holding A. G. *et al*. Requerido: Adriano Giannetti Dedini

A Lei de Arbitragem, no seu art. 14, na medida em que especifica as regras dirigidas aos árbitros, impôs os mesmos impedimentos, deveres e responsabilidades previstos nos arts. 144 e 145 do CPC e aplicáveis ao juiz estatal. Sem qualquer distinção acerca da natureza do litígio – privado ou público –, o árbitro deve ser independente em relação às partes e imparcial em relação ao litígio. Como explica Silvio Venosa, os árbitros desempenham no compromisso arbitral a mesma função do juiz togado, ficando sujeitos a idênticas responsabilidades, e devem proceder com imparcialidade, independência, competência, diligência e discrição (art. 13, §6º, da Lei de Arbitragem).[375,376]

Contudo, parece justo que seja imposto ao árbitro que atua em arbitragem envolvendo a Administração Pública um peso extra – um encargo adicional –, afinal, o julgador privado, ao desempenhar sua função jurisdicional, interfere na execução de políticas públicas e outras questões regulatórias com relevante impacto sobre a sociedade. Para tanto, deve ser exigida dos árbitros que atuam em arbitragem público-privadas uma idoneidade moral compatível com a importância e a seriedade das funções desempenhadas no julgamento de causas públicas.[377]

Daí a crescente preocupação em se avaliar a relação de confiança entre as partes e o árbitro. Uma vez que atuam em ambiente privado, os árbitros precisam fazer muito mais do que os julgadores estatais para promover a confiança das partes.[378] Enquanto o juiz togado é investido de *"confiança institucional"*, fundada na sua investidura em

---

Ometto. Relator: Min. Felix Fischer, 21 de dezembro de 2015, fls. 1226-1257. Disponível em: https://www.stj.jus.br/websecstj/cgi/revista/REJ.cgi/ATC?seq=54813618&tipo=3&nreg=201. Acesso em: 9 maio 2025.

[375] VENOSA, Sílvio de Salvo. *Direito Civil*: Teoria Geral das Obrigações e Teoria Geral dos Contratos. 10. ed. São Paulo: Atlas, 2010. p. 594.

[376] Segundo Ricardo Dalmaso Marques, comparação com o juiz estatal é sempre relevante, "pois o cumprimento dos deveres é espelhado, e as consequências por violação também se assemelham; nesse aspecto, o árbitro é também investido de poderes, assume deveres e tem responsabilidades de ordem disciplinar, civil e penal". MARQUES, Ricardo Dalmaso. *O dever de revelação do árbitro*. São Paulo: Almedina, 2018. p. 78.

[377] LIMA, Mariana de Carvalho Sousa. *O Estatuto dos Árbitros na Arbitragem Administrativa*. 2023. Dissertação (Mestrado) – Faculdade de Direito, Escola de Porto, Porto, 2023. Disponível em: https://repositorio.ucp.pt/bitstream/10400.14/42207/1/203341287.pdf. Acesso em: 9 maio 2025.

[378] UDOH. *Op. cit.*

agente estatal, e dali surgem os seus deveres, o árbitro, indicado para atuar na causa única, de forma mais importante, deve demonstrar às partes que é mesmo confiável (e que não há do que dele desconfiar).[379]

Nesse sentido, não é demais destacar que os "árbitros não são, mas estão árbitros, ocupam momentaneamente estas posições, caso a caso, tribunal a tribunal",[380] o que "torna necessário um sistema de controle de sua independência e imparcialidade que é muito mais amplo e completo do que os juízes".[381] Como forma de se averiguar as circunstâncias que podem (ou não) denotar a confiança das partes, a Lei de Arbitragem prevê que as partes, de comum acordo, podem estabelecer o processo de escolha dos árbitros ou adotar as regras de instituição arbitral ou entidade especializada (art. 13, §2º).

Escolhido o nome, cabe à pessoa proposta como árbitro o dever de revelar às partes toda situação que possa colocar em dúvida sua imparcialidade e independência.[382] Previsto no §1º do art. 14, o dever de revelação do árbitro "é um dos pilares da transparência da arbitragem"[383] na medida em que permite a aferição da confiança e se, quer no momento da sua indicação, quer no decorrer do procedimento arbitral, estão presentes a imparcialidade e a independência compatíveis com a relevância da função que o árbitro exerce.

Nota-se que o dever de revelação assume importância na medida em que as informações sobre a reputação dos árbitros são de difícil acesso para a maioria dos interessados. A assimetria informacional derivada da existência de um grupo reduzido de profissionais dedicados à arbitragem – que atuam como árbitros e como advogados – é reforçada pela confidencialidade dos processos entre privados.[384]

Nada obstante, grande parte das regras arbitrais exige que os candidatos a árbitro divulguem informações sobre sua experiência

---

[379] MARQUES. *Op. cit.*, p. 103.
[380] APRIGLIANO. *Op. cit.*, p. 124.
[381] *Ibidem*.
[382] POZO. *Op. cit.*, p. 64.
[383] BARALDI, Eliana; VAZ, Paula Akemi Taba. Comentários ao art. 14. *In*: WEBER; LEITE. *Op. cit.*, p. 179.
[384] ELIAS, Carlos Eduardo Stefen. *Imparcialidade dos árbitros*. 2014. Tese (Doutorado em Direito) – Faculdade de Direito, Universidade de São Paulo, São Paulo, 2014. p. 107.

e eventual relacionamento com as partes da demanda. Essa informação ajuda na identificação de conflitos de interesse entre os futuros árbitros e as partes ou em relação ao litígio a ser julgado. Assim, cabe ao árbitro "demonstrar os atributos de independência e imparcialidade"[385] seja respondendo questionários fornecidos pelas instituições arbitrais, nos quais são exigidas informações acerca de suas relações com o tema em debate – as questões jurídicas que compõem o objeto do processo –, seja com as partes e os advogados do processo.

São comumente adotadas, para aferição de eventual situação de impedimento ou ausência de independência, as Diretrizes da International Bar Association (IBA) sobre Conflito de Interesses em Arbitragem Internacional.[386] Com o objetivo de (i) revelar conflitos de interesses capazes de abalar os pilares de imparcialidade e independência e (ii) afastar aparentes conflitos de interesses, expondo-lhes aos olhos das partes, tais diretrizes, embora detentoras do *status* de *soft law*,[387] podem servir de parâmetro para a compreensão de fatos que envolvam os candidatos a árbitros, a partir das revelações por eles apresentadas.[388]

---

[385] APRIGLIANO. *Op. cit.*, p. 123.

[386] INTERNATIONAL BAR ASSOCIATION (IBA). *Diretrizes sobre Conflito de Interesses em Arbitragem Internacional*. Londres: IBA, 2014. Disponível em: https://www.ibanet.org/MediaHandler?id=EB37DA96-F98E-4746-A019-61841CE4054C. Acesso em: 9 maio 2025.

[387] Instrumentos de *soft law* são aqueles que não têm força de lei nem prevalecem sobre qualquer legislação nacional aplicável ou sobre regras arbitrais escolhidas pelas partes, sendo invocados e aplicados tanto em arbitragens internacionais como nacionais. Seu principal objetivo é evitar que os processos arbitrais sejam prejudicados por impugnações infundadas de árbitros e assegurar que a legitimidade do processo não seja afetada pela incerteza e falta de uniformidade na aplicação dos critérios de revelação, objeção e impugnação. LIMA. *Op. cit.*

[388] As Diretrizes da IBA compõem-se de um rol não exaustivo, amplamente utilizado no cenário internacional, tendo como finalidade elencar as condutas potencialmente geradoras de parcialidade em uma decisão arbitral. Essas diretrizes, além das regras gerais, listam diferentes categorias de situações, classificadas com as mesmas cores de um semáforo (vermelho, laranja e verde), que podem configurar o grau de parcialidade de um juízo arbitral. Nesse sentido, as regras e diretrizes da IBA não anulam nenhuma lei nacional aplicável às arbitragens nem tampouco as regras escolhidas pelas partes para regular seu procedimento arbitral, uma vez que apenas fornecem nortes importantes e razoáveis para o provável árbitro fazer eventual revelação e para as partes avaliarem tais declarações. Destaca-se que tais diretrizes não são disposições legais, assumindo tão somente o caráter de *soft law*. Logo, seu valor normativo é limitado e sua aplicação não detém caráter obrigatório. Nesse sentido, a lista vermelha (*Red List*) elenca situações que poderiam resultar em impugnação do árbitro; a lista laranja (*Orange List*) traz questões que devem ser ponderadas pelas partes e árbitros; e, finalmente, a lista verde (*Green*

As Diretrizes da IBA, além das regras gerais, listam diferentes categorias de situações, classificadas com as mesmas cores de um semáforo (vermelha, laranja e verde), que podem configurar o grau de parcialidade de um juízo arbitral. A lista vermelha (*Red List*) elenca situações que poderiam resultar na impugnação do árbitro; a lista laranja (*Orange List*) traz questões que devem ser ponderadas pelas partes e árbitros; e, finalmente, a lista verde (*Green List*) descreve situações pontuais de menor relevância, que não resultam em nenhuma distorção de julgamento.

As aludidas diretrizes não são disposições legais, assumindo tão somente o caráter de *soft law*; assim, não afastam a aplicação das leis domésticas às arbitragens nem tampouco as regras escolhidas pelas partes para regular seu processo arbitral; apenas proporcionam, às partes e aos árbitros, orientações sobre as mais variadas situações que costumam ocorrer na prática da arbitragem.

Reconhecida circunstância que denote o não cumprimento dos padrões de imparcialidade e independência pelos candidatos ou a existência de fatos impeditivos, previstos no art. 14 da Lei de Arbitragem, podem as partes arguir sua recusa. Como uma etapa na fase de nomeação dos árbitros, o procedimento de impugnação ou objeção, em regra, está previsto nos regulamentos das instituições arbitrais,[389] e, nos casos de arbitragem *ad hoc*, o referencial utilizado geralmente é a Lei Modelo de Arbitragem da UNCITRAL.

Contudo, essa fase de escolha do julgador mais adequado para figurar como árbitro é procedimento interno de cada uma das partes, sendo realizado no íntimo de suas estruturas, o que, naturalmente, não será atingido por qualquer medida de publicidade que se adote nos processos arbitrais.[390] Assim, não há que se falar em publicidade no momento anterior à apresentação, por cada uma das partes,

---

List) descreve situações pontuais de menor relevância, que não resultam em nenhuma distorção de julgamento.

[389] Por exemplo, nas seguintes câmaras, já mencionadas neste trabalho: CCI, CAM-CCBC, CAM, CIESP/FIESP, CAMARB.

[390] A Portaria Normativa AGU nº 75, de 23 de dezembro de 2022, traz, no seu art. 37, os requisitos a serem avaliados pelos advogados públicos atuantes no NEA para a escolha dos árbitros, como formação profissional; área de especialidade; nacionalidade; idioma; disponibilidade para o julgamento da controvérsia; experiência pretérita como árbitro. ADVOCACIA-GERAL DA UNIÃO (AGU). *Op. cit.*, 2022.

no nome daquele profissional que, se aceito, atuará como árbitro naquela demanda específica.

Sobre esse ponto, vale recordar que mesmo os processos administrativos internos da Administração Pública que avaliam a estratégia processual a ser adotada na arbitragem são resguardados pelo sigilo profissional previsto no Estatuto da OAB (Lei nº 8.906/1994), tema que será explorado detalhadamente no tópico 4.4.2. Tanto a decisão da parte privada quanto da parte pública será tomada longe do conhecimento de terceiro.

4.2.1 A publicação das decisões sobre impugnação de árbitros

Tradicionalmente, poucas são as decisões sobre impugnações de árbitros que são levadas a público. No campo da arbitragem entre privados, percebe-se tendência de se publicar "digesto" dos procedimentos de impugnação de árbitros, no qual consta a análise de casos selecionados pelas principais câmaras.[391] Os documentos informativos objetivam orientar "usos e costumes da comunidade arbitral invariavelmente ocultados pelo véu da confidencialidade",[392] criando um ambiente de maior segurança jurídica.

Em se tratando de arbitragens envolvendo a Administração Pública, o cenário é outro. A regra será a publicidade, sendo exceções as hipóteses de sigilo. Portanto, devem ser publicadas as decisões que julgam incidentes de impugnação de árbitros, nos casos que figuram como parte o ente público.

---

[391] Em 2021, foi publicado o "Digesto dos procedimentos de impugnação de árbitros em arbitragens administradas pela Câmara de Mediação e Arbitragem Empresarial – Brasil (CAMARB)". CAMARB. *Op. cit.* Recentemente, em 2023, foi a vez de a Câmara de Conciliação, Mediação e Arbitragem (CIESP/FIESP), valendo-se da mesma sistemática, publicar o "Digesto dos procedimentos de impugnação de árbitros em arbitragens administradas pela Câmara de Conciliação, Mediação e Arbitragem CIESP/FIESP". CÂMARA DE CONCILIAÇÃO, MEDIAÇÃO E ARBITRAGEM (CIESP/FIESP). *Digesto dos procedimentos de impugnação de árbitros em arbitragens administradas pela Câmara de Conciliação, Mediação e Arbitragem CIESP/FIESP*. São Paulo: CEPArb-USP; Câmara de Arbitragem CIESP/FIESP, 2023. Disponível em: http://www.camaradearbitragemsp.org.br/pt/res/docs/digesto-camara_ciesp-fiesp-ceparb-usp_vf.pdf. Acesso em: 9 maio 2025.

[392] CAMARB. *Op. cit.*

Para Ana Olivia Haddad, a publicação de decisões de impugnação atrai "mais segurança jurídica para as partes, árbitros e para a própria instituição"[393] na medida em que "os parâmetros estabelecidos em decisões anteriores (...) podem ser de grande auxílio no julgamento de futuras impugnações, tornando o processo decisório mais eficiente".[394] Ademais, a divulgação "permitiria estabelecer um *standard* de independência e imparcialidade próprio ao sistema arbitral brasileiro",[395] o que "aumentaria a legitimidade do processo arbitral, pois seria possível demonstrar às pessoas que os limites legais e éticos na nomeação de árbitros são devidamente respeitados".[396]

A medida, certamente, pode contribuir para as intermináveis discussões sobre dever de revelação e existência de conflitos de interesse que constantemente fundamentam as ações anulatórias propostas perante o Poder Judiciário. Recentemente, o imbróglio bateu à porta do Supremo Tribunal Federal, com a propositura da Arguição de Descumprimento de Preceito Fundamental (ADPF) nº 1050, cujo objetivo contempla a regulamentação do dever de revelação por meio de interpretação conforme a constituição do art. 14 da Lei nº 9.307/1996.

No entanto, para além de auxiliar na definição de situações de potencial conflito de interesses e gerar maior segurança jurídica para as partes e para os árbitros, a publicação das decisões de impugnação de árbitros permite a aferição da higidez do sistema arbitral por terceiros. Segundo Diogo Dias, "[a] divulgação contribui para o conhecimento e desenvolvimento do Direito e também para a formação, consolidação e manutenção da segurança jurídica, constituindo-se este como um bem economicamente estimado".[397]

O envolvimento de recursos públicos no processo arbitral atrai o olhar do controle e da fiscalização. A publicidade torna-se, portanto, o holofote que permitirá significativamente o grau de vigilância sobre a atuação dos advogados públicos que atuam no

---

[393] HADDAD. *Op. cit.*, p. 214.
[394] *Ibidem*.
[395] *Ibidem*.
[396] *Ibidem*, p. 215.
[397] SILVA. *Op. cit.*, 2021, p. 3.

processo, dos árbitros que julgam a demanda e das instituições arbitrais que prestam serviço de gestão. O acesso às informações críticas sobre os árbitros e sua reputação potencializa uma melhor seleção dos profissionais dispostos a atuar como julgadores privados.[398]

Assim, nessa fase anterior à instituição da arbitragem de eventual impugnação da indicação de coárbitro ou do árbitro presidente, propõe-se a publicidade das decisões tomadas pelas instituições arbitrais sobre impugnação de árbitros.

Mesmo desprovidas de natureza jurisdicional, visto que proferidas pelas câmaras, o teor das decisões que acatam ou negam o afastamento do árbitro impugnado representa relevante fonte de informações e dados sobre aqueles que julgarão a demanda arbitral. Ademais, a presença do ente público no território arbitral atrai a regra da publicidade, mesmo antes de constituído o tribunal arbitral, e os fundamentos que sustentam as impugnações, que constaram do *decisum*, estão igualmente abarcados pela transparência a que se submetem as arbitragens público-privadas.

Esse é o entendimento adotado nas arbitragens de investimento. A ICSID publica em seu sítio eletrônico as decisões proferidas em incidentes de impugnação.[399] Além das decisões, o *site* disponibiliza o nome das partes, o idioma da decisão, a data da decisão e seu resultado.

Assim, devem ser publicadas as decisões que julgam impugnações de árbitros, na íntegra, contendo as principais informações do caso concreto, como o nome da instituição arbitral, a forma de indicação dos árbitros, a data da impugnação e da decisão final, o nome dos árbitros, o direito aplicável, os motivos pelos quais as partes fundamentaram a recusa e os fundamentos da decisão. Devem, contudo, ser excluídos os dados pessoais que alcancem a intimidade e a vida privada do árbitro, nos termos da LGPD.[400]

---

[398] UDOH. *Op. cit.*
[399] INTERNATIONAL CENTRE FOR SETTLEMENT OF INVESTMENT DISPUTE (ICSID). *Op. cit.*
[400] O NAFTA oferece a estrutura de apoio institucional mais transparente para a resolução de litígios entre investidores e Estados. Em 2001, os três Estados Partes do NAFTA emitiram uma "Nota de Interpretação", na qual fizeram da transparência a norma padrão em todas as reclamações entre investidores e Estados apresentadas ao abrigo do capítulo 11 do NAFTA. Como resultado, o público tem agora livre acesso a uma riqueza de informações relativas a todas as disputas do NAFTA, incluindo a composição do tribunal, os memoriais

Afasta-se, no entanto, a publicação de excertos e/ou resumos, pois "não refletem os detalhes das situações fáticas e das decisões, o que prejudica sua utilidade para os casos futuros".[401] No âmbito do controle social, a omissão de importantes dados da impugnação obstaculiza o efetivo acesso de dados relevantes da causa e dos árbitros a terceiros interessados. Para alcançar o fim a que se destina, é imprescindível que constem todas as informações que exponham detalhadamente os fundamentos das decisões.

> **FASE DE INDICAÇÃO DE ÁRBITROS**
>
> ⬇
>
> - publicação do inteiro teor das decisões sobre impugnações de árbitros, contendo as principais informações do caso concreto, como a forma de indicação dos árbitros, a data da impugnação, o nome do árbitro, o direito aplicável, os motivos pelos quais as partes fundamentaram a recusa e os fundamentos da decisão, nos termos da LGPD.

4.3 A celebração do termo de arbitragem

Após instituída a arbitragem com a aceitação da nomeação pelo(s) árbitro(s), nos termos do art. 19 da Lei nº 9.307/1996, é comum que as partes aproveitem para fazer ajustes ou complementações às

---

e as alegações das partes (escritas e orais), as decisões sobre contestações aos árbitros e as ordens e sentenças do tribunal.

[401] HADDAD. *Op. cit.*, p. 214-223.

disposições da convenção de arbitragem para regular aspectos do processo arbitral e definir o calendário do processo arbitral (§1º do art. 19). A prudência recomenda que o árbitro desde logo procure o consenso das partes para completar disposições da convenção de arbitragem.[402]

Como instrumento organizador da arbitragem, o termo de arbitragem (*term of reference*) ou ata de missão proporciona às partes e aos árbitros a oportunidade de acordarem a respeito do procedimento, prazos e documentos, adaptando o procedimento arbitral estabelecido no regulamento da câmara ao caso prático que será julgado. Após a escolha do árbitro, a melhor forma de se explicitar a questão disposta na convenção de arbitragem, bem como definir o procedimento a ser seguido é por meio de decisão conjunta das partes e dos árbitros.

Nada obstante não se tratar de etapa obrigatória, a celebração do *term of reference* se trata de prática bastante difundida, tanto no universo das arbitragens internacionais como das arbitragens domésticas.[403] Assim, é medida prevista em diversos regulamentos das instituições arbitrais, com disposições próprias em cada uma delas sobre sua forma e seu conteúdo. Segundo Gustavo Justino de Oliveira e Felipe Estefam, "é possível que haja discrepâncias entre o regulamento da câmara escolhida e os assuntos versados pela convenção de arbitragem, ainda mais quando a instituição não está tão acostumada em administrar arbitragens das quais a Administração faça parte".[404]

Para os autores, o termo tem por função (i) a realização de adaptações às regras do regulamento da câmara, necessárias às especificidades do caso; (ii) a delimitação do objeto da controvérsia e dos pedidos das partes; (iii) esclarecimentos sobre local, sede, lei aplicável; e (iv) organização de outros assuntos, como a organização de documentos.[405]

---

[402] CARMONA. *Op. cit.*, 2023, p. 284.
[403] Art. 23 do Regulamento da INTERNATIONAL COURT OF ARBITRATION (ICC). *Regulamento de arbitragem*: em vigor a partir de 1º de janeiro de 2021. Paris: ICC, 2020. Disponível em: https://iccwbo.org/wp-content/uploads/sites/3/2023/06/icc-2021-arbitration-rules-2014-mediation-rules-portuguese-version.pdf. Acesso em: 9 maio 2025.
[404] OLIVEIRA; ESTEFAM. *Op. cit.*, p. 143.
[405] *Ibidem*.

Funcionando como "espécie de controle prévio do processo arbitral",[406] o *term of reference* soluciona dúvidas, ambiguidades e obscuridades advindas da convenção de arbitragem e preenche lacunas processuais.

Dada a preferência da Administração Pública pela arbitragem institucional,[407] o termo de arbitragem segue, minimamente, a estrutura modelo da câmara. Exemplifique-se pelo Regulamento CCI, que trata do conteúdo "ata de missão" em seu art. 23:

> Deverão integrar este documento os seguintes itens:
> a) nome ou denominação completo, qualificação, endereço e qualquer outro dado para contato de cada parte e de cada pessoa que esteja representando uma parte na arbitragem;
> b) os endereços para os quais poderão ser enviadas as notificações e comunicações necessárias no curso da arbitragem;
> c) resumo das demandas das partes e dos seus pedidos, incluídos os valores de qualquer demanda que esteja quantificada e, se possível, uma estimativa do valor monetário das demais demandas;
> d) a menos que o tribunal arbitral considere inadequado, uma relação dos pontos controvertidos a serem resolvidos;
> e) os nomes completos, os endereços e qualquer outro dado para contato de cada árbitro;
> f) a sede da arbitragem; e
> g) as regras processuais aplicáveis e, se for o caso, a referência aos poderes conferidos ao tribunal arbitral para atuar como *amiable compositeur* ou para decidir *ex aequo et bono*.

A celebração do aludido termo conta com a participação das partes, dos árbitros e também da instituição arbitral, que auxilia na preparação do documento. Assim, as regras processuais aplicáveis ao caso concreto são de conhecimento prévio de todos os atores do processo arbitral. No que toca ao serviço de divulgação das informações processuais, como se verá adiante, é fundamental que, na ausência de um regramento pormenorizado na cláusula compromissória ou no compromisso arbitral, as partes e os árbitros delineiem os contornos do cumprimento do princípio da publicidade.

---

[406] *Ibidem*, p. 145.
[407] CUNHA. *Op. cit.*

4.3.1 A definição da publicidade processual no termo de arbitragem

Ao lado dos elementos essenciais, o termo de arbitragem celebrado pela Administração Pública deve conter também condicionantes de direito público que exijam uma especial conformação do processo arbitral, como já abordado no tópico dedicado à convenção de arbitragem. Aliás, como previsto no próprio §1º do art. 19 da Lei de Arbitragem, constituindo-se um adendo à cláusula compromissória ou ao compromisso arbitral, o termo deve necessariamente estabelecer (i) a aplicação do direito brasileiro; (ii) previsão do idioma português; (iii) adoção do critério de julgamento de direito, vedada a arbitragem por equidade; e (iv) obediência ao princípio da publicidade.

Em determinados casos, como nas arbitragens envolvendo a Administração Pública federal direta, quando a aplicação do Decreto nº 10.025/2019 é obrigatória,[408] a redação do termo de arbitragem deve, ainda, atender aos prazos previstos (o art. 8º prevê prazo mínimo para resposta inicial e prazo máximo para sentença final) e prever a alocação das custas e despesas relativas ao processo arbitral (o art. 9º, inciso II, estabelece o adiantamento pelo parceiro privado).

No que tange ao cumprimento do princípio da publicidade, partindo do previsto na convenção de arbitragem, as partes e os árbitros têm a tarefa de precisar medidas para sua concretização no termo de arbitragem. E, ainda que as partes escolham uma instituição para administrar o procedimento – que pode ou não prever em seus regulamentos regras de publicidade –, será necessária a fixação de regras mais específicas quanto ao fornecimento ou não de documentos, divulgação de forma ativa ou não, entre outros.[409]

---

[408] O Decreto, em seu art. 1º, disciplina o uso da arbitragem no âmbito do setor portuário e de transportes rodoviário, ferroviário, aquaviário e aeroportuário, para dirimir litígios que envolvam a União ou as entidades da Administração Pública federal e concessionários, subconcessionários, permissionários, arrendatários, autorizatários ou operadores portuários.

[409] HADDAD. *Op. cit.*, p. 263.

Nesse sentido, José Antônio Fichtner, Sérgio Mannheimer e André Luis Monteiro entendem "absolutamente clara a importância de as partes, inclusive o ente público, preverem detalhadamente no termo de arbitragem a abrangência e exceções ao princípio da publicidade na arbitragem".[410]

Para tanto, é recomendável que o termo preveja, inicialmente, os parâmetros de divulgação: de forma ativa e/ou passiva; por meio da divulgação na rede mundial de computadores ou a requerimento do interessado. O ideal é a previsão pormenorizada destacando quais informações devem ser divulgadas de forma ativa – disponível a todos, independentemente de solicitação –, o que permitirá que terceiros tenham conhecimento sobre o processo arbitral.[411] A partir dessas informações, o interessado poderá solicitar outros dados adicionais sobre a arbitragem, via requerimento.[412]

Caso as partes optem por publicar determinados atos processuais ou informações gerais do processo, deve o *term of reference* definir o formato escolhido: resumos, excertos ou inteiro teor de documentos.

Em casos determinados, é possível que se preveja a necessidade ou não de consulta às partes do processo antes da disponibilização da

---

[410] FICHTNER; MANNHEIMER; MONTEIRO. *Op. cit.*, 2019, p. 909.

[411] Exemplificativamente, cita-se trecho do Termo de Arbitragem celebrado por Aeroportos Brasil-Viracopos S.A. e a Agência Nacional de Aviação Civil (ANAC), relativo ao Processo Arbitral nº 26042/PFF/RLS, administrado pela Câmara de Comércio Internacional (CCI):
"14.1. Nos termos da cláusula 12 do Compromisso Arbitral, assim como do art. 2º, §3º, da Lei nº 9.307/96 e do art. 3º, inc. IV, do Decreto nº 10.025/19, todos os atos processuais a serem praticados e documentos a serem apresentados na Arbitragem serão públicos, ressalvadas as hipóteses legais de segredo de justiça, de segredo industrial ou de comércio decorrente da exploração direta de atividade econômica pelo Estado, por pessoa física ou por entidade privada que guarde qualquer vínculo com o Poder Público.
(...)
14.3. O Tribunal Arbitral decidirá, ouvidas as Partes e/ou a Interveniente Anômala, sobre os pedidos formulados por quaisquer das Partes ou pela Interveniente Anômala a respeito do sigilo de documentos e de informações protegidos pela legislação.
14.4. A Secretaria, sem necessidade de consulta prévia às Partes e ao Tribunal Arbitral, disponibilizará ostensivamente os atos da Arbitragem praticados por escrito, excluídos aqueles previamente declarados sigilosos pelo Tribunal Arbitral nos termos do item 14.3". CÂMARA DE COMÉRCIO INTERNACIONAL (CCI). *Termo de Arbitragem celebrado por Aeroportos Brasil-Viracopos S.A. e a ANAC, relativo ao Processo Arbitral nº 26042/PFF/RLS*. Brasília: CCI, 2021d. Disponível em: https://jusmundi.com/en/document/other/pt-aeroportos-brasil-viracopos-s-a-v-agencia-nacional-de-aviacao-civil-anac-ata-de-missao-tuesday-24th-august-2021. Acesso em: 9 maio 2025.

[412] HADDAD. *Op. cit.*, p. 267.

informação no sítio eletrônico ou quando da resposta de requerimento de acesso apresentado pelo interessado.

Regras processuais referentes ao sigilo das informações devem, igualmente, constar no termo de arbitragem, que deve indicar o momento processual em que as partes devem requerer o sigilo de determinada informação (por exemplo, quando da juntada aos autos do documento sigiloso).[413]

Outra previsão que deve constar do termo de arbitragem é aquela que se refere à proteção dos dados sigilosos. Decretado o sigilo da informação, poderão esses dados ser omitidos ou tarjados, de forma a não impedir a publicação de documentos, peças produzidas pelas partes ou mesmo decisões arbitrais de forma anonimizada. Enfim, é importante que as partes e os árbitros prevejam detalhadamente a forma pela qual devem ser tratados os dados sigilosos.[414]

O responsável pela publicidade dos atos processuais – caso não tenha sido definido na convenção de arbitragem ou no regulamento do ente público – deve constar do termo de arbitragem. Em sendo a obrigação de divulgar das instituições arbitrais – hipótese prevista no Decreto Federal nº 10.025, de 2019; no Decreto Municipal de São Paulo nº 59.963, de 2020; e no Decreto Estadual de Goiás

---

[413] Exemplificativamente, cita-se trecho do Termo de Arbitragem celebrado por Aeroportos Brasil-Viracopos S.A. e a Agência Nacional de Aviação Civil (ANAC), relativo ao Processo Arbitral nº 26042/PFF/RLS, administrado pela Câmara de Comércio Internacional (CCI): "14.2. Compete às Partes e à Interveniente Anômala apontar as informações ou documentos que, no seu interesse, pretende que sejam acobertados pelo sigilo, indicando o respectivo fundamento legal que restringe sua publicidade.
14.2.1. O direito previsto neste item será exercido no ato da apresentação da manifestação a que a informação ou o documento que se pretende sigiloso se refira, ou, em se tratando de exercício pela Parte contrária, no prazo de 15 (quinze) dias, a contar da apresentação da referida manifestação. Os prazos aqui previstos também se aplicam à Interveniente Anômala.
14.2.2. As informações e os documentos aqui previstos apenas serão colocados à disposição do público decorrido o prazo previsto no subitem anterior sem que haja pedido de sigilo, ou após a decisão do Tribunal Arbitral em havendo o exercício do direito previsto no item 14.2". CÂMARA DE COMÉRCIO INTERNACIONAL (CCI). *Op. cit.*, 2021d.

[414] Exemplificativamente, cita-se trecho do Termo de Arbitragem celebrado por Aeroportos Brasil-Viracopos S.A. e a Agência Nacional de Aviação Civil (ANAC), relativo ao Processo Arbitral nº 26042/PFF/RLS, administrado pela Câmara de Comércio Internacional (CCI): "14.3. O Tribunal Arbitral decidirá, ouvidas as Partes e/ou a Interveniente Anômala, sobre os pedidos formulados por quaisquer das Partes ou pela Interveniente Anômala a respeito do sigilo de documentos e de informações protegidos pela legislação". CÂMARA DE COMÉRCIO INTERNACIONAL (CCI). *Op. cit.*, 2021d.

nº 9.929, de 2021 –, caberá às partes acordar de forma clara se aderem às regras de publicidade previstas nos regulamentos das câmaras, estabelecendo – se for o caso – regras adicionais de transparência, mencionadas anteriormente.

Por fim, resta ao termo de arbitragem dispor sobre o grau de publicidade nas audiências. Nesse ponto, encontram-se divergências quanto à possibilidade de adoção, como regra, da publicidade das audiências. Para aqueles que entendem pela privacidade desse ato processual, a participação deve ser reservada aos árbitros, aos secretários do tribunal arbitral, às partes e respectivos procuradores, às testemunhas, aos assistentes técnicos, aos peritos, aos funcionários da câmara arbitral e às pessoas previamente autorizadas pelo tribunal arbitral.[415]

Lado outro, caso o entendimento seja pela ampla publicidade das audiências, com a possibilidade de participação de terceiros, as audiências podem ser transmitidas ao vivo por meios digitais (via *streaming*, por exemplo),[416] de forma a não prejudicar o andamento dos trabalhos.

---

[415] Exemplificativamente, cita-se trecho do Termo de Arbitragem celebrado por Aeroportos Brasil-Viracopos S.A. e a Agência Nacional de Aviação Civil (ANAC), relativo ao Processo Arbitral nº 26042/PFF/RLS, administrado pela Câmara de Comércio Internacional (CCI): "14.5. As audiências e as reuniões da Arbitragem respeitarão o princípio da privacidade, sendo reservadas (i) aos árbitros e à Secretaria Administrativa; (ii) às Partes, à Interveniente Anômala e respectivos representantes; (iii) à Secretaria; (iv) às testemunhas, aos assistentes técnicos, aos peritos e às demais pessoas previamente autorizadas pelo Tribunal Arbitral". CÂMARA DE COMÉRCIO INTERNACIONAL (CCI). *Op. cit.*, 2021d.

[416] Nesse sentido: HADDAD. *Op. cit.*, p. 277. Destacam-se, ainda, as Regras da UNCITRAL sobre Transparência nas Arbitragens Estado-Investidor baseadas em Tratado, que preveem em seu art. 6º, item 3: "O tribunal arbitral adota os procedimentos logísticos para facilitar o acesso público às audiências (incluindo, se for o caso disso, através de *links* de vídeo ou outros meios que considere apropriados). No entanto, o tribunal arbitral pode, após consulta das partes em litígio, decidir realizar secretamente a totalidade ou parte das audiências por razões logísticas, nomeadamente, quando as circunstâncias tornam inviável tais procedimentos". UNCITRAL. *Regulamento sobre Transparência na Arbitragem entre Investidores e Estados Baseada em Tratados*. Lisboa: UNCITRAL, 2020. Disponível em: https://dgpj.justica.gov.pt/Portals/31/Edi%E7%F5es%20DGPJ/Regulamento%20Uncitral%20pages.pdf. Acesso em: 9 maio 2025.

PUBLICIDADE NO TERMO DE ARBITRAGEM

- definir os parâmetros da divulgação: de forma ativa, na *internet*, ou passiva, a requerimento do interessado;
- definir os atos que serão publicados no inteiro teor e o prazo para sua disponibilização, nos casos de publicidade ativa;
- definir os detalhes para a obtenção das informações e dos documentos, nos casos de publicidade passiva;
- definir o responsável pela divulgação;
- dispor sobre o grau de publicidade das audiências arbitrais;
- dispor acerca das regras processuais referentes ao sigilo das informações, indicando o momento processual em que as partes devem requerer o sigilo de determinada informação.

4.3.2 A publicação do termo de arbitragem

Dada a importância do termo de arbitragem, torna-se imprescindível a sua publicação como forma de atendimento ao princípio da publicidade processual, previsto no §3º do art. 2º da Lei nº 9.307/1996.

Como mencionado anteriormente, o termo de arbitragem condensa e/ou organiza as regras eleitas pelas partes para o correto desenvolvimento da arbitragem, nos termos do §1º do art. 19 da Lei nº 9.307/1996. No entanto, para além disso, o documento compila diversas informações relativas às partes, aos seus patronos, ao histórico do procedimento (indicação e nomeação dos árbitros), à convenção de arbitragem, ao direito material aplicável, ao idioma e local da arbitragem, às alegações e pretensões das partes, ao valor da disputa, bem como às custas e despesas da arbitragem.[417]

Em termos cronológicos, a publicação, na forma ativa, do aludido ato processual favorece o conhecimento da existência da arbitragem e suas especificidades na primeira fase do processo, de forma a levar a público informações suficientes para o controle da atuação da Administração até sua celebração e a partir dela.

A transparência da atuação do ente público, da instituição arbitral e dos árbitros é essencial para a boa governança, justiça, democracia e Estado de Direito. Quando árbitros, partes e representantes sabem que estão sendo observados pelo público, eles prosseguem com maior diligência e cuidado.

Por vezes, as informações publicadas na fase de instauração da arbitragem não serão suficientes para que um terceiro avalie a relevância de sua participação. Como visto no tópico 4.1.3 (*A publicação do requerimento de arbitragem*), naquele momento são conhecidas as pretensões da parte demandante e seus pedidos. Diversos pormenores do futuro processo arbitral ainda são desconhecidos.

A celebração do termo de arbitragem reúne a transcrição das pretensões das partes em litígio, os custos envolvidos na demanda (custas e despesas da arbitragem e, em muitos casos, os honorários dos árbitros) e, sobretudo, quem serão os árbitros que julgarão o processo. A partir das informações contidas no aludido documento, terceiros interessados podem requerer sua participação na demanda arbitral, por meio do ingresso como *amicus curiae* ou interveniente anômalo.

Cumpre alertar que a admissão de terceiros na arbitragem, notadamente do *amicus curiae*, pode ocorrer durante toda a tramitação do processo. Não se restringe às primeiras fases do processo, na medida em que a identificação de informações novas que possam contribuir para o deslinde da causa pode se dar ao longo do desenvolvimento da arbitragem e das provas produzidas.

---

[417] Quanto ao conteúdo do Termo de Arbitragem, sugere-se a consulta das atas de missão publicadas nos endereços eletrônicos das instituições já mencionadas neste trabalho: PGE/SP, NEA/AGU e EARB/PGF.

Dada a importância do conhecimento do maior número de informações acerca do próprio logo no início da arbitragem, a publicação do *term of reference* foi objeto de especificação em diversos regulamentos publicados pelos entes públicos. Entre eles, destacam-se os decretos nº 46.245/2018, do estado do Rio de Janeiro; nº 64.356/2019, do estado de São Paulo; nº 9.929/2021, de Goiás; e nº 2.241/2011, de Santa Catarina.

O conhecimento da sistemática do processo arbitral a partir do acesso ao termo de arbitragem facilita, em última instância, o acesso à justiça, "requisito de direito humano mais básico que garante ao público o direito à liberdade em qualquer sistema jurídico e para obter justiça, equidade, imparcialidade na resolução de disputas".[418] Por outro lado, se o resultado da demanda arbitral afetar o público, então este terá, por extensão, interesse na sua gestão, incluindo os prazos processuais, padrões probatórios e notas técnicas produzidas pelos peritos.[419]

Dado seu conteúdo relevante para o processo arbitral, conclui-se que a publicação do termo de arbitragem, de forma ativa e independente de requerimento, no endereço eletrônico da instituição arbitral é indispensável para a correta aplicação do princípio da publicidade, o que, por sua vez, se traduz em benefícios para toda a sociedade, na medida em que possibilita maior fiscalização da atuação do Poder Público e dos demais atores desse mecanismo de resolução de litígios.

```
FASE DE CELEBRAÇÃO DO TERMO DE ARBITRAGEM
                        │
                        ▼
- publicação do inteiro teor do Termos de Arbitragem,
nos termos da LGPD.
```

---

[418] UDOH. *Op. cit.*
[419] *Idem.*

4.4 A fase postulatória

A fase postulatória refere-se ao momento em que se concentram as alegações iniciais e a resposta das partes. Nesse momento, o requerente apresenta detalhadamente a fundamentação pertinente à sustentação de seus alegados direitos e especifica seus pedidos. Na sequência, é oportunizado o contraditório ao requerido e, se necessário, são apresentadas manifestações cruzadas (réplicas, tréplicas etc.).[420]

Entre as cinco principais câmaras no país que administram processos arbitrais, essa fase é descrita de forma detalhada pela CAMARB.[421] O regulamento prevê a apresentação das alegações iniciais, impugnações às alegações iniciais e demais manifestações das partes, e sugere a adoção de prazo, caso não tenha sido disposto de forma diversa pelo tribunal arbitral (item 8.2).

Da mesma forma, o CAM-CCBC, em seu art. 26, estipula que "[a]s alegações iniciais serão apresentadas no prazo acordado pelas partes ou, na falta, naquele definido pelo tribunal arbitral" (item 26.1). Ato contínuo, "[p]oderão ser apresentadas réplicas e tréplicas, a critério das partes e do tribunal arbitral" (item 26.3), na forma e nos prazos definidos pelas partes e pelo tribunal.

O que se pretende demonstrar a partir da citação dos itens dos regulamentos das instituições arbitrais é a existência de uma fase no processo arbitral na qual são apresentadas peças processuais contendo suas alegações e pedidos, algo semelhante ao que ocorre com as ações judiciais. Essa fase, juntamente à fase instrutória, antecederá o proferimento da sentença arbitral. Na oportunidade, importantes dados da demanda são apresentados, notadamente o direito subjacente à pretensão. O delineamento da pretensão arbitral se desenha a partir das causas de pedir e pedidos apresentados pelas partes.

---

[420] CAHALI. *Op. cit.*, p. 279.
[421] CAMARB. *Regulamento de Arbitragem*. São Paulo: CAMARB, 2019. Disponível em: https://camarb.com.br/wpp/wp-content/uploads/2019/10/regulamento-de-arbitragem-camarb-2019_atualizado2019.pdf. Acesso em: 9 maio 2025.

4.4.1 A publicação das manifestações das partes

Diante da relevância do conteúdo das manifestações das partes, a publicidade processual deve abranger o acesso às alegações escritas e orais das partes, notadamente como forma de ampliar o controle da atuação da Administração Pública durante o transcurso da arbitragem. Qual seria a efetividade do princípio da publicidade se o controle social fosse limitado somente à sentença arbitral, proferida ao final da arbitragem?

Como se defende no presente estudo, os principais atos do procedimento arbitral, inclusive das peças apresentadas pelas partes no procedimento, estão sujeitos à publicidade processual. O acesso às alegações das partes promove um maior conhecimento da demanda proposta, das questões discutidas e de eventual impacto da futura decisão arbitral em determinado setor do Estado.

Para além disso, os cidadãos têm interesse em saber como os agentes públicos se comportam durante uma arbitragem.[422] Trata-se de importante instrumento de controle social, de forma a aferir, durante a tramitação, a probidade e a eficiência da atuação do representante do Estado.

É certo que as peças produzidas pelas partes poderão conter informações sigilosas por lei, relacionadas ao sigilo industrial, comercial ou estratégia processual. Nesse caso, como mencionado anteriormente, a divulgação não será ampla e deverá se limitar às informações não resguardadas por hipóteses legais de sigilo. Por outro lado, grande parte das informações contidas nas peças é efetivamente pública, por exemplo: contrato de concessão; estudo de viabilidade técnica amplamente divulgados juntamente ao edital de leilão da concessão; pareceres e decisões administrativas.

Alguns autores defendem, contudo, que a divulgação das manifestações das partes poderia ser limitada, em razão do dever de discrição dos árbitros, previsto no §6º do art. 13 da Lei de Arbitragem, adiando a divulgação para outro momento (após a

---

[422] ARGEN, Robert. Ending Blind Spot Justice: Broadening the Transparency Trend in International Arbitration. *Brooklyn Journal of International Law*, Nova York, v. 40, n. 1, 2015.

prolação da sentença) ou permitindo somente o acesso das peças de forma passiva (a requerimento). Para José Emílio Nunes Pinto, mesmo em arbitragens envolvendo a Administração Pública, os árbitros estão "impedidos de revelar quaisquer detalhes do procedimento arbitral, salvo para os órgãos de controle externo e interno a que está sujeita a administração e sempre que por estes solicitado",[423] razão pela qual, "nos demais casos, prevalecerá o dever legal de discrição do árbitro, que contempla o sigilo".[424]

No entanto, o dever de discrição em nada se relaciona com o dever de publicidade nas arbitragens envolvendo a Administração Pública. De acordo com Diogo Dias da Silva, "a obrigação de discrição do árbitro nos parece estar mais vinculada a uma norma de conduta ética do que à imposição de um dever de sigilo ou confidencialidade".[425] Acrescenta o autor: "a discrição a que alude a norma é conduta coerente com a sobriedade que se espera de quem exerce a autoridade jurisdicional, bem como com o agir adequado para reverenciar a confiança depositada pelas partes nos árbitros".[426]

A discrição é imposta aos julgadores e visa impedir, precipuamente, o julgador "que comente sobre os processos em julgamento ou revele publicamente aspectos da vida privada das partes".[427] Tal dever de discrição não pode conferir uma limitação ao princípio da publicidade nas arbitragens público-privadas.

Ademais, mesmo sendo a publicidade regra, os árbitros, ainda assim, deverão agir com discrição. Como mencionado anteriormente, no tópico 2.2, não parece correto deduzir que o dever de discrição do árbitro geraria necessariamente a confidencialidade do processo arbitral. Assim como os árbitros, o juiz estatal também tem dever de discrição, o que não faz pressupor que os processos judiciais seriam, em regra, sigilosos. Assim, não se pode confundir o dever de discrição dos árbitros com a confidencialidade imposta ao procedimento.[428]

---

[423] PINTO. *Op. cit.*, 2004.
[424] *Ibidem*.
[425] SILVA. *Op. cit.*, 2021, p. 25.
[426] *Ibidem*.
[427] *Ibidem*, p. 26.
[428] Para Carlos Alberto Carmona, "o legislador exigiu do árbitro discrição, ou seja, comedimento, compostura, circunspecção, sobriedade. Discrição não é o mesmo de

A divulgação das manifestações das partes deve seguir o mesmo regime aplicável ao termo de arbitragem. É o que está previsto no art. 13, §1º, do Decreto nº 46.245/2018, do estado do Rio de Janeiro; no art. 12, §1º, do Decreto nº 64.356/2019, do estado de São Paulo; no art. 12, §1º, do Decreto nº 9.929/2021, de Goiás; e no art. 12, §1º, do Decreto nº 2.241/2011, de Santa Catarina, os quais preveem expressamente a publicação das petições das partes.

O UNCITRAL Transparency Rules,[429] no campo internacional, prevê a publicação dos documentos da arbitragem de investimento, ressalvadas das hipóteses de sigilo. Para tanto, lista, em seu art. 3º, quais documentos deverão ser disponibilizados:

> Artigo 3. Publicação de documentos
> 1. Sem prejuízo do artigo 7.º, os seguintes documentos serão disponibilizados ao público: a notificação de arbitragem, a resposta à notificação de arbitragem, a declaração de reclamação, a declaração de defesa e quaisquer outras declarações escritas ou observações escritas por qualquer parte em disputa; uma tabela listando todos os anexos dos referidos documentos e dos laudos periciais e depoimentos de testemunhas, se tal tabela tiver sido preparada para o processo, mas não os próprios anexos; quaisquer observações escritas da Parte (ou Partes) não litigantes no tratado e de terceiros, transcrições de audiências, quando disponíveis; e ordens, decisões e sentenças do tribunal arbitral (tradução livre).[430]

Para o que importa neste momento, o aludido documento aplicável à resolução de litígios sobre investimentos, elaborado pela Comissão das Nações Unidas sobre Direito Comercial

---

confidencialidade. Embora entre as vantagens da solução arbitral esteja a possibilidade de prever o sigilo, que permite às partes a escolha de um foro reservado para tratar de suas disputas, esta é apenas uma faculdade dos litigantes. Dito de outro modo, ainda que a arbitragem deva desenvolver-se sem a cláusula de sigilo (pense-se nas demandas que envolvem a Administração Pública), o árbitro continua sujeito ao dever de discrição". CARMONA. *Op. cit.*, 2023, p. 251.

[429] UNCITRAL. *Op. cit.*, 2014.

[430] Texto original: "*Article 3. Publication of documents 1. Subject to article 7, the following documents shall be made available to the public: the notice of arbitration, the response to the notice of arbitration, the statement of claim, the statement of defence and any further written statements or written submissions by any disputing party; a table listing all exhibits to the aforesaid documents and to expert reports and witness statements, if such table has been prepared for the proceedings, but not the exhibits themselves; any written submissions by the non-disputing Party (or Parties) to the treaty and by third persons, transcripts of hearings, where available; and orders, decisions and awards of the arbitral tribunal*".

Internacional, inclui as manifestações das partes (ou *"the statement of claim, the statement of defence and any further written statements or written submissions by any disputing party"*) entre os documentos da arbitragem a serem disponibilizados ao público em geral. O artigo enumera, ainda, as peças escritas de parte(s) não litigante(s) (ou *"any written submissions by the non-disputing Party (or Parties) to the treaty and by third persons"*).

Nesses termos, a publicidade processual nas arbitragens público-privadas deve abranger igualmente a manifestação das partes e as informações não sigilosas. O objetivo dessa medida é facilitar o monitoramento público dos atos produzidos no processo arbitral ao longo de sua tramitação, de forma que o escrutínio e a avaliação do processo de tomada de decisão sejam constantes, do início ao fim da arbitragem.

Assim, entende-se que, para que se torne efetivo o cumprimento do princípio da publicidade processual nas arbitragens envolvendo entes públicos, é fundamental que sejam levadas ao público, de forma ativa, por meio da disponibilização no endereço eletrônico da instituição arbitral, as principais manifestações das partes no processo, de forma a possibilitar o amplo conhecimento da demanda proposta na jurisdição arbitral, bem como o controle da atuação dos agentes públicos nessa fase processual.

4.4.2 A publicidade administrativa e o sigilo profissional entre advogado público e cliente

Tornar acessíveis as manifestações das partes já protocoladas no processo arbitral não se confunde com publicidade administrativa dada aos processos administrativos nos quais são discutidas estratégias de defesa do ente público. É comum, no exercício da advocacia pública, se deparar com pedidos de acesso aos procedimentos administrativos nos quais são discutidos, internamente, a viabilidade e os elementos de defesa que serão apresentados no procedimento arbitral.

Assim como ocorre na advocacia privada, é necessário cuidado com a preservação do sigilo dos documentos, pareceres, *e-mails* e demais trocas de informações cujo conteúdo se volta, muitas vezes, à delimitação da estratégia a ser utilizada, devendo ser acessíveis somente aos que representam ou colaboram com a defesa da parte representada no processo arbitral.

Trata-se, pois, do sigilo profissional, que está resguardado no art. 5º, incisos XIII e XIV, da Constituição da República ao prever, respectivamente, que "é livre o exercício de qualquer trabalho, ofício ou profissão, atendidas as qualificações profissionais que a lei estabelecer", bem como "é assegurado a todos o acesso à informação e resguardado o sigilo da fonte, quando necessário ao exercício profissional". Esse sigilo está atrelado à ética e à moral da profissão e compreende que o advogado (no caso, advogado público) mantenha em segredo tudo que vier a tomar conhecimento em relação ao seu cliente.

No âmbito infraconstitucional, o sigilo profissional está previsto no CPC/2015, em seu art. 388, inciso II, determinando não ser a parte obrigada a depor sobre fatos a respeito do qual, por estado ou profissão, deve guardar sigilo.

A restrição ao acesso aos processos administrativos relacionados à defesa do ente público encontra amparo no direito de sigilo inerente ao exercício da advocacia, previsto na Lei nº 8.906/1994 (Estatuto da Ordem dos Advogados do Brasil):

> Art. 7º São direitos do advogado:
> (...)
> II – a inviolabilidade de seu escritório ou local de trabalho, bem como de seus instrumentos de trabalho, de sua correspondência escrita, telefônica e telemática, desde que relativas ao exercício da advocacia;
> (...)
> XIX – recusar-se a depor como testemunha em processo no qual funcionou ou deva funcionar, ou sobre fato relacionado com pessoa de quem seja ou foi advogado, mesmo quando autorizado ou solicitado pelo constituinte, bem como sobre fato que constitua sigilo profissional;
> (...)
> Art. 33. O advogado obriga-se a cumprir rigorosamente os deveres consignados no Código de Ética e Disciplina.
> Parágrafo único. O Código de Ética e Disciplina regula os deveres do advogado para com a comunidade, o cliente, o outro profissional e, ainda, a publicidade, a recusa do patrocínio, o dever de assistência jurídica, o dever geral de urbanidade e os respectivos procedimentos disciplinares.
> Art. 34. Constitui infração disciplinar:
> (...)
> VII – violar, sem justa causa, sigilo profissional;
> (...).

Por sua vez, para o Código de Ética e Disciplina da OAB, "[o] sigilo profissional é inerente à profissão, impondo-se o seu respeito, salvo grave ameaça ao direito à vida, à honra, ou quando o advogado se veja afrontado pelo próprio cliente e, em defesa própria, tenha que revelar segredo, porém sempre restrito ao interesse da causa" (art. 25). Dessa forma, "[a]s confidências feitas ao advogado pelo cliente podem ser utilizadas nos limites da necessidade da defesa, desde que autorizado aquele pelo constituinte" (art. 27). Ademais, "presumem-se confidenciais as comunicações epistolares entre advogado e cliente, as quais não podem ser reveladas a terceiros" (art. 27, parágrafo único).

Especificamente quanto à divulgação pública de dados privilegiados acerca da condução de processos arbitrais em curso, o Código de Ética e Disciplina da OAB é categórico:

> Art. 34. A divulgação pública, pelo advogado, de assuntos técnicos ou jurídicos de que tenha ciência em razão do exercício profissional como advogado constituído, assessor jurídico ou parecerista, deve limitar-se a aspectos que não quebrem ou violem o segredo ou o sigilo profissional.
> Art. 35. O advogado tem o dever de guardar sigilo dos fatos de que tome conhecimento no exercício da profissão.

Segundo Alvaro de Azevedo Gonzaga, Karina Penna Neves e Roberto Beijato Junior, o dever de sigilo profissional "não se confunde com os chamados deveres de consideração ou deveres laterais (regras de comportamento)".[431] Trata-se de direito do advogado, da inviolabilidade de seu escritório profissional, dos seus instrumentos de trabalho (computadores, servidores etc.) e de sua correspondência escrita, eletrônica, telefônica, desde que, claro, relacionadoos ao exercício da advocacia.[432]

Assim, todas as comunicações do advogado, incluindo os advogados públicos, com quem quer que seja, no âmbito do exercício profissional, nacional ou internacional, e todas as informações a que ele teve acesso em razão do exercício profissional são alvo de sigilo, independentemente de onde tramitar o processo.[433]

---

[431] GONZAGA, Alvaro de Azevedo; NEVES, Karina Penna; BEIJATO JUNIOR, Roberto. *Estatuto da Advocacia e Novo Código de Ética e Disciplina da OAB comentados*. 5. ed. Rio de Janeiro: Forense, 2019. p. 424, 428-429.
[432] *Ibidem*.
[433] *Ibidem*.

Especificamente quanto à atuação da advocacia pública, o tema foi objeto do Parecer nº 00015/2020/CONJUR-CGU/CGU/AGU,[434] exarado pela Consultoria Jurídica junto à Controladoria-Geral da União, que analisou a aplicação da publicidade administrativa, como regra prevista na Lei nº 12.527/2011, e a hipótese de sigilo profissional no âmbito da advocacia pública federal.

Para o opinativo, "[o] sigilo profissional justifica-se porque em determinadas profissões se faz necessário que haja um compartilhamento de informações sensíveis entre o detentor da informação e o profissional que irá prestar o respectivo serviço". Os advogados públicos são igualmente titulares de direitos, deveres e prerrogativas inerentes aos advogados privados, entre os quais se encontra o sigilo profissional das suas manifestações públicas.

O parecer, ainda, conclui que:

> 12. A proteção do sigilo profissional recai não apenas diretamente sobre a pessoa do advogado (que não pode ser forçado a testemunhar em juízo sobre fato de que teve conhecimento profissionalmente, EOAB art. 7º, XIX, e que tem direito de comunicação reservada mesmo com o cliente preso, inciso III), mas sobre todos os materiais, documentos, comunicações, insumos e produtos de seu trabalho que sejam relativos à atividade de advocacia, ainda que estes materiais se encontrem na posse do cliente, ou por ele tenham sido produzidos, e independentemente do repositório formal em que estejam contidos (papéis, bases de dados, arquivos, e-mails, planilhas, áudios, sistemas de informação, etc.).

Assim, os processos administrativos que contenham informações ou documentos relacionados à defesa do ente público, em demandas judiciais ou arbitrais, devem ser considerados sigilosos, em razão da necessidade de não restar revelada a estratégia de defesa.

No que toca especificamente à Advocacia-Geral da União, a Portaria AGU nº 529/2016[435] buscou fazer o cotejo entre a inviolabilidade

---

[434] ADVOCACIA-GERAL DA UNIÃO (AGU). *Parecer nº 00015/2020/CONJUR-CGU/CGU/AGU*. Assuntos: Direito administrativo e outras matérias de Direito público. Brasília: AGU, 2019. Disponível em: https://repositorio.cgu.gov.br/bitstream/1/45655/5/Parecer_15_2020.pdf. Acesso em: 9 maio 2025.

[435] Idem. *Portaria AGU nº 529, de 23 de agosto de 2016*. Regulamenta, no âmbito da Advocacia-Geral da União e da Procuradoria-Geral Federal, o procedimento de acesso à informação e estabelece diretrizes relativas ao sigilo profissional decorrente do exercício da advocacia pública e à gestão da informação de natureza restrita e classificada. Brasília: AGU, 2016.

profissional dos membros da advocacia pública e o interesse público no acesso à informação, enumerando, por meio do art. 19, excepcionalmente, hipóteses nas quais se restringiria o acesso à informação:

> Art. 19. Poderão ter acesso restrito na AGU e na PGF, em decorrência da inviolabilidade profissional do advogado, prevista no art. 7º, inciso II, da Lei 8.906, de 4 de julho de 1994, e independentemente de classificação, na forma do art. 22 da Lei 12.527, de 2011, as informações, documentos e dados que versem sobre:
> I – processos administrativos em relação aos quais não se tenha encerrado o ciclo aprobatório da manifestação jurídica ou técnica, especialmente, propostas de acordos para pagamento de créditos e débitos da União e de suas autarquias e fundações públicas, demais acordos, termos de ajustamento de conduta, termos de conciliação ou instrumentos congêneres;
> (...)
> III – verificação técnica e estratégica, quanto à forma e o modo de intervenção em processos judiciais ou extrajudiciais;
> (...)
> V – expedientes oriundos de outros órgãos e entidades da Administração Pública, com repercussão dos interesses públicos em juízo;
> (...)
> VIII – manifestações jurídicas ou técnicas não aprovadas, quando sua divulgação possa repercutir, justificadamente, de modo negativo na defesa ou promoção de interesses públicos em juízo ou outro foro;
> (...)
> XIII – elaboração de cálculo para defesa da União na esfera judicial ou extrajudicial;
> (...)
> XVII – segredo industrial, nos termos do art. 22, da Lei 12.527, de 29 de dezembro de 2011;
> (...)
> §1º O rol acima possui natureza exemplificativa, sem prejuízo da aplicação da restrição a demais situações legalmente previstas.
> §2º Faculta-se a remoção da restrição de acesso prevista neste artigo, após ultimado o ciclo aprobatório das manifestações jurídicas ou técnicas, ou após o encerramento dos processos administrativos ou judiciais, a critério do responsável pela informação.

No âmbito federal, os processos administrativos relacionados à verificação técnica e estratégica, quanto à forma e ao modo de intervenção em processos extrajudiciais, nos quais se incluem os

---

Disponível em: https://www.in.gov.br/materia/-/asset_publisher/Kujrw0TZC2Mb/content/id/21290921. Acesso em: 9 maio 2025.

processos arbitrais, são de acesso restrito ao público, facultada a remoção da restrição de acesso após ultimado o ciclo aprobatório das manifestações jurídicas ou técnicas, ou após o encerramento do processo arbitral, a critério do responsável pela informação.

No plano jurisprudencial, vale registrar que o Superior Tribunal de Justiça, no Recurso Especial nº 1.550.537-MG,[436] julgado pela 5ª Turma, reconhece a imprescindibilidade da proteção do sigilo profissional do advogado:

> (...) O sigilo profissional do advogado é essencial à administração da Justiça, vedando-se ao Juiz ou a Autoridade Policial a apreensão de documentos acobertados por aquele sigilo e de todos os que comprometam o cliente ou sua defesa, observando-se assim o princípio da ampla defesa. O Estatuto da Advocacia e da Ordem dos Advogados do Brasil – Lei nº 8906/1994 – prevê ainda como prerrogativa do advogado "ter respeitada, em nome da liberdade de defesa e do sigilo profissional, a inviolabilidade de seu escritório ou local de trabalho, de seus arquivos e dados, de sua correspondência e de suas comunicações, inclusive telefônicas ou afins, salvo caso de busca e apreensão determinadas por magistrado e acompanhada de representante da OAB". Referido sigilo se estende a todas as anotações, documentos, correspondências e conversas telefônicas entre advogado e cliente (...).

Por fim, cumpre destacar trecho da decisão proferida igualmente pelo STJ, nos autos do Mandado de Segurança nº 25.853-DF,[437] Ministro Relator Napoleão Nunes Maia Filho, em sede de pedido liminar, no qual alega a impetrante que teve seu acesso restrito a procedimento administrativo pelo Ministro da Infraestrutura, ferindo as garantias asseguradas pela Lei de Acesso à Informação:

> (...)
> 10. Além disso, não basta para tal caracterização a simples alegação de que é parte e, somente por isso, já possui o direito líquido e certo

---

[436] BRASIL. Superior Tribunal de Justiça (5. Turma). *Recurso Especial nº 1.550.537-MG*. Recorrente: Ministério Público do Estado de Minas Gerais. Recorrido: Ronaldo Garcia Dias. Relator: Min. Reynaldo Soares da Fonseca, 22 de agosto de 2018. Disponível em: https://www.jusbrasil.com.br/jurisprudencia/stj/616187384. Acesso em: 9 maio 2025.

[437] BRASIL. Superior Tribunal de Justiça (5. Turma). *Mandado de Segurança nº 25.853-DF*. Impetrante: Companhia Docas de Imbituba. Impetrado: Ministro da Infraestrutura. Relator: Min. Paulo Sérgio Domingues, 23 de março de 2020. Disponível em: https://processo.stj.jus.br/processo/pesquisa. Acesso em: 9 maio 2025.

de acesso à documentação pretendida. Ora, se tal fundamento fosse suficiente, não teria sentido a própria legislação específica trazer amplo e profundo regramento às hipóteses de exceção, as quais se referem à imposição e a níveis de sigilo.

11. Para corroborar, ainda é importante ter em mente que, conforme a mais abalizada doutrina e também a ampla jurisprudência consolidada, não existem direitos, ainda que constitucionalmente previstos, que sejam absolutos. Toda a análise de violação deve ser sopesada em cada caso concreto, mediante o confronto com a argumentação da parte contrária, sendo certo ainda que em determinadas hipóteses haverá a necessidade de dilação probatória;
porém, no presente caso ainda não se pode com certeza concluir por tal necessidade.

12. Por outro lado, a argumentação prévia, trazida pela UNIÃO, se apresenta bastante razoável, pois verifica-se que o procedimento administrativo foi instaurado a pedido da parte autora para fins de instauração de arbitragem, cujo objetivo é a definição sobre a pretendida indenização face ao implemento do termo final do contrato de concessão do Porto de Imbituba/SC, encerrado em 2012.

13. Com efeito, à primeira vista parece-me que no referido procedimento administrativo a Administração discutirá internamente acerca da viabilidade e dos elementos de defesa que serão apresentados no procedimento arbitral, os quais, por óbvio, nesse primeiro momento de análise superficial, não poderiam realmente ser entregues à parte requerente, sob pena de esvaziamento da estratégia jurídica a ser adotada.

14. Ante o exposto, indefere-se a medida liminar pleiteada pela parte impetrante, conforme a fundamentação supra.

Em síntese, como já tivemos a oportunidade de defender,[438] a publicidade do processo arbitral, a cargo da instituição arbitral e eventualmente ampliada pelo Estado parte na arbitragem, não se confunde com a publicidade administrativa dos atos dos dossiês internos da Advocacia Pública relacionados à sua atuação na defesa do ente público. As correspondências eletrônicas, análises jurídicas, solicitação de provas a órgãos técnicos do governo e debates internos, muitas vezes informais, sobre a estratégia processual a ser adotada, são protegidas pela garantia do sigilo profissional previsto na Lei nº 8.906/1994.

---

[438] ALENCAR; SOARES; GOMES. Op. cit.

> **FASE DE POSTULATÓRIA**
>
> ⬇
>
> - publicação do inteiro teor das principais manifestações das partes no processo, nos termos da LGPD.

4.5 A fase instrutória

Como mencionado anteriormente, a Lei de Arbitragem regula o procedimento com poucas disposições, permitindo que as próprias partes disciplinem as regras aplicáveis ou se reportem às regras do regulamento da instituição arbitral que elegeram para administrar o processo.

A partir da aplicação do princípio da autonomia da vontade, é possível às partes decidir sobre a necessidade ou não da produção de determinada prova, limitando os meios de prova aplicáveis ao caso, por exemplo, "dispondo que somente será admitida prova oral, com a exclusão de qualquer outro meio".[439]

Por essa razão, a flexibilidade, inerente à arbitragem, afeta diretamente a fase de produção de provas. O árbitro, por sua vez, desde que limitado ao estabelecido por convenção das partes, deve interferir ativamente na instrução da causa, determinando a investigação de fatos por sua iniciativa *ex officio*, de forma a confirmar um dos principais atributos do árbitro, que é a diligência no desempenho de suas funções (conforme estabelecido no art. 13, §6º, da Lei de Arbitragem).[440]

---

[439] BIANCHI, Beatriz Homem de Mello. Provas na Arbitragem e a Carta Arbitral. *Revista de Arbitragem e Mediação*, [s. l.], v. 15, n. 59, p. 213-244, out./nov. 2018.
[440] *Ibidem*.

Os poderes instrutórios dos árbitros, segundo Marcos Montoro,[441] estão previstos no *caput* do art. 22 da Lei de Arbitragem, *in verbis*: "Art. 22. Poderá o árbitro ou tribunal arbitral tomar o depoimento das partes, ouvir testemunhas e determinar a realização de perícias ou outras provas que julgar necessárias, mediante requerimento das partes ou de ofício".

Para o autor, o dispositivo legal contém três comandos dirigidos aos árbitros: (i) "o árbitro pode determinar a realização de provas de ofício"; (ii) as provas a serem produzidas devem ser absolutamente necessárias; e (iii) "o árbitro pode determinar a produção de todos os tipos de provas", observando-se o que foi acordado pelas partes.[442]

Essa ampla liberdade é refletida nos regulamentos das instituições arbitrais. Na maioria delas, há apenas a previsão genérica no sentido de que cabe ao tribunal arbitral considerar e sopesar as provas a serem produzidas.

A CAMARB[443] prevê que "o Tribunal Arbitral deliberará sobre a produção de provas, incluindo prova pericial ou técnica, diligências fora do local da arbitragem e o adiantamento dos respectivos custos pelas partes" (item 8.4 do regulamento). No regulamento do CAM-CCBC,[444] a produção de provas é prevista no item 27.1 com o seguinte teor: "Caberá ao tribunal arbitral deferir e determinar as provas que considerar úteis, necessárias e adequadas, segundo a forma e a ordem que entender convenientes ao caso concreto".

Por sua vez, a CCI dispõe em seu regulamento:

ARTIGO 25
Instrução da causa
1 O tribunal arbitral deverá proceder à instrução da causa com a maior brevidade possível, recorrendo a todos os meios apropriados.
2 Após examinar todas as manifestações das partes e todos os documentos pertinentes, o tribunal arbitral deverá ouvir as partes

---
[441] MONTORO, Marcos André Franco. *Flexibilidade do Procedimento Arbitral*. 2010. Tese (Doutorado em Direito) – Faculdade de Direito, Universidade de São Paulo, São Paulo, 2010. p. 287.
[442] *Ibidem*.
[443] CAMARB. *Op. cit.*
[444] CENTRO DE ARBITRAGEM DA CÂMARA DE COMÉRCIO BRASIL-CANADÁ (CAM-CCBC). *Op. cit.*

em audiência presencial, se alguma delas o requerer. Na ausência de tal solicitação, poderá o tribunal arbitral decidir ouvir as partes por iniciativa própria.

3 O tribunal arbitral poderá ouvir testemunhas, peritos nomeados pelas partes ou qualquer outra pessoa, na presença das partes ou na sua ausência, desde que tenham sido devidamente convocadas.

4 Ouvidas as partes, o tribunal arbitral poderá nomear um ou mais peritos, definir-lhes as missões e receber os respectivos laudos periciais. A requerimento de qualquer das partes, poderão estas interrogar em audiência qualquer perito nomeado dessa forma.

5 A qualquer momento no decorrer do procedimento, o tribunal arbitral poderá determinar a qualquer das partes que forneça provas adicionais.

De forma semelhante à CCI, o CAM Amcham[445] e Câmara de Conciliação, Mediação e Arbitragem CIESP/FIESP[446] atribuem ao tribunal arbitral o poder de decidir sobre as provas a serem produzidas, convocar audiências de instrução e determinar diligências necessárias ao caso.

Trata-se, pois, de uma fase em que, a despeito de os árbitros não estarem vinculados aos critérios adotados no CPC e a flexibilidade estar presente no modo de produção da prova, é muito comum juntar-se documentos complementares, colher-se depoimentos das partes e de testemunhas (escritos ou orais), produzir-se laudos de assistentes técnicos e periciais, bem como realizar-se audiências de instrução.

---

[445] "Artigo 14 Instrução da causa
14.1. O Tribunal Arbitral procederá à instrução da causa com brevidade, cabendo a este decidir sobre a produção de provas solicitadas pelas Partes ou determinar a realização das que entender cabíveis.
14.2. Na hipótese de necessidade da produção de prova oral, o Tribunal Arbitral convocará as Partes, as testemunhas e os peritos, se for o caso, para a audiência de instrução, em local, data e horário predeterminados.
14.3. O Tribunal Arbitral poderá determinar a realização de diligência fora da sede da arbitragem, devendo comunicar às Partes a data, a hora e o local para que elas possam acompanhar a diligência." CENTRO DE ARBITRAGEM DA AMCHAM-BRASIL. *Op. cit.*

[446] "10. DO PROCEDIMENTO
10.2. No Termo de Arbitragem, as partes e os árbitros poderão convencionar os prazos para apresentar suas peças processuais e documentos, bem como estabelecer calendário provisório sobre os eventos. Não havendo consenso, o Tribunal Arbitral estabelecerá os prazos, os cronogramas, a ordem e a forma da produção das provas.
10.4. Caberá ao Tribunal Arbitral deferir as provas que considerar úteis, necessárias e pertinentes, bem como a forma de sua produção." CÂMARA DE CONCILIAÇÃO, MEDIAÇÃO E ARBITRAGEM CIESP/FIESP. *Regulamento de Arbitragem*. São Paulo: Câmara de Mediação CIESP/FIESP, [202-]. Disponível em: https://www.camaradearbitragemsp.com.br/regulamento-de-arbitragem. Acesso em: 9 maio 2025.

4.5.1 A publicação do laudo pericial

Principalmente no campo das arbitragens envolvendo a Administração Pública, o acesso aos laudos periciais pode ser extremamente útil. Para além de tomar conhecimento da análise de técnicos sobre temas que podem ser recorrentes em outros litígios, o resultado do laudo pode diminuir o custo da segunda arbitragem, servindo de sustentação para as alegações de uma das partes e para a decisão dos árbitros.

Assim como ocorre nas demandas judiciais, o acesso a informações de outros processos pode contribuir para a aplicação do direito das demandas arbitrais de forma mais uniforme e homogênea. Isso porque determinadas discussões travadas em arbitragens público-privadas remetem à aplicação de dispositivos legais comuns a diversos contratos.

Como exemplo, vale citar a discussão sempre constante em contratos de concessão relativa aos bens reversíveis. Independentemente de se tratar de um contrato de concessão de rodovia ou de aeroporto, o fundamento legal encontra-se na Lei nº 8.987/1995, e a catalogação técnica do que seriam os *"bens reversíveis"*, por meio de laudo pericial, pode ser, certamente, muito útil a outras arbitragens com mesmo tema, envolvendo a mesma pessoa ou outras pessoas jurídicas de direito público.

A uniformidade de entendimentos sobre o mesmo tema é muito cara à Administração Pública. É medida que se impõe, dada a aplicação do princípio da isonomia, da impessoalidade e da segurança jurídica. Para além do tratamento isonômico da matéria, como já dito, a existência de estudo técnico sobre tema semelhante alinha-se igualmente aos princípios da economicidade e da eficiência. A possibilidade de uso de prova pericial já produzida em outro processo arbitral, sobre mesmo tema, elimina ou reduz eventuais custos para a produção de nova prova.

Sob outro enfoque, por se tratar de meio de solução de conflitos ainda com alcance limitado, a divulgação de prova técnica promove o efetivo conhecimento do trabalho exercido pelos peritos e sua qualidade, o que, a longo prazo, impacta diretamente o poder de escolha de outros *players* no sistema arbitral. A transparência permite que as partes possam se orientar e se beneficiar de experiências anteriores. Assim como ocorre com a reputação dos árbitros, o acesso à prova pericial reduz a assimetria informacional entre os peritos e demais sujeitos, em um mercado ainda muito fechado.

O entendimento apresentado se alinha aos regulamentos publicados pelos entes públicos que especificam os atos do processo arbitral que são públicos. Os decretos nº 46.245/2018, do estado do Rio de Janeiro; nº 64.356/2019, do estado de São Paulo; nº 9.929/2021, de Goiás; e nº 2.241/2011, de Santa Catarina, como mencionado anteriormente, preveem expressamente a publicação dos laudos periciais.

Vale, ainda, citar o que determina o UNCITRAL Transparency Rules,[447] no âmbito das arbitragens de investimento. O item 2 do art. 3º do documento prevê que, ressalvadas as hipóteses de sigilo, os laudos periciais e depoimentos de testemunhas, excluindo seus anexos, serão disponibilizados ao público, mediante solicitação de qualquer pessoa ao tribunal arbitral. Nesse caso, a disponibilização dos laudos e depoimentos das testemunhas fica sujeita a requerimento dirigido ao tribunal arbitral.

Como já referido, dada a relevância das provas produzidas em arbitragens envolvendo a Administração Pública para a formação do entendimento técnico em outras arbitragens e a potencial redução da assimetria informacional quanto aos trabalhos desenvolvidos pelos peritos, defende-se a publicação dos laudos periciais.

Para tanto, devem ser publicados laudos periciais produzidos em arbitragens envolvendo as pessoas jurídicas de direito público, de forma ativa, no sítio eletrônico da instituição arbitral responsável pela gestão dos processos, excluídos os dados pessoais que alcancem a intimidade e a vida privada dos peritos e testemunhas, nos termos da LGPD.

4.5.2 A publicidade da audiência arbitral

Um contexto igualmente desafiador envolve a prática de atos da atividade jurisdicional quando se está diante da abertura ao público das audiências arbitrais. Trata-se de preocupação legítima, na medida em que o acesso à prova oral ilumina inevitavelmente o funcionamento interno do sistema de arbitragem com a Adminis-

---

[447] UNCITRAL. *Op. cit.*, 2014.

tração Pública. A abertura ao escrutínio da sociedade do sistema arbitral reflete diretamente na conduta dos árbitros e das partes e serve como indicador de sua confiabilidade.

As audiências arbitrais podem ter os mais variados objetos. Buscando-se sempre a participação mais colaborativa das partes, é usual que os árbitros e as partes realizem reuniões ou audiências seja para celebração de termo de arbitragem, seja para apresentação do caso, oitiva de testemunhas, entre outros. Para José Antônio Fichtner, Sérgio Mannheimer e André Monteiro, em "qualquer audiência especialmente designada no curso da arbitragem, impera a privacidade inerente à arbitragem".[448] Para os autores, a privacidade se diferencia da confidencialidade, visto que a primeira "é um direito das partes em relação a terceiros estranhos ao processo arbitral consistente na proibição de que eles tenham acesso aos atos do processo arbitral",[449] enquanto a confidencialidade, como já mencionado, "é um dever dos sujeitos da arbitragem em relação a eles mesmos de guardar sigilo em relação às informações que obtiveram por estarem participando da arbitragem".[450]

André Junqueira pondera inoportuna a abertura de audiências entre as partes e o tribunal para qualquer cidadão. "Essa medida poderia trazer dificuldades práticas de acomodação das pessoas no ambiente, bem como inibir a consecução de acordos ou transações entre os litigantes."[451]

No mesmo sentido, externando sua preocupação com a realização de audiências abertas ao público, Carlos Alberto Carmona[452] anuncia:

> Não imagino a hipótese de abrir-se ao público em geral uma audiência arbitral para oitiva de partes, testemunhas e peritos, o que poderia tornar até mesmo economicamente inviável a solução de litígio por tal via. Da mesma forma, se algum órgão arbitral souber de antemão que deverá fornecer "a qualquer do povo" cópias ou certidões de atos do processo arbitral, provavelmente recusará a incumbência de administrar casos

---

[448] FICHTNER; MANNHEIMER; MONTEIRO. *Op. cit.*, 2019, p. 33.
[449] *Ibidem*.
[450] *Ibidem*.
[451] JUNQUEIRA. *Op. cit.*, p. 129.
[452] CARMONA. *Op. cit.*, 2016, p. 20-21.

que envolvam entidade pública (até mesmo por total falta de capacidade material de lidar com o afluxo consistente de público.

Por outro lado, para Carmen Tibúrcio e Thiago Magalhães Pires, fazendo um paralelo com a publicidade do Poder Judiciário, "as audiências da arbitragem também são atos processuais, elas também devem ser abertas ao público, observados, por natural, a lotação adequada da sala e as regras de urbanidade e respeito em relação ao bom desenvolvimento dos trabalhos".[453]

Segundo Diogo Calado e Manuel da Silva Gomes, "as audiências de julgamento de arbitragens de direito público, por regra, devam estar sujeitas ao princípio do *open court* típico dos tribunais arbitrais estaduais (judiciais e administrativos)".[454] Para Gustavo Justino de Oliveira, de acordo com o interesse social relativo à causa, a publicidade dos procedimentos arbitrais pode se dar por meio de audiências disponibilizadas na internet, via *streaming*, a exemplo do que já ocorre em arbitragens de investimento do *ICSID*.[455]

Não se está a defender a prevalência da publicidade sem restrições das audiências. O grau de transparência do ato processual deve ser avaliado caso a caso, podendo haver limitações de participantes de forma que não prejudique o andamento dos trabalhos. Assim, alguns critérios podem ser utilizados para examinar a restrição ou não da publicidade da audiência.

Nesse sentido, Diogo Calado e Manuel da Silva Gomes estipulam duas condições para abertura das audiências: (i) que as partes acordem que a audiência de julgamento deverá ser pública, em homenagem ao princípio da voluntariedade da arbitragem da (*tendencial*) livre escolha das regras do processo arbitral; e (ii) que o tribunal a isso não se oponha. No caso de oposição, os julgadores devem reconhecer que a publicidade será prejudicial para salvaguarda da dignidade das pessoas e da moral pública ou para garantir o seu normal funcionamento.

---

[453] TIBURCIO; PIRES. *Op. cit.*
[454] CALADO, Diogo; GOMES, Manuel da Silva. Publicidade das decisões arbitrais administrativas: novo ponto de situação e algumas interrogações conexas. *In*: ALMEIDA, Mário Aroso. *A arbitragem administrativa em debate*: problemas gerais e arbitragem no âmbito do Código dos Contratos Públicos. 2. ed. Lisboa: AAFDL, 2023. p. 219.
[455] OLIVEIRA; SCHWARTSMANN. *Op. cit.*

Ademais, veja-se que, mesmo que se entenda pela privacidade das audiências, os interessados poderão ter acesso às notas estenográficas do ato processual, *a posteriori*. Logo após a realização das audiências, é disponibilizada às partes e aos árbitros, pela Câmara que administra o processo, a transcrição do ocorrido naquela oportunidade. Trata-se de prática muito comum em processos arbitrais. Assim, não haveria qualquer mitigação do princípio da publicidade, uma vez que o acesso à informação será assegurado por meio do registro escrito de tudo que foi dito durante uma audiência, incluindo depoimentos de testemunhas, argumentos das partes envolvidas e decisões dos árbitros. Trata-se de documento oficial que pode ser sempre consultado, garantindo-se que todas as informações relevantes sejam preservadas e disponíveis.

Assim, a acessibilidade do interessado ao conteúdo das audiências deve ser dar de forma diferida, por meio de requerimento do interessado ao responsável pela divulgação, o que não prejudica o amplo conhecimento do funcionamento do processo arbitral, incluindo a maneira pela qual os árbitros conduzem o processo e como são prestados os serviços pela instituição arbitral. Entende-se, portanto, que a disponibilização das notas estenográficas das audiências cumpre os objetivos do princípio da publicidade.

No entanto, em futuro próximo, o caráter reservado adotado por grande parte dos regulamentos dos entes públicos[456] e das instituições arbitrais pode dar lugar à transmissão de audiências, por meios digitais (via *streaming*, por exemplo),[457] sem que os terceiros participantes prejudiquem o andamento do ato processual.

---

[456] Citam-se os regulamentos infralegais: Decreto nº 46.245/2018, do estado do Rio de Janeiro; Decreto nº 64.356/2019, do estado de São Paulo; Decreto nº 59.963/2020, do município de São Paulo; Decreto nº 9.929/2021, do estado de Goiás; Decreto nº 10.086/2022, do estado do Paraná; e Decreto nº 2.241/2022, do estado de Santa Catarina.

[457] Nesse sentido: HADDAD. *Op. cit.*, p. 277. Destaca-se, ainda, as Regras da UNCITRAL sobre Transparência nas Arbitragens Estado-Investidor baseadas em Tratado, que preveem em seu art. 6º, item 3: "O tribunal arbitral adota os procedimentos logísticos para facilitar o acesso público às audiências (incluindo, se for o caso disso, através de *links* de vídeo ou outros meios que considere apropriados). No entanto, o tribunal arbitral pode, após consulta das partes em litígio, decidir realizar secretamente a totalidade ou parte das audiências por razões logísticas, nomeadamente, quando as circunstâncias tornam inviável tais procedimentos". UNCITRAL. *Op. cit.*, 2020.

Como mencionado no tópico 4.3.1, as audiências já vêm sendo transmitidas ao vivo, em plataforma *online*, sem qualquer inconveniente[458] normalmente apontado por quem defende a privacidade, de forma a não perturbar o funcionamento ou a eficiência do processo arbitral. "Pelo contrário, a visualização da audiência oral por meio de transmissão online não exige grandes gastos e alcançará um maior número de telespectadores."[459]

Essa tendência é verificada na experiência internacional, na medida em que o UNCITRAL Transparency Rules[460] prevê, em seu art. 6º, item 1, que "as audiências para produção de provas ou sustentação oral ("audiências") serão públicas". Por sua vez, o item 2 estabelece que "[q]uando houver necessidade de proteger informações confidenciais ou a integridade do processo arbitral nos termos do artigo 7, o tribunal arbitral deverá tomar providências para manter em sigilo a parte da audiência que requer tal proteção".[461]

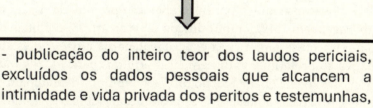

FASE DE INSTRUTÓRIA

- publicação do inteiro teor dos laudos periciais, excluídos os dados pessoais que alcancem a intimidade e vida privada dos peritos e testemunhas, nos termo das LGPD.

---

[458] Ver CARMONA. *Op. cit.*, 2016, p. 20-21; e JUNQUEIRA. *Op. cit.*, p. 129.

[459] Texto original: *"Por el contrario, visionar la audiencia oral mediante la retransmisión en línea no requiere grandes gastos y logrará un mayor número de espectadores"*. MASIÁ. *Op. cit.*, p. 115.

[460] UNCITRAL. *Op. cit.*, 2014.

[461] Texto original: *"Article 6. Hearings 1. Subject to article 6, paragraphs 2 and 3, hearings for the presentation of evidence or for oral argument ("hearings") shall be public. 2. Where there is a need to protect confidential information or the integrity of the arbitral process pursuant to article 7, the arbitral tribunal shall make arrangements to hold in private that part of the hearing requiring such protection"*. UNCITRAL. *Op. cit.*, 2014.

4.6 A fase decisória

Encerrada a fase de produção de provas, dá-se início à fase decisória, na qual será proferida a sentença arbitral, ato que põe fim ao processo arbitral, nos termos do art. 29 da Lei nº 9.307/1996.

Chega-se, finalmente, à fase do processo arbitral, que encontra mais aderência na doutrina ao princípio da publicidade processual. Aliás, se há um ponto de convergência entre os doutrinadores e os regulamentos dos entes públicos, esse ponto é a publicação das sentenças arbitrais, nos casos envolvendo a Administração Pública. Entre todas as divergências relacionadas com a aplicação do princípio da publicidade na arbitragem, é unânime que, no mínimo, as decisões proferidas durante a tramitação do processo arbitral devem ser amplamente divulgadas.

Seguindo a ordem cronológica da Lei nº 9.307/1996, na forma proposta pelo presente estudo, a fase decisória pode ser compreendida como o momento final do processo arbitral. O pronunciamento dos árbitros ou do tribunal arbitral pretendido no início da arbitragem deságua na sentença arbitral final. É o ato mais relevante do árbitro,[462] sendo o ápice do processo pelo qual se realiza a prestação jurisdicional buscada pelas partes.[463]

Observa-se que, a partir da alteração promovida na Lei de Arbitragem em 2015, foi introduzido o §1º ao art. 23, por meio do qual reforçou-se a prática já experimentada na jurisdição estatal relativa ao proferimento de sentenças arbitrais parciais. Segundo Cândido Rangel Dinamarco, no processo arbitral, "denominam-se sentenças parciais aquelas que se pronunciam sobre o *an debeatur*, remetendo sobre o *quantum debeatur* a um momento posterior do mesmo processo, quando então se proferirá a sentença final".[464]

Ao contrário do que ocorre com a sentença proferida pelo juiz estatal, o árbitro, ao sentenciar, esgota sua função jurisdicional, como anuncia o art. 29. Após a sentença, não há atividade nenhuma a ser

---

[462] CARMONA. *Op. cit.*, 2023, p. 353.
[463] CAHALI. *Op. cit.*, p. 336.
[464] DINAMARCO. *Op. cit.*, 2022, p. 200.

desenvolvida pelo árbitro, na medida em que "não há recurso da sentença arbitral, não há medida satisfativa a ser predisposta pelos árbitros, não há providências complementares de que se devam ocupar os julgadores".[465]

A única exceção é o pedido de esclarecimentos previsto no art. 30 da Lei nº 9.307/1996. O instituto, pelas suas semelhanças com os embargos de declaração dispostos no art. 1.022 do CPC, é apelidado pela doutrina de "embargos arbitrais", sendo assim cabível para combater determinados defeitos da sentença, que reduzem sua capacidade de resolver o litígio. Segundo Luis Guilherme Bondioli, a solicitação consiste em instrumento de otimização e aperfeiçoamento da atividade jurisdicional, voltado a sanar vícios específicos de uma decisão perante seu próprio prolator, com o objetivo de garantir sua clareza, inteligibilidade, coerência, completeza e qualidade.[466]

Contudo, as decisões proferidas pelos árbitros não se limitam apenas às sentenças arbitrais. No desenrolar da arbitragem, como forma de impulsionar o processo, resolvendo questões processuais, os julgadores proferem igualmente decisões intermediárias, as quais não julgam o mérito nem põem fim ao processo, podendo ser classificadas como meros despachos ou decisões com conteúdo decisório.[467] São as chamadas "ordens processuais".

Estabelecidas as formas de pronunciamento dos árbitros nos processos arbitrais, vale retomar a questão fundamental deste tópico: analisar a relevância da publicação das ordens processuais e das sentenças exaradas ao longo da tramitação da arbitragem envolvendo a Administração Pública. Como se verá adiante, a divulgação, de forma ativa, da sentença arbitral e de certas ordens processuais é essencial para o cumprimento do princípio da publicidade processual, inscrito no §3º do art. 2º da Lei de Arbitragem.

---

[465] CARMONA, Carlos Alberto. Ensaio sobre a sentença arbitral parcial. *Revista de Processo*, [s. l.], v. 165, p. 9-23, nov. 2008.
[466] BONDIOLI, Luis Guilherme Aidar. Embargos de Declaração e Arbitragem. *Revista de Arbitragem e Mediação*, [s. l.], v. 34, p. 183, 2012.
[467] APRIGLIANO. *Op. cit.*, p. 74.

4.6.1 A publicação das ordens processuais

Como mencionado, de modo geral, os árbitros, ao decidir as pretensões apresentadas pelas partes, se valem não só da sentença arbitral. Em diversos momentos da tramitação do processo, os julgadores, no trato de questões incidentais, podem proferir decisões intermediárias.

O que no processo estatal é chamado de decisão interlocutória, no processo arbitral, em regra, será considerado ordem processual. A distinção entre ordem processual e sentença arbitral é relevante; no entanto, o fundamento da diferenciação não se dá a partir da Lei nº 9.307/1996.[468] A ordem processual não será sujeita a recurso, nem mesmo à ação anulatória, enquanto a sentença arbitral, presentes as hipóteses elencadas no art. 32 da Lei de Arbitragem, poderá ser impugnada, por vícios formais, no Poder Judiciário.

As ordens processuais são muito comuns nos processos arbitrais. Exarada logo após a celebração do *term of reference*, a Ordem Processual nº 1 prevê os principais aspectos processuais da arbitragem. Na oportunidade, são expedidas as regras aplicáveis ao procedimento, sistematizado o cronograma e estabelecida a forma de comunicação das partes e os aspectos relativos à produção de prova. Como exemplo, citam-se as Ordens Processuais nº 1, proferidas no Processo Arbitral CCI nº 26470[469] e no Processo Arbitral CCI nº 26467.[470] Dada a relevância de seu conteúdo, entende-se que essas decisões arbitrais devem ser levadas a conhecimento público.

Por outro lado, há ordens processuais de pouca expressão decisória, como aquelas que apreciam pedido de prorrogação de prazo ou de parcelamento de honorários arbitrais, bem como resposta a pedido de esclarecimentos quanto à condução de audiência. Em casos como esses, não parece ser relevante a divulgação do ato e de seu conteúdo.

---

[468] *Ibidem*, p. 80.
[469] CÂMARA DE COMÉRCIO INTERNACIONAL (CCI). *Processo Arbitral CCI nº 26470, partes OI S.A. e Agência Nacional de Telecomunicações – ANATEL*. Disponível em: https://www.gov.br/agu/pt-br/composicao/cgu/cgu/neadir/casos-de-arbitragem-2/caso-oi. Acesso em: 9 maio 2025.
[470] *Idem. Processo Arbitral CCI nº 26467, partes Claro S.A. e Agência Nacional de Telecomunicações – ANATEL*. Disponível em: https://www.gov.br/agu/pt-br/composicao/cgu/cgu/neadir/casos-de-arbitragem-2/caso-claro. Acesso em: 9 maio 2025.

Por fim, destaca-se que mesmo as ordens processuais de menor densidade decisória serão, conforme anuncia Diogo Calado e Manuel da Silva Gomes, alvo de publicização, pois integram o conteúdo da sentença arbitral, ainda que de forma indireta.[471] Isso porque a sentença deve fazer referência às decisões interlocutórias na parte do Relatório. As questões processuais preliminarmente decididas e que relatem o estado do processo são igualmente publicadas, ainda que de forma não autônoma ou individualizada.[472] Cumprido estará o princípio da publicidade processual arbitral.

4.6.2 A publicação da sentença arbitral

Deve-se entender, como faz grande parte da doutrina nacional e internacional, que as sentenças arbitrais devem ser o destaque na publicidade processual em arbitragens envolvendo os entes públicos. O conhecimento público das decisões tomadas pelos árbitros, além de facilitar o acesso à justiça, na medida em que abre aos interessados um "novo mundo" para se obter uma decisão justa e equânime na resolução de disputas,[473] se caracteriza como importante instrumento de avaliação e controle da conduta dos árbitros, das partes em litígio e das instituições arbitrais.

Dentro da ideia de que a arbitragem público-privada envolve grande potencial de responsabilidade financeira para os cofres públicos, não há dúvidas de que os cidadãos têm o direito de ver seus impostos em ação e de saber sobre as decisões que impactam em suas finanças. Ainda que se discuta quais atos processuais devem ser públicos, não há dúvida de que a sentença arbitral deve ser amplamente divulgada.[474] Indo um pouco além, Clóvis Reimão alerta que a publicidade das decisões arbitrais deve ser integral. Para o autor, "[a] sentença deve ser publicada na sua íntegra, incluindo

---

[471] CALADO, Diogo; GOMES, Manuel da Silva. Publicidade das decisões arbitrais administrativas: novo ponto de situação e algumas interrogações conexas. *In*: ALMEIDA. *Op. cit.*, p. 213.
[472] *Ibidem*.
[473] UDOH. *Op. cit.*
[474] OLIVEIRA, Gustavo Justino de. Arbitragem com contratos exigirá publicidade e análise de impacto. *ConJur*, 30 jul. 2018. Disponível em: https://blogdojustino.com.br/arbitragem-com-contratos-publicos-exigira-publicidade-e-analise-de-impacto. Acesso em: 9 maio 2025.

o voto dos árbitros vencidos (para demonstrar o entendimento de todo o tribunal arbitral) e sem essa equivocada presunção absoluta de sigilo com relação ao nome das partes".[475]

Servindo como holofote, a publicidade permite um amplo espectro de vigilância sobre a atuação dos advogados públicos que atuam no processo, das instituições arbitrais que prestam serviço de gestão e, sobretudo, dos árbitros que julgam a demanda. Aliás, como não poderia deixar de ser, ao fim e ao cabo, serão os julgadores privados que decidirão sobre a alocação de recursos públicos.

Assim, a divulgação do conteúdo jurisdicional é essencial para o atendimento ao interesse social.[476] O conteúdo da sentença abrange informações relevantes para o conhecimento do público. O relatório é o introito da sentença no qual se faz o histórico de toda relação processual, no qual devem constar "os nomes das partes e um resumo do litígio", nos termos do inciso I do art. 26 da Lei nº 9.307/1996. No fundamento da decisão devem constar, detalhadamente, as questões de fato e de direito analisadas pelos árbitros, momento no qual serão apresentadas as razões de direito que justificam a decisão exarada. Por fim, será no dispositivo "que os árbitros resolverão as questões que lhes forem submetidas e estabelecerão o prazo para o cumprimento da decisão, se for o caso" (inciso III do art. 26 da Lei de Arbitragem).

Deve ficar claro que uma sentença arbitral não é apenas o produto final da arbitragem nem é simplesmente um documento privado; ela é, sim, uma decisão jurisdicional que pode afetar terceiros e impactar interesses da comunidade em geral.[477] A publicação das decisões arbitrais objetiva, assim, garantir a transparência como corolário da ideia de justiça e de resolução jurisdicional de litígios nos tribunais arbitrais, já que as decisões passam a ser expostas ao escrutínio e ao crivo crítico da comunidade jurídica e do público em geral. Por isso, a regra é da publicidade plena e geral das decisões arbitrais envolvendo a Administração Pública, e não nos parece possível entender de outra forma.

---

[475] REIMÃO. *Op. cit.*
[476] SILVA. *Op. cit.*, 2021, p. 5.
[477] KUYVEN, Fernando. O necessário precedente arbitral. *Revista de Arbitragem e Mediação*, v. 36, ano 10, p. 295-315, mar. 2013.

Atentos a esse entendimento, diversos são os regulamentos públicos que preveem a publicação das decisões arbitrais, sendo eles o Decreto nº 46.245/2018, do estado de Rio de Janeiro; o Decreto nº 64.356/2019, do estado de São Paulo; o Decreto nº 9.929/2021, do estado de Goiás; o Decreto nº 2.241/2022, do estado de Santa Catarina; e o Decreto nº 10.086/2022, do estado do Paraná.

Idêntica posição foi defendida pelo Tribunal de Contas da União, no Acórdão nº 3160/2020-Plenário.[478] Para a Corte de Contas, o cumprimento do princípio da publicidade deve ser atendido na medida em que sejam:

> divulgadas a existência de arbitragem com a Administração Pública, identificando-se as partes e o objeto, bem como os principais atos da arbitragem, notadamente a convenção arbitral, o termo arbitral e a íntegra da sentença arbitral, em que já constará o relatório do desenrolar da arbitragem (art. 26, inciso I, da Lei 9.307/1996). Adicione-se, ainda, a divulgação das despesas que o erário teve com a arbitragem – aí incluídos honorários de árbitros, verbas de sucumbência, custas da câmara arbitral e despesas periciais.

Sob outro enfoque, a divulgação do conteúdo das sentenças arbitrais exerce, ainda, papel fundamental no incentivo à atuação mais cuidadosa do árbitro. Parece ser evidente que o conhecimento público da forma com determinada demanda foi conduzida e decidida gera impactos diretos e relevantes na *performance* do árbitro. O escrutínio público "pode mudar a forma pela qual os árbitros se comportam, incluindo a forma como redigem suas decisões".[479]

A arbitragem é um mercado privado e competitivo, e, por consequência, a reputação dos árbitros é elemento de significativa importância. Isso porque o árbitro necessita de credibilidade para continuar sendo escolhido e nomeado para futuras arbitragens. Diante disso, a frequência da nomeação e até o valor da remuneração

---

[478] BRASIL. Tribunal de Contas da União (1. Câmara). *Acórdão nº 3160/2020*. Tomada de contas especial instaurada em face de irregularidades relativas a contrato de repasse firmado com o fim de desenvolver a região de Cantuquiriguaçu/PR. Recorrente: Associação da Casa Familiar Rural de Nova Laranjeiras. Recorrido: Município de Nova Laranjeiras/PR. Relator: Vital do Rêgo, 17 de março de 2020. Disponível em: https://pesquisa.apps.tcu.gov.br/documento/acordao-completo/3160%252F2020/%2520%2520/DTRELEVANCIA%2520desc%252C%2520NUMACORDAOINT%2520desc/1. Acesso em: 9 maio 2025.

[479] HADDAD. *Op. cit.*, p. 144.

a ele paga será maior quanto melhor for sua reputação.[480] O mesmo não ocorre com o juiz togado. Sua atuação, pelo contrário – por não ser fruto da escolha das partes –, se dá por meio da distribuição forense. "Ao revelar ao público um tipo de comportamento inadequado, [publicidade] permite que o próprio mercado o corrija (não indicando mais aquele árbitro)."[481]

Segundo Sherlin Tung e Brian Lin,[482] a publicação de sentenças arbitrais aumenta a qualidade das sentenças arbitrais, pois os árbitros se sentem pressionados a aplicar a lei corretamente, dado que sua decisão estaria sujeita ao escrutínio público, assim como as sentenças judiciais. O acesso aos julgados arbitrais fornece igualmente às partes, às instituições arbitrais e à comunidade jurídica maior percepção e conhecimento dos indivíduos a quem confiam a resolução de suas disputas.

Os árbitros, por exercerem jurisdição, assim com os juízes estatais, também precisam prestar contas à sociedade. A publicização das decisões permite que as partes possam mapear a postura do árbitro com relação a casos concretos, o que pode ser um fator positivo, por permitir uma avaliação ao perfil do julgador para determinada disputa. A qualidade da atuação do julgador pode ser avaliada por meio de informações curriculares; no entanto, o acesso a seus julgados configura-se uma fonte de dados objetivos extremamente útil e confiável para averiguar a atuação e a experiência dos profissionais disponíveis no mercado.[483]

Por outro lado, é lamentável que não se compreenda a importância da publicidade dos processos arbitrais como mais um mecanismo de obtenção de dados e informações sobre o papel desenvolvido pelas instituições arbitrais.

O acesso a documentos do processo, sobretudo da sentença arbitral, na qual consta o relatório de toda a tramitação da arbitragem, permite que terceiros avaliem (i) a forma pela qual

---

[480] TIMM, Luciano Benetti; GUANDALINI, Bruno; RICHTER, Marcelo de Souza. Reflexões sobre uma análise econômica da ideia de arbitragem no Brasil. *In*: CARMONA; LEMES; MARTINS (org.). *Op. cit.*, p. 13-15.
[481] HADDAD. *Op. cit.*, p. 145.
[482] TUNG; LIN. *Op. cit.*
[483] HADDAD. *Op. cit.*, p. 79.

foram aplicadas as regras procedimentais previamente estabelecidas pela câmara arbitral e (ii) como se dá o apoio administrativo oferecido pela instituição arbitral, seja na produção de documentos administrativos, no serviço de protocolo de manifestações ou mesmo na disponibilização de estrutura adequada para a realização de audiência, entre outros.

A maior transparência da atuação das câmaras arbitrais, por meio da divulgação das decisões por elas proferidas e das sentenças arbitrais, é medida fundamental para fiscalização dos recursos públicos empregados nesse mecanismo privado de solução de litígios. A depender do regulamento, as instituições arbitrais, como já abordado, exercem, ainda, importante papel na fixação dos custos da arbitragem; no procedimento de constituição do tribunal arbitral, proferindo decisões a respeito de impugnações apresentadas pelas partes aos árbitros indicados; e na tomada de decisões preliminares a respeito da conexão ou não de processos arbitrais.[484]

Outra questão ao redor da publicidade das sentenças arbitrais diz respeito à formação de uma jurisprudência arbitral. Quando se pensa em acesso à justiça como forma de pacificação social,[485] logo se tem em mira o conhecimento das decisões proferidas. Enquanto a jurisdição, na maior parte das vezes, tem efeitos intrínsecos a determinado processo, solucionando uma lide específica, a jurisprudência tem repercussão muito maior, extrínseca ao processo particular e com capacidade de influenciar a própria noção de Direito.[486]

Esse tema vem avançando não apenas nas arbitragens público-privadas, mas igualmente nas arbitragens em geral. A ampliação do espectro de abrangência da publicidade no juízo arbitral como regra geral aplicável a todas as contendas é a proposta revelada no Projeto de Lei nº 3.293/2021, cujo escopo consiste em estabelecer a

---

[484] *Ibidem*, p. 70.
[485] Quanto a esse aspecto, Suzana Cremasco esclarece que "a arbitragem – seja no que toca ao seu procedimento, seja no que se refere à sentença – tem em si uma função de harmonização e de apaziguamento bastante semelhante àquela do processo judicial estatal". CREMASCO, Suzana Santi. *Arbitragem e precedentes*: uma proposta de sistematização. 2023. Tese (Doutorado) – Faculdade de Direito, Universidade Federal de Minas Gerais, Belo Horizonte, 2023. p. 40.
[486] SILVA. *Op. cit.*, 2021, p. 57.

divulgação das informações após o encerramento do procedimento arbitral e a publicidade das ações anulatórias de sentença arbitral.

Na exposição de motivos, identifica-se a intenção de, a partir da experiência das arbitragens envolvendo a Administração Pública, transpor o princípio da publicidade a todos os processos arbitrais, de forma a proporcionar a criação de jurisprudência também na seara arbitral, em prestígio à segurança jurídica e coesão das decisões. "Entre todos os efeitos da publicidade da jurisdição, a formação da jurisprudência é talvez o fenômeno mais importante para a compreensão do Direito e a promoção de segurança jurídica."[487]

Os árbitros, no exercício de sua função, exercem importante papel interpretativo, deduzindo a regra jurídica aplicável diante da realidade dos fatos. Para além de inspirar novas decisões, o acesso à jurisprudência sobre determinado tema pode "complementar, temperar, modernizar e aperfeiçoar a norma jurídica"[488] aplicável. Como apresentado na exposição de motivos do mencionado Projeto de Lei:[489]

> a publicidade das decisões arbitrais e das anulatórias ajudará a criar uma verdadeira jurisprudência, tão cara ao sistema jurídico, mas inexistente na arbitragem. A ideia, nesse sentido, é aumentar a segurança jurídica e coesão das decisões, diminuindo-se o risco de tribunais distintos decidirem demandas idênticas em sentidos diametralmente opostos.

Nessa senda, o Projeto de Lei propõe a inclusão do art. 5º-A e 5º-B na Lei nº 9.307/1996. O art. 5º-A introduz a obrigação da instituição arbitral de publicar, em sua página eletrônica, a composição do tribunal e o valor envolvido na controvérsia, bem como a publicação da íntegra da sentença arbitral após findo o processo, ressalvado se houver requerimento das partes de manter confidenciais eventuais excertos ou informações que nela constem (art. 5º-B).

---

[487] *Ibidem*, p. 55.
[488] *Ibidem*, p. 60.
[489] COELHO, Margarete. *Exposição de motivos do Projeto de Lei nº 3.293/ 2021*. Altera a Lei nº 9.307, de 23 de setembro de 1996, para disciplinar a atuação do árbitro, aprimorar o dever de revelação, estabelecer a divulgação das informações após o encerramento do procedimento arbitral e a publicidade das ações anulatórias, além de dar outras providências. Brasília: Congresso Nacional, 2021. Disponível em: https://www.camara.leg.br/proposicoesWeb/prop_mostrarintegra?codteor=2078847&filename=PL%203293/2021. Acesso em: 9 maio 2025.

A formação de uma jurisprudência arbitral é tema especialmente caro à Administração Pública, na medida em que a publicidade não se traduz, unicamente, em uma forma de controle da atuação das partes litigantes, dos árbitros e das instituições arbitrais. Repisando o que foi comentado no tópico relativo à publicação do laudo pericial, da mesma forma que ocorre na jurisdição estatal, o acesso às sentenças proferidas em outras arbitragens pode contribuir para a aplicação do direito de forma mais uniforme e homogênea. Isso porque numerosas discussões travadas em arbitragens público-privadas remetem à aplicação de dispositivos legais comuns a diversos contratos. Assim, a publicação de decisões arbitrais pode ser considerada condição prévia para a existência e a evolução de uma jurisprudência consistente.[490]

Segundo Nayiber Febles Pozo, a publicidade das sentenças "pode-se alcançar maior consistência e melhor previsibilidade da jurisprudência arbitral", na medida em que "permite que as partes antecipem suas chances de sucesso, e até mesmo tenham mais condições de avaliar a imparcialidade do árbitro ao examinarem decisões anteriores em casos semelhantes".[491] Em litígios nos quais haja certa similaridade, o conhecimento das decisões pode garantir maior segurança jurídica e contribuir para uma unificação de critérios no julgamento dos futuros casos.

Ainda como um dos elementos para o desenvolvimento do direito, a partir da publicação de sentenças arbitrais, o ente público torna-se capaz de compreender melhor como os contratos e a regulação setorial são interpretados e aplicados em outros tribunais. Assim, os documentos disponíveis no domínio público podem ajudar os redatores de contratos a adaptar seus modelos para enfrentar novos desafios.[492]

---

[490] FELDMAN, Mark. International Arbitration and Transparency. *In*: KRÖLL S.; BJORKLUND A. K.; FERRARI F. *Cambridge Compendium of International Commercial and Investment Arbitration*. Cambridge: Cambridge University Press, 2023. Disponível em: https://papers.ssrn.com/sol3/papers.cfm?abstract_id=2843140. Acesso em: 9 maio 2025.

[491] POZO. *Op. cit.*, p. 165.

[492] Nesse sentido, Enrique Fernández Masiá, ao comentar acerca das arbitragens de investimento, defende que a publicidade do processo arbitral *"permite ayudar a los propios usuários del sistema arbitral en la ordenación de sus conductas futuras en relación con las operaciones de inversión que se vayan a desarrollar e igualmente también les sirve para poder obtener una guía desde la perspectiva de sus posibles futuras controversias y la manera de enforcarlas desde el mismo*

Ademais, como destaca Mark Feldman, a publicação de sentenças também fomenta o debate acadêmico, que, quando invocado pelos tribunais arbitrais, pode, em última análise, contribuir para o desenvolvimento de normas substantivas de direito através da prática arbitral.[493]

Por fim, o conhecimento de julgados anteriores pode ser um recurso importante para a diminuição da assimetria informacional entre os atores do sistema arbitral. Em um ambiente confidencial, a troca de experiências e decisões no âmbito da arbitragem é conhecida e utilizada por grandes escritórios de advocacia que podem reunir uma "biblioteca" privada, na qual se acumulam dados e informações acerca de processos arbitrais pretéritos. Poucos são os membros desse clube exclusivo.

Essa falta de divulgação (e de sua uniformidade) aumenta os custos de busca por informações no mercado, servindo como desincentivo à investigação da atuação da Administração Pública, da parte privada, dos árbitros e das instituições. Inclusive, o custo elevado de busca por informações também faz elevar assimetria informacional. "A existência de decisões anteriores que possam servir de referencial tanto dos árbitros como das partes proporciona uma importante homogeneização estrutural de um sistema."[494] Nunca é demais lembrar que a publicidade tem por objetivo tutelar o interesse geral, não somente daqueles diretamente envolvidos na relação jurídica debatida em arbitragem.

Como anunciam Marcelo Féres e Julia Sacramento, a inexistência de entidade ou órgão de revisão das sentenças arbitrais, "em certa medida, pode trazer insegurança e incertezas para os jurisdicionados".[495] "Isso gera os questionamentos acerca da falta de

---

momento en que se pueda iniciar un procedimiento arbitral. En efecto, se podrá conocer cómo se resuelven las distintas cuestiones problemáticas referidas tanto al proceso como al fondo del asunto, el cumplimiento de las funciones y la misión de los árbitros, las posibilidades o no de éxito de las recusaciones propuestas y de manera general, los argumentos utilizados por las partes para hacer valer sus pretensiones y el éxito o fracaso de los mismos". MASIÁ. *Op. cit.*, p. 37.

[493] FELDMAN, Mark. International Arbitration and Transparency. *In*: KRÖLL; BJORKLUND; FERRARI. *Op. cit.*

[494] SILVA. *Op. cit.*, 2021, p. 78.

[495] SACRAMENTO, Julia Thiebaut; FÉRES, Marcelo Andrade. A Administração Pública em território arbitral: pela observância dos precedentes judiciais vinculantes. *Publicações da Escola da AGU. Elas Escrevem sobre Arbitragem*, Brasília, v. 16, n. 1, p. 37-57, mar. 2024.

coerência ou previsibilidade do território arbitral, o que tem preocupado toda a comunidade internacional, em matéria de arbitragens envolvendo o Estado."[496]

Portanto, é inegável a importância de serem levadas a público as sentenças arbitrais proferidas em arbitragens envolvendo a Administração Pública. Por todas as razões anteriormente expostas, entende-se que a divulgação desses atos processuais deve ser realizada de forma ativa, na página da internet da instituição arbitral.

```
┌─────────────────────────────┐
│      FASE DECISÓRIA         │
└─────────────┬───────────────┘
              ▼
┌─────────────────────────────────────────┐
│ - publicação do inteiro teor das ordens │
│   processuais com conteúdo decisório; e │
│ - publicação do inteiro teor das        │
│   sentenças arbitrais parciais e finais.│
└─────────────────────────────────────────┘
```

---

[496] *Ibidem.*

CONCLUSÃO

A chegada da Administração Pública no território arbitral como meio de solução de controvérsias não apenas aceitável, mas desejável em muitos dos contratos envolvendo entes públicos exigiu um rearranjo por parte dos gestores públicos, bem como por parte do próprio instituto.

A imperatividade, inerente à forma de atuação do Poder Público, passa a ser substituída pela participação e pela consensualidade, objetivando aprimorar a governabilidade e gerar mais eficiência, legitimidade e responsabilidade para a Administração Pública, abrindo espaço para o uso da arbitragem como meio adequado de solução de determinados litígios.

Por outro lado, a presença da Administração Pública como *player* no processo arbitral demanda a adequação do instituto de direito privado às regras e aos princípios inerentes aos entes públicos. Regida por normas de direito privado, a arbitragem possibilita às partes uma ampla liberdade, não só quanto àqueles que julgaram sua demanda, mas igualmente quanto às regras processuais, às normas de direito material e à possibilidade de reserva das informações processuais em relação a terceiros.

No entanto, sendo uma das partes o Poder Público, a própria Lei nº 9.307/1996 afasta a liberdade das partes de convencionar a confidencialidade do processo arbitral. Nos termos do §3º do art. 2º da Lei de Arbitragem, a liberdade de negociar a reserva de informações processuais não é dada à Administração Pública. Ao contrário, a partir de diversos mecanismos de controle aos quais o Estado está sujeito para garantir o interesse público, não se pode admitir a confidencialidade na arbitragem de que ele participe.

Isso porque a publicidade processual nas arbitragens público-privadas tem por objetivo a proteção dos interesses públicos. A divulgação das informações processuais é baseada na noção de que o público em geral é parte significativamente interessada na discussão travada na jurisdição privada, na medida em que os interesses concebivelmente em jogo tratam, normalmente, de preocupações com a alocação de recursos públicos.

Ao longo deste estudo, foi possível verificar que, diante da imprecisão da regra do §3º do art. 2º da Lei de Arbitragem, a concretização do princípio da publicidade nas arbitragens público-privadas tem se dado de forma difusa e limitada. É inadequada, posto que incompleta, a tendência existente de limitar a sua publicização a determinados atos processuais e em determinada fase do processo arbitral. Do exame dos regulamentos dos entes públicos e dos regulamentos das instituições arbitrais, foram apuradas a falta de uniformidade no modelo de divulgação das informações processuais e a opção pela publicação diferida para momento posterior à conclusão da arbitragem.

A apreciação do fundamento da publicidade previsto na Lei nº 9.307/1996 demonstrou que é equivocado o entendimento de que cabe à Administração Pública divulgar as informações consideradas públicas, estando os demais participantes da arbitragem isentos de qualquer dever nesse sentido. O caráter público da arbitragem não encontra fundamento na publicidade administrativa, prevista no art. 37, *caput*, da Constituição da República.

Por meio da análise da arbitragem enquanto modalidade de atividade jurisdicional, inserida no sistema constitucional processual, verificou-se que o fundamento do §3º do art. 2º encontra assento no art. 5º, LX, da CR/1988, sendo a arbitragem pública todas as vezes em que as partes não acordem sua reserva por meio da confidencialidade.

Nessa perspectiva, concluiu-se que a divulgação das informações e dos atos processuais não cabe aos entes públicos exclusivamente. Ao contrário, a parte pública e a parte privada desse método privado de solução de litígios devem estabelecer um desenho processual mínimo acerca da publicidade, o qual deverá fixar aquele responsável pela divulgação do processo.

Constatou-se, ainda, que as câmaras arbitrais reúnem características adequadas para a efetiva publicização processual arbitral, na medida em que é o único ator simultaneamente imparcial e institucional na arbitragem, o qual concentra todo o fluxo de documentos relacionados à arbitragem. Muitas, inclusive, já prestam esse serviço, demonstrando perfeita capacidade de assunção deste dever.

Quanto ao escopo, demonstrou-se que a publicidade processual deve envolver todas as fases do processo, desde a apresentação do seu pedido de instauração até a manifestação final dos árbitros (sentença arbitral final ou decisão sobre pedido de esclarecimentos de sentença arbitral final). As informações relevantes devem ser levadas ao conhecido público, de forma ativa e em tempo real, visando ao exercício do controle da atuação estatal no processo arbitral, bem como da conduta dos julgadores e das instituições prestadoras dos serviços de administração do processo, desde o início da preparação da jurisdição arbitral.

Com efeito, o regramento da publicidade processual deve ter lugar no conteúdo da convenção de arbitragem. A cláusula ou o compromisso arbitral, como um negócio jurídico celebrado entre as partes que visam afastar a jurisdição estatal, devem se ocupar de fixar os parâmetros de publicização de informações e atos processuais, incluindo: (i) a lista de informações e atos processuais a serem publicados na rede mundial de computadores, de forma ativa; (ii) a disponibilização das audiências para acompanhamento ao vivo, por meio de transmissão *online*; (iii) o prazo para a referida divulgação, contado da juntada do documento ao processo arbitral; (iv) a definição da câmara arbitral como responsável pela publicização; e (v) a indicação quanto à possibilidade de obtenção dos demais atos e documentos de forma passiva, por meio de requerimento a ser dirigido à instituição arbitral, especificamente ao responsável pela administração do processo arbitral.

O termo de arbitragem, na medida em que condensa informações relevantes da demanda e organiza as regras eleitas pelas partes para o desenvolvimento do processo, deve necessariamente ser levado a público. Adicionalmente, assim como ocorre na convenção arbitral, o *term of reference* exerce também função relevante na concretude do disposto no §3º do art. 2º da Lei de Arbitragem, devendo prever, minimamente, quais atos e documentos deverão ser públicos e a quem cabe a responsabilidade por disponibilizar o acesso aos atos documentados no processo, quando requeridos; publicar, em seu endereço eletrônico, as informações e os atos processuais; e informar de que modo será realizado o acesso às audiências arbitrais.

É oportuno ressaltar que o modelo proposto por este trabalho buscou examinar concretamente cada uma das fases do processo arbitral e a importância da divulgação de determinados atos processuais nelas produzidos. Na fase postulatória, demonstrou-se a imprescindibilidade da disponibilização das principais manifestações das partes no processo; na fase instrutória, confirmou-se a importância da divulgação da prova técnica e das notas estenográficas das audiências arbitrais diante dos princípios da isonomia, impessoalidade, segurança jurídica, economicidade e eficiência; e, na fase decisória, a divulgação do conteúdo jurisdicional torna-se essencial para o atendimento do interesse social.

Diante de tudo, percebe-se a relevância e o impacto da publicidade nas arbitragens envolvendo a Administração Pública. Nesse ponto, pode-se acreditar que a arbitragem público-privada é quase totalmente distinta da arbitragem estritamente privada, e o marco distintivo é o dever imposto àqueles que dela participam de divulgação das informações processuais.

O escrutínio público sobre o processo arbitral com a Administração Pública e, em especial, sobre as decisões dos árbitros tende a imprimir maior *accountability* do uso da arbitragem, na medida em que permite um amplo espectro de vigilância sobre a atuação dos advogados públicos que atuam no processo, das instituições arbitrais que prestam serviço de gestão e, sobretudo, dos árbitros que julgam questões relacionadas à alocação de recursos públicos, a alegações de má conduta governamental e a questões de política pública relevante, como proteção ambiental, infraestrutura, segurança e saúde pública, entre outros.

Essa mesma exposição recai sobre os árbitros e sobre o processo de respectiva escolha, gerando um mais forte dever de *disclosure*, o que permite melhor avaliar eventuais conflitos de interesse, estabelecer *standards* de independência e imparcialidade ao sistema arbitral brasileiro e elevar o grau de legitimidade do processo arbitral.

Por fim, a publicidade assegura a formação da jurisprudência administrativa no âmbito das arbitragens, aumentando a segurança jurídica e a coesão das decisões, diminuindo o risco de tribunais distintos decidirem demandas idênticas em sentidos diametralmente opostos e permitindo diálogo, inclusive, com a jurisprudência tradicional do Poder Judiciário.

REFERÊNCIAS

ABBOUD, Georges; VAUGHN, Gustavo Favero. Princípios constitucionais do processo arbitral. *Revista de Processo*, [s. l.], v. 327, p. 453-490, maio 2022.

ABBUD, André de Albuquerque Cavalcanti. Confidencialidade *vs.* publicação de sentenças pelas câmaras arbitrais: das regras às condutas. *In*: VASCONCELOS, Ronaldo; MALUF, Fernando; SANTOS, Giovani Ravagnani; LUÍS, Daniel Tavela (org.). Análise prática das câmaras arbitrais e da arbitragem no Brasil. 1. ed. São Paulo: IASP, 2019. p. 361-380.

ABBUD, André de Albuquerque Cavalcanti. *Arbitragem no Brasil – Pesquisa CBAr-Ipsos*. São Paulo: CBAr-Ipsos, 2021. Disponível em: www.cbar.org.br/PDF/Pesquisa_CBAr-Ipsos-final.pdf. Acesso em: 23 abr. 2025.

ACCIOLY, João Pedro. Arbitrabilidade objetiva dos conflitos com a administração pública. *Revista Brasileira de Arbitragem*, [s. l.], v. 17, p. 7-42, 2020.

ACCIOLY, João Pedro. *Arbitragem em conflitos com a Administração Pública*. Rio de Janeiro: Lumen Juris, 2019.

ALENCAR, Aristhéa Totti Silva Castelo Branco de. Arbitragem e Administração Pública: A anatomia das cláusulas compromissórias. *Publicações da Escola Superior da AGU*, Brasília, DF, v. 16, n. 1, p. 47-67, mar. 2024.

ALENCAR, Aristhéa Totti Silva Castelo Branco de; GOMES, Cristiane Cardoso Avolio. Arbitragem e Administração Pública: formas de concretização do princípio da publicidade. *In*: BARALDI, Eliana; ABDO, Helena; MASTROBUONO, Cristina (coord.). *Resolução de disputas em infraestrutura*. 1. ed. Rio de Janeiro: Synergia, 2023.

ALENCAR, Aristhéa Totti Silva Castelo Branco de; NEGRI, Mariana Carvalho de Ávila. Arbitrabilidade subjetiva: a evolução e a consolidação da arbitragem envolvendo a Administração Pública brasileira. *Publicações da Escola da Advocacia-Geral da União*, Brasília, DF, v. 14, n. 1, p. 253-276, 2022.

ALENCAR, Aristhéa Totti Castelo Branco de; SOARES, Boni de Moraes; GOMES, Cristiane Cardoso Avolio. A responsabilidade das instituições arbitrais de dar publicidade à arbitragem público-privada. *Revista Brasileira de Alternative Dispute Resolution – RBADR*, Belo Horizonte, v. 3, n. 5, p. 33-60, 2021.

ALENCAR, Aristhéa Totti Silva Castelo Branco de; ZOCKUN, Carolina Zancaner; ZOCKUN, Maurício. A arbitragem na nova Lei de Licitações e Contratos e a contratação de bens e serviços comuns. *In*: ALVES, Felipe Dalenogare; AMORIM, Rafael de Amorim; MATOS, Marilene Carneiros (org.). *Nova Lei de Licitações e Contratos*: Lei n. 14.133/2021: debates, perspectivas e desafios. Brasília, DF: Câmara dos Deputados, 2023. p. 59-87.

ALVES, Marcus Vinicius Armani. *A Fazenda Pública na arbitragem*. 2016. Dissertação (Mestrado) – Universidade de São Paulo, São Paulo, 2016.

AMARAL, Paulo Osternack. *Arbitragem e administração pública*: aspectos processuais, medidas de urgência e instrumentos de controle. Belo Horizonte: Fórum, 2012.

AMARAL, Paulo Osternack. Vantagens, desvantagens e peculiaridades da arbitragem envolvendo o Poder Público. *In*: PEREIRA, César A. Guimarães; TALAMINI, Eduardo (org.). *Arbitragem e poder público*. São Paulo: Saraiva, 2010. p. 239-248.

ANDRADE, Erico; MAGALHÃES, Gustavo. Arbitragem e administração pública: limites e possibilidades de arbitrabilidade nos contratos de concessão (Leis 8.987/1995 e 11.079/2004). *Revista de Arbitragem e Mediação*, [s. l.], v. 65, p. 83-125, 2020.

APRIGLIANO, Ricardo de Carvalho. *Fundamentos processuais da arbitragem*. Curitiba: Direito Contemporâneo, 2023.

ARAGÃO, Alexandre Santos de. Arbitragem no Direito Administrativo. *Revista da AGU*, Brasília, DF, v. 16, n. 3, p. 19-58, jul./set. 2017.

ARGEN, Robert. Ending Blind Spot Justice: Broadening the Transparency Trend in International Arbitration. *Brooklyn Journal of International Law*, Nova York, v. 40, n. 1, 2015.

AZEVEDO NETO, João Luiz de. *A relação entre arbitragem e Poder Judiciário na definição da competência do árbitro*. 2015. Dissertação (Mestrado em Direito) – Faculdade de Direito, Universidade Federal de Pernambuco, Recife, 2015.

BAPTISTA, Luiz Olavo. Confidencialidade na arbitragem. *In*: SILVA, António Vieira da (coord.). *Congresso do Centro de Arbitragem Comercial*: intervenções. Coimbra: Almedina, 2012. p. 197-208.

BAPTISTA, Patrícia; ANTOUN, Leonardo. A publicidade nas arbitragens com a Administração Pública no Brasil: finalidades e limites. *Publicações da Escola da Advocacia-Geral da União*, Brasília, DF, v. 13, n. 2, p. 61-85, abr. 2020.

BARABINO, André. *Negócios Jurídicos na Arbitragem*. 2016. Dissertação (Mestrado em Direito) – Faculdade de Direito, Pontifícia Universidade Católica de São Paulo, São Paulo, 2016.

BARALDI, Eliana; SANTANA, Giovanna Martins de. A arbitragem e a Administração Pública: Desafios da transparência. *Publicações da Escola Superior da Advocacia-Geral da União*, Brasília, DF, v. 16, n. 1, p. 93-124, mar. 2024.

BARALDI, Eliana; VAZ, Paula Akemi Taba. Comentários ao art. 14. *In*: WEBER, Ana Carolina; LEITE, Fabiana de Cerqueira. *Lei de Arbitragem Comentada*: Lei nº 9.307/1996. São Paulo: Thompson Reuters Brasil, 2023. p. 179-192.

BARROSO, Luís Roberto. Sociedade de economia mista prestadora de serviço público: cláusula arbitral inserida em contrato administrativo sem prévia autorização legal. *Revista de Direito Bancário do Mercado de Capitais e da Arbitragem*, [s. l.], v. 6, n. 19, p. 415-439, jan./mar. 2003.

BERTAZZO, Rafael Lins. *Audiências e consultas públicas*: A democracia material na função administrativa. Belo Horizonte: Fórum, 2024.

BIANCHI, Beatriz Homem de Mello. Provas na Arbitragem e a Carta Arbitral. *Revista de Arbitragem e Mediação*, [s. l.], v. 15, n. 59, p. 213-244, out./nov. 2018.

BINENBOJM, Gustavo. As parcerias público-privadas (PPPs) e a constituição. *Revista de Direito Administrativo*, Rio de Janeiro, v. 241, p. 159-176, jul./set. 2005.

BINENBOJM, Gustavo. O princípio da publicidade administrativa e a eficácia da divulgação de atos do poder público pela internet. *Revista Eletrônica de Direito do Estado*, Salvador, n. 19, p. 1-23, jul./set. 2009. Disponível em: http://www.direitodoestado.com.br/codrevista.asp?cod=348. Acesso em: 16 set. 2024.

BLAVI, Francisco. A Case in Favour of Publicly Available Awards in International Commercial Arbitration: Transparency v. Confidentiality. *Int'l Bus. L.J.*, [s. l.], v. 1, 2016.

BOBBIO, Norberto *et al*. *Dicionário de Política*. 5. ed. Brasília: Ed. UnB, 2000.

BONDIOLI, Luis Guilherme Aidar. Embargos de Declaração e Arbitragem. *Revista de Arbitragem e Mediação*, [s. l.], v. 34, p. 181-207, 2012.

BORN, Gary. *International arbitration*: law and practice. Alphen aan den Rijn: Wolters Kluwer Law & Business, 2012.

BRANCO, Janaína Soares Noleto Castelo. *Advocacia Pública e solução consensual dos conflitos*. Salvador: Jus Podivm, 2018.

BUENO, Cassio Scarpinella. *Amicus curiae no processo civil brasileiro*: um terceiro enigmático. 2. ed. São Paulo: Saraiva, 2008.

BUENO, Cassio Scarpinella. Amicus curiae: uma homenagem a Athos Gusmão Carneiro. *In*: DIDIER Jr., Fredie; CERQUEIRA, Luís Otávio Sequeira de; CALMON FILHO, Petrônio; TEIXEIRA, Sálvio de Figueiredo; WAMBIER, Teresa Arruda Alvim (coord.). *O terceiro no processo civil brasileiro e assuntos correlatos*: estudos em homenagem ao Professor Athos Gusmão Carneiro. São Paulo: Revista dos Tribunais, 2010. p. 160-167. Disponível em: www.scarpinellabueno.com/images/textos-pdf/005.pdf. Acesso em: 23 abr. 2025.

BUYS, Cindy Galway. The tensions between confidentiality and transparecy in internacional arbitration. *The American Review of Internacional Arbitration*, [s. l.], v. 14, n. 121, p. 121-138, 2003.

CABRAL, Antônio do Passo. Os efeitos processuais da audiência pública. *Boletim Científico da Escola Superior do Ministério Público da União*, Brasília, DF, v. 6, n. 24/25, p. 41-65, jul./dez. 2007. Disponível em: http://boletimcientifico.escola.mpu.mp.br/boletins/boletim-cientifico-n.-24-e-n.-25-julhodezembro-de-2007-1/os-efeitos-processuais-da-audiencia-publica. Acesso em: 23 abr. 2025.

CAHALI, Francisco. *Curso de arbitragem, mediação, conciliação e tribunal multiportas*. 7. ed. atual. e aum. São Paulo: Thompson Reuters Brasil, 2018.

CALADO, Diogo; GOMES, Manuel da Silva. Publicidade das decisões arbitrais administrativas: novo ponto de situação e algumas interrogações conexas. *In*: ALMEIDA, Mário Aroso. *A arbitragem administrativa em debate*: problemas gerais e arbitragem no âmbito do Código dos Contratos Públicos. 2. ed. Lisboa: AAFDL, 2023. p. 197-226.

CÂMARA, Jacintho Arruda; SUNDFELD, Carlos Ari. O cabimento da arbitragem nos contratos administrativos. *Revista de Direito Administrativo*, [s. l.], v. 248, p. 118-126, 2008.

CANALLI, Rodrigo Lobo. Proteção de dados e arbitragem: reflexões à luz do direito constitucional. *In*: ABBOUD, Georges; MALUF, Fernando; VAUGHN, Gustavo Favero (coord.). *Arbitragem e Constituição*. São Paulo: Thompson Reuters Brasil, 2023.

CAPPELLETTI, Mauro; GARTH, Bryant. *Acesso à Justiça*. Tradução de Ellen Gracie Northfleet. Porto Alegre: Sergio Antonio Fabris Editor, 1988.

CARDOSO, André Guskow. As Agências Reguladoras e a arbitragem. *In*: PEREIRA, Cesar Augusto Guimarães; TALAMINI, Eduardo (coord.). *Arbitragem e Poder Público*. São Paulo: Saraiva, 2010. p. 15-61.

CARDOSO, Paula Butti; MAROLLA, Eugenia Cristina Cleto. Comentários ao art. 2º, §3º da Lei de Arbitragem. *In*: WEBER, Ana Carolina; LEITE, Fabiana de Cerqueira. *Lei de Arbitragem Comentada*: Lei nº 9.307/1996. São Paulo: Thompson Reuters Brasil, 2023. p. 78-79.

CARDOSO, Paula Butti; NUNES, Tatiana Mesquita. A Administração Pública na arbitragem e a intervenção anômala. *In*: VALIM, Rafael; WARDE, Walfrido (org.). *Direito Público e Arbitragem*. São Paulo: Contracorrente, 2022. p. 315-328.

CARMONA, Carlos Alberto. Arbitragem e administração pública: primeiras reflexões sobre a arbitragem envolvendo a administração pública. *Revista Brasileira de Arbitragem*, [*s. l.*], v. 13, n. 51, p. 7-21, jul./set. 2016.

CARMONA, Carlos Alberto. Arbitragem e Jurisdição. *Revista de Processo*, [*s. l.*], v. 58, p. 33-40, abr./jun. 1990.

CARMONA, Carlos Alberto. *Arbitragem e processo*: um comentário à Lei nº 9.307/96. 3. ed. São Paulo: Atlas, 2009.

CARMONA, Carlos Alberto. *Arbitragem e processo*: um comentário à Lei nº 9.307/96. 4. ed. Barueri: Atlas, 2023.

CARMONA, Carlos Alberto. Ensaio sobre a sentença arbitral parcial. *Revista de Processo*, [*s. l.*], v. 165, p. 9-23, nov. 2008.

CARMONA, Carlos Alberto; MACHADO FILHO, José Augusto Bitencourt. A inaplicabilidade das garantias e vedações do art. 95 da Constituição Federal aos árbitros. *In*: ABBOUD, Georges; MALUF, Fernando; VAUGHN, Gustavo Favero (coord.). *Arbitragem e Constituição*. São Paulo: Thompson Reuters Brasil, 2023.

CARMONA, Carlos Alberto; MACHADO FILHO, José Augusto Bitencourt. Arbitragem: jurisdição, missão e justiça. *In*: ARABI, Abhner Youssif Mota; MALUF, Fernando; MACHADO NETO, Marcello Lavenère (coord.). *Constituição da República 30 anos depois*: uma análise prática da eficiência dos direitos fundamentais. Estudos em homenagem ao Ministro Luiz Fux. Belo Horizonte: Fórum, 2019.

CARVALHO FILHO, José dos Santos. Processo Administrativo Federal: Comentários à Lei n. 9.784/99. 5. ed. rev. e atual. São Paulo: Atlas, 2013.

CASTRO, Sérgio Pessoa de Paula. A arbitragem e a administração pública: pontos polêmicos. *In*: BATISTA JÚNIOR, Onofre Alves; CASTRO, Sérgio Pessoa de Paula. *Tendências e perspectivas do direito administrativo*: uma visão da escola mineira. Belo Horizonte: Fórum, 2012. p. 199-210.

CHERIAN, Joy. Foreign Investment Arbitration: The Role of the International Center for Settlement of Investment Disputes. *Third World Legal Studies*, Valparaiso, v. 2, n. 6, p. 172-201, 1983.

CINTRA, Antônio Carlos de Araújo; GRINOVER, Ada Pellegrini; DINAMARCO, Cândido Rangel. *Teoria geral do processo*. São Paulo: Revista dos Tribunais, 1976.

COELHO, Margarete. *Exposição de motivos do Projeto de Lei n. 3.293/2021*. Altera a Lei n. 9.307, de 23 de setembro de 1996, para disciplinar a atuação do árbitro, aprimorar o dever de revelação, estabelecer a divulgação das informações após o encerramento do procedimento arbitral e a publicidade das ações anulatórias, além de dar outras providências. Brasília: Congresso Nacional, 2021. Disponível em: www.camara.leg.br/proposicoesWeb/prop_mostrarintegra?codteor=2078847&filename=PL%203293/2021. Acesso em: 23 abr. 2025.

CONTROLE SOCIAL. *In*: BOBBIO, Norberto *et al*. *Dicionário de Política*. 5. ed. Brasília: Ed. UnB, 2000.

CORREIA, José Manuel Sérvulo. A arbitragem dos litígios entre particulares e administração pública sobre situações regidas pelo direito administrativo. *Revista de Contratos Públicos – RCP*, Belo Horizonte, ano 4, n. 6, p. 165-198, set. 2014/fev. 2015.

CORREIA, José Manuel Sérvulo. Margem de livre decisão, equidade e preenchimento de lacunas: as finalidades e os seus limites. *Revista de Direito Administrativo e Infraestrutura – RDAI*, São Paulo, v. 7, n. 25, p. 237-264, abr./jun. 2023.

COSTA, Guilherme Recena. Integração contratual, confidencialidade na arbitragem e segredo de justiça. *Revista de Arbitragem e Mediação*, São Paulo, v. 48, p. 69-89. jan./mar. 2016.

CREMASCO, Suzana Santi. *Arbitragem e precedentes*: uma proposta de sistematização. 2023. Tese (Doutorado) – Faculdade de Direito, Universidade Federal de Minas Gerais, Belo Horizonte, 2023.

CUÉLLAR, Leila. O advogado como arquiteto de processos. *In*: CUÉLLAR, Leila; MOREIRA, Egon Bockmann; GARCIA, Flavio Amaral; CRUZ, Elisa Schmidlin (coord.). *Direito Administrativo e Alternative Dispute Resolution*: arbitragem, *dispute board*, mediação e negociação. Belo Horizonte: Fórum, 2020. p. 19-22.

CUÉLLAR, Leila; MOREIRA, Egon Bockmann. Câmaras de autocomposição da administração pública brasileira; reflexões sobre seu âmbito de atuação. *In*: CUÉLLAR, Leila; MOREIRA, Egon Bockmann; GARCIA, Flavio Amaral; CRUZ, Elisa Schmidlin (coord.). *Direito Administrativo e Alternative Dispute Resolution*: arbitragem, *dispute board*, mediação e negociação. Belo Horizonte: Fórum, 2020.

CUNHA, Leonardo Carneiro. Justiça Multiportas: mediação, conciliação e arbitragem no Brasil. *Revista ANNEP de Direito Processual*, [s. l.], v. 1, n. 1, p. 140-162, jan./jul. 2020. Disponível em: revistaannep.com.br/index.php/radp/article/view/33/pdf. Acesso em: 23 abr. 2025.

DEPALMA, Anthony. NAFTA's Power Little Secret; Obscure Tribunals Settle Disputes, but Go Too Far, Cristics Say. *New York Times*, Nova York, p. 1, 11 mar. 2003. Disponível em: www.nytimes.com/2001/03/11/business/nafta-s-powerful-little-secret-obscure-tribunals-settle-disputes-but-go-too-far.html. Acesso em: 23 abr. 2025.

DEUS, Adriana Regina Sarra de. Arbitrabilidade objetiva e administração pública: quais matérias podem ser arbitradas? *Revista Brasileira de Arbitragem*, [s. l.], v. 18, n. 72, p. 10-46, out./dez. 2021.

DI PIETRO, Maria Sylvia Zanella. *Curso de Direito Administrativo*. 35. ed. Rio de Janeiro: Forense, 2022. E-book.

DIDIER Jr., Fredie. Intervenção de amicus curiae em processo apto a formação de precedente administrativo obrigatório. *Civil Procedure Review*, [s. l.], v. 11, n. 2, p. 209-218, maio/ago. 2020. Disponível em: www.civilprocedurereview.com. Acesso em: 23 abr. 2025.

DIDIER Jr., Fredie; FERNANDEZ, Leandro. A justiça constitucional no sistema brasileiro de justiça multiportas. *Revista da AJURIS*, Porto Alegre, v. 50, n. 154, 145-184, jun. 2023.

DINAMARCO, Cândido Rangel. *A Arbitragem na Teoria Geral do Processo*. São Paulo: Malheiros, 2013.

DINAMARCO, Cândido Rangel. *O processo arbitral*. 2. ed. Curitiba: Direito Contemporâneo, 2022.

DOLINGER, Jacob; TIBURCIO, Carmen. *Direito Internacional privado*: arbitragem comercial internacional. Rio de Janeiro: Renovar, 2003.

DUARTE, Fernanda; IORIO FILHO, Rafael Mario; FELIPE, Ana Paula Faria; MEIRELLES, Delton (coord.). *Escritos sobre Direito, Cidadania e Processo*: Discursos e Práticas. 1. ed. Niterói: Programa de Pós-Graduação em Sociologia e Direito (PPGSD), 2018.

ELIAS, Carlos Eduardo Stefen. *Imparcialidade dos árbitros*. 2014. Tese (Doutorado em Direito) – Faculdade de Direito da Universidade de São Paulo, São Paulo, 2014.

ESTEFAM, Felipe Faiwichow. *Arbitragem e Administração Pública*: a estruturação da cláusula arbitral em face do regime jurídico-administrativo. 2017. Tese (Doutorado em Direito) – Faculdade de Direito da Pontifícia Universidade Católica de São Paulo, São Paulo, 2017.

FELDMAN, Mark. International Arbitration and Transparency. In: KRÖLL S.; BJORKLUND A. K.; FERRARI F. *Cambridge Compendium of International Commercial and Investment Arbitration*. Cambridge: Cambridge University Press, 2023. Disponível em: https://papers.ssrn.com/sol3/papers.cfm?abstract_id=2843140. Acesso em: 23 abr. 2025.

FERRAZ, Luciano. Termo de Ajustamento de Gestão (TAG): do sonho à realidade. *Revista Eletrônica sobre a Reforma do Estado (RERE)*, Salvador, n. 27, set./nov. 2011. Disponível em: www.direitodoestado.com.br/codrevista.asp?cod=577. Acesso em: 23 abr. 2025.

FERREIRA, Daniel Brantes; OLIVEIRA, Rafael Carvalho Rezende. A arbitragem no direito administrativo: perspectivas atuais e futuras através de um estudo comparativo e temático entre Brasil e Portugal. *Revista Brasileira de Alternative Dispute Resolution – RBADR*, Belo Horizonte, ano 1, n. 2, p. 139-157, jul./ dez. 2019.

FERREIRA, Marcus Vinícius; MACÉA, Clarissa Marcondes. Publicidade da Arbitragem com o Poder Público. In: WALD, Arnoldo; TORRE, Riccardo Giuliano Figueira; ZUCCOLO, Letícia (coord.). *Desafios da Modernização da Arbitragem e da Mediação no Século XXI*. São Paulo: Quartier Latin, 2023.

FICHTNER, José Antônio; MANHEIMER, Sérgio Nelson; MONTEIRO, André Luis. A confidencialidade da arbitragem: regra geral e exceções. *Revista de Direito Privado*, [s. l.], v. 49, p. 227-285, jan./mar. 2012.

FICHTNER, José Antônio; MANNHEIMER, Sergio Nelson; MONTEIRO, André Luís. *Teoria Geral da Arbitragem*. Rio de Janeiro: Forense, 2019.

FICHTNER, José Antônio; MANNHEIMER, Sergio Nelson; MONTEIRO, André Luís. A confidencialidade na arbitragem: regra geral e exceções. *Revista de Direito Privado*, [s. l.], v. 49, p. 227-285, jan./mar. 2012.

FONSECA, Rodrigo Garcia da. O princípio competência-competência na arbitragem: uma perspectiva brasileira. *Revista de Arbitragem e Mediação*, [s. l.], ano 3, v. 9, p. 277-303, abr./jun. 2006.

FOUCHARD, Philippe; GAILLARD, Emmanuel; GOLDMAN, Berthold; SAVAGE, John (ed.). *Fouchard, Gaillard, Goldman on international commercial arbitration*. Haia: Kluwer Law International BV, 1999.

FRANCO, Marcelo Veiga. *Administração Pública como litigante habitual*: a necessária mudança da cultura jurídica de tratamento dos conflitos. 2018. Tese (Doutorado) – Faculdade de Direito da Universidade Federal de Minas Gerais, Belo Horizonte, 2018.

FRAZÃO, Ana de Oliveira. Arbitragem, confidencialidade e transparência: Perspectivas e desafios para a formação de uma jurisprudência arbitral. *JOTA*, 2017. Disponível em: www.jota.info/opiniao-e-analise/colunas/constituicao-empresa-e-mercado/arbitragem-confidencialidade-e-transparencia. Acesso em: 23 abr. 2025.

FRAZÃO, Ana de Oliveira. Direitos básicos dos titulares de dados pessoais. *Revista dos Advogados*, São Paulo, n. 144, nov. 2019.

FREITAS, Juarez. *O controle dos atos administrativos e os princípios fundamentais*. 3. ed. atual. e aum. São Paulo: Malheiros, 2004.

GABBAY, Daniela Monteiro; MANGE, Flávia. Comentários ao art. 21 da Lei de Arbitragem. *In*: WEBER, Ana Carolina; LEITE, Fabiana de Cerqueira. *Lei de Arbitragem Comentada*: Lei nº 9.307/1996. São Paulo: Thompson Reuters Brasil, 2023. p. 236-251.

GAMA JÚNIOR, Lauro. Sinal Verde Para a Arbitragem nas Parcerias Público-Privadas (a construção de um novo paradigma para os contratos entre o estado e o investidor privado). *Revista de Direito Administrativo*, [s. l.], v. 241, p. 121-158, 2005.

GARCIA, Fernando Couto. Regras especiais de arbitrabilidade objetiva de litígios que envolvem a administração pública na lei de concessões e na lei de parcerias público-privadas. *Publicações da Escola da Advocacia-Geral da União*, Brasília, DF, v. 13, n. 2, p. 125-150, 2022.

GODOY, Luciano de Souza. Arbitragem e Administração Pública: uma reflexão sobre interesses arbitráveis. *In*: RODAS, João Grandino; SOUZA, Aline Anhezini de; POLONI, Uliana; SILVA, Guilherme Bertipaglia Leite da; DIAS, Eduardo Machado. *Visão multidisciplinar das soluções de conflitos no Brasil*. 1. ed. Curitiba: Prisma, 2018. p. 143-172.

GOMES, Cristiane Cardoso Avolio; NUNES, Tatiana Mesquita. Autonomia da vontade e arbitragem: o caso da Administração Pública. *Publicações da Escola da Advocacia-Geral da União*, Brasília, DF, v. 14, n. 1, p. 83-104, 2022. Disponível em: https://revistaagu.agu. gov.br/index.php/EAGU/article%20/view/3224. Acesso em: 23 abr. 2025.

GÓMEZ, Katia Fach. Rethinking the Role of Amicus Curiae in International Investment Arbitration: How to Draw the Line Favorably for the Public Interest. *Fordham International Law Journal*, Nova York, v. 35, n. 2, p. 511-542, 2012. Disponível em: https://ir.lawnet. fordham.edu/ilj/vol35/iss2/3. Acesso em: 2 mar. 2024.

GONZAGA, Alvaro de Azevedo; NEVES, Karina Penna; BEIJATO JUNIOR, Roberto. *Estatuto da Advocacia e Novo Código de Ética e Disciplina da OAB comentados*. 5. ed. Rio de Janeiro: Forense, 2019.

GUERRERO, Luis Fernando. *Convenção de Arbitragem e processo arbitral*. São Paulo: Atlas, 2009. E-book.

GUERRERO, Luis Fernando. *Convenção de arbitragem e processo arbitral*. 2. ed. São Paulo: Atlas, 2014.

HADDAD, Ana Olivia Antunes. *Transparência no processo arbitral*. São Paulo: Almedina, 2021.

HEINEN, Juliano. *Comentários à Lei de Acesso à Informação*: Lei nº 12.527/2011. Belo Horizonte: Fórum, 2014.

JUNQUEIRA, André Rodrigues. *Arbitragem nas Parcerias Público-Privadas*: um estudo de caso. Belo Horizonte: Fórum, 2019.

KLEIN, Aline Lícia. A arbitragem nas concessões de serviço público. *In*: PEREIRA, Cesar A. Guimarães; TALAMINI, Eduardo (coord.). *Arbitragem e poder público*. São Paulo: Saraiva, 2010. p. 63-109.

KUYVEN, Fernando. O necessário precedente arbitral. *Revista de Arbitragem e Mediação*, [s. l.], v. 36, ano 10, p. 295-315, mar. 2013.

LAZAREFF, Serge. Confidentiality and Arbitration – Theoretical and Philosophical Reflections. *In*: ICC INTERNATIONAL COURT OF ARBITRATION. *The ICC International Court of Arbitration Bulletin*: Special Supplement 2009. [S. l.]: ICC International Court of Arbitration, 2009.

LEMES, Selma Maria Ferreira (coord.). *Arbitragem em Números*: Pesquisa 2021/2022. São Paulo: Canal Arbitragem, 2023. Disponível em: https://canalarbitragem.com.br/wp-content/uploads/2023/10/PESQUISA-2023-1010-0000.pdf. Acesso em: 23 abr. 2025.

LEMES, Selma Maria Ferreira. *Arbitragem na administração pública*: fundamentos jurídicos e eficiência econômica. São Paulo: Quartier Latin, 2007.

LEMES, Selma Maria Ferreira. Arbitragem na concessão de serviços públicos: arbitrabilidade objetiva – confidencialidade ou publicidade processual? *Revista de Direito Bancário e do Mercado de Capitais e da Arbitragem*, São Paulo, v. 6, n. 21, p. 387-407, jul./set. 2003.

LEMES, Selma Maria Ferreira. Árbitro. Dever de Revelação. Inexistência de Conflito de Interesses. Princípios da Independência e da Imparcialidade do Árbitro. Artigo 39, II, da Lei de Arbitragem e Artigo V(II)(b) da Convenção de Nova Iorque. *Revista Brasileira de Arbitragem*, [s. l.], v. 11, n. 41, p. 7-41, 2014.

LEMES, Selma Maria Ferreira. Convenção de arbitragem e termo de arbitragem. Características, efeitos e funções. *Revista do Advogado*, [s. l.], p. 94-99, 2012.

LEMES, Selma Maria Ferreira; BARROS, Vera Cecília Monteiro de. Comentários ao art. 13 da Lei 9.307/1996. *In*: WEBER, Ana Carolina; LEITE, Fabiana de Cerqueira. *Lei de Arbitragem Comentada*: Lei nº 9.307/1996. São Paulo: Thompson Reuters Brasil, 2023. p. 171-178.

LIMA, Leandro Rigueira Rennó. *Arbitragem*: uma análise da fase pré-arbitral. Belo Horizonte: Mandamentos, 2003.

LIMA, Mariana de Carvalho Sousa. *O Estatuto dos Árbitros na Arbitragem Administrativa*. 2023. Dissertação (Mestrado) – Faculdade de Direito, Escola de Porto, Porto, Portugal, 2023. Disponível em: https://repositorio.ucp.pt/bitstream/10400.14/42207/1/203341287.pdf. Acesso em: 23 abr. 2025.

LOBO, Carlos Augusto da Silveira. História e perspectivas da arbitragem no Brasil. *Revista de Arbitragem e Mediação*, São Paulo, v. 13, n. 50, p. 79-94, jul./set. 2016.

MACIEL, Adhemar Ferreira. Amicus Curiae: um instituto democrático. *Revista de Informação Legislativa*, Brasília, DF, v. 39, n. 153, p. 7-10 jan./mar. 2002.

MARINONI, Luiz Guilherme; ARENHART, Sérgio Cruz; MITIDIERO, Daniel. *Novo curso de processo civil*. São Paulo: Ed. RT, 2015, v. 2.

MAROLLA, Eugenia Cristina Cleto. *A arbitragem e os contratos da Administração Pública*. Rio de Janeiro: Lumen Juris, 2016.

MAROLLA, Eugenia Cristina Cleto. Arbitragem e Administração Pública: A evolução da atuação do Poder Público nos procedimentos arbitrais envolvendo entes públicos. *Publicações da Escola Superior da Advocacia-Geral da União*, Brasília, DF, v. 16, n. 1, p. 143-162, mar. 2024.

MARQUES, Ricardo Dalmaso. *O dever de revelação do árbitro*. São Paulo: Almedina, 2018.

MARQUES, Ricardo Dalmaso; ALMEIDA, Fernanda Dias. A submissão de entes da Administração Pública à arbitragem – a lei mineira de arbitragem (lei estadual 19.477/11). *Migalhas*, 9 nov. 2011. Disponível em: www.migalhas.com.br/depeso/144769/a-submissao-de-entes-da-administracao-publica-a-arbitragem---a-lei-mineira-de-arbitragem--lei-estadual-19-477-11. Acesso em: 23 abr. 2025.

MARTINS, Pedro Antônio Batista. Acesso à justiça. *In*: MARTINS, Pedro Antônio Batista; LEMES, Selma Maria Ferreira; CARMONA, Carlos Alberto. *Aspectos fundamentais da lei de arbitragem*. Rio de Janeiro: Forense, 1999.

MARTINS, Pedro Antônio Batista. Anotações sobre a Arbitragem no Brasil e o Projeto de Lei do Senado 78/92. *Revista de Arbitragem e Mediação*, São Paulo, v. 16, n. 62, p. 363-425, jul./set. 2019.

MASIÁ, Enrique Fernández. *La transparencia al rescate del arbitraje inversor-estado*. 1. ed. Valência (Espanha): Tirant lo Blanch, 2019.

MATOS, Federico. *Novas fronteiras da arbitragem aplicável aos litígios da administração pública*: incidência sobre conflitos extracontratuais, especialmente na desapropriação. 2017. Tese (Doutorado em Direito) – Faculdade de Direito da Universidade Federal de Minas Gerais, Belo Horizonte, 2017.

MEDAUAR, Odete. *Direito Administrativo Moderno*. 21. ed. Belo Horizonte: Fórum, 2018.

MEDAUAR, Odete. *O direito administrativo em evolução*. 2. ed. rev. atual. e aum. São Paulo: Revista dos Tribunais, 2003.

MEDEIROS, Suzana Domingues. Arbitragem envolvendo o Estado no direito brasileiro. *Revista De Direito Administrativo*, [s. l.], v. 233, p, 71-102, jul. 2003. Disponível em: https://periodicos.fgv.br/rda/article/view/45444. Acesso em: 23 abr. 2025.

MEGNA, Bruno Lopes. *Arbitragem e Administração Pública*: Fundamentos teóricos e soluções práticas. Belo Horizonte: Fórum, 2019.

MEGNA, Bruno Lopes. *Políticas de solução de conflitos administrativos*: adequação e racionalidade. 2023. Tese (Doutorado em Direito Processual) – Faculdade de Direito, Universidade de São Paulo, São Paulo, 2023.

MONTEIRO, Alexandre Luiz Moraes do Rêgo. Administração pública consensual e a arbitragem. *Revista de Arbitragem e Mediação*, São Paulo, v. 9, n. 35, p. 107-123, out./dez. 2012.

MONTORO, Marcos André Franco. *Flexibilidade do Procedimento Arbitral*. 2010. Tese (Doutorado em Direito) – Faculdade de Direito da Universidade de São Paulo, São Paulo, 2010.

MOREIRA, Egon Bockmann. Arbitragem, administração pública e confidencialidade. *In*: CUÉLLAR, Leila; MOREIRA, Egon Bockmann; GARCIA, Flavio Amaral; CRUZ, Elisa Schmidlin (coord.). *Direito Administrativo e Alternative Dispute Resolution*: arbitragem, *dispute board*, mediação e negociação. Belo Horizonte: Fórum, 2020.

MOREIRA, Egon Bockmann; CRUZ, Elisa Schmidlin. O credenciamento de câmaras arbitrais pela administração pública. *Direito do Estado em debate - Revista Jurídica da Procuradoria Geral do Estado*, v. especial, n. 11, p. 111-132, 2020.

MOREIRA NETO, Diogo de Figueiredo. *Mutações do direito administrativo*. Rio de Janeiro: Renovar, 2000.

MOREIRA, Raul Relvas. O âmbito da arbitragem administrativa no domínio dos contratos. *In*: GOMES, Carla Amado; PEDRO, Ricardo (coord.). *A arbitragem administrativa em debate*: problemas gerais e arbitragem no âmbito do Código dos Contratos Públicos. 2. ed. Lisboa: AAFDL, 2023.

MOTTA, Fabrício. *Fundação normativa da administração pública*. Fórum: Belo Horizonte, 2007.

NERY, Ana Luiza. *Arbitragem coletiva*. São Paulo: Revista dos Tribunais, 2016.

NEVES, Flávia Bittar; ZIADE, Danielle Farah. Tratamento de dados pessoais pelos árbitros no procedimento arbitral segundo as leis europeia e brasileira sobre proteção de dados. *In*: MACHADO FILHO, José Augusto Bitencourt; QUINTANA, Guilherme Enrique Malosso; RAMOS, Gustavo Gonzalez; BAQUEDANO, Luis Felipe Ferreira; BIOZA, Daniel Mendes; PARIZOTTO, Pedro Teixeira Mendes (org.). *Arbitragem e Processo*: Homenagem ao Prof. Carlos Alberto Carmona. São Paulo: Quartier Latin, 2022. p. 525-544.

OLIVEIRA, Gustavo Justino de. A arbitragem e as parcerias público-privadas. *Revista de Arbitragem e Mediação*, São Paulo, v. 4, n. 12, p. 29-58, jan./mar. 2007.

OLIVEIRA, Gustavo Justino de. *Arbitragem com contratos exigirá publicidade e análise de impacto*. Disponível em: https://blogdojustino.com.br/arbitragem-com-contratos-publicos-exigira-publicidade-e-analise-de-impacto. Acesso em: 23 abr. 2025.

OLIVEIRA, Gustavo Justino de. Comentários ao art. 29 da LINDB. *In*: CUNHA FILHO, Alexandre Jorge Carneiro da; ISSA, Rafael Hamze; SCHWIND, Rafael Wallbach (coord.). *Lei de Introdução às Normas do Direito Brasileiro – Anotada*. São Paulo: Quartier Latin, 2019. p. 453-460. 2 v.

OLIVEIRA, Gustavo Justino de. *Direito Administrativo Democrático*. Belo Horizonte: Fórum, 2010.

OLIVEIRA, Gustavo Justino de. *Especificidades do processo arbitral envolvendo a Administração Pública*. São Paulo: Enciclopédia jurídica da PUCSP. Direito Administrativo e Constitucional, 2017. Disponível em: https://enciclopediajuridica.pucsp.br/verbete/49/edicao-2/especificidades-do-processo-arbitral-envolvendo-a-administracao-publica. Acesso em: 23 abr. 2025.

OLIVEIRA, Gustavo Justino de; SCHWANKA, Cristiane. A administração consensual como a nova face da Administração Pública no séc. XXI: fundamentos dogmáticos, formas de expressão e instrumentos de ação. *Revista de Direito do Estado*, Rio de Janeiro, v. 10, ano 3, p. 271-288, abr./jun. 2008.

OLIVEIRA, Gustavo Justino de; SCHWARTSMANN, Guilherme Baptista. Arbitragem público-privada no Brasil: a especialidade do litígio administrativo e as especificidades do procedimento arbitral. *Revista de Arbitragem e Mediação*, São Paulo, v. 44, p. 150-171, jan./mar. 2015.

OLIVEIRA, Gustavo Justino de; EID, Elie Pierre. Notas sobre o princípio da publicidade nas arbitragens envolvendo a Administração Pública. *Revista da Associação dos Procuradores do Estado do Rio de Janeiro*, Rio de Janeiro, v. 26, p. 229-253, 2016.

OLIVEIRA, Gustavo Justino de; ESTEFAM, Felipe Faiwichow. *Curso Prático de arbitragem e Administração Pública*. São Paulo: Thomson Reuters Brasil, 2019.

OLIVEIRA, Gustavo Justino de; FIGUEIROA, Caio Cesar. *Arbitragem é conciliável com os princípios da transparência e publicidade*. Conjur, 9 dez. 2015. Disponível em: www.conjur.com.br/2015-dez-09/arbitragem-conciliavel-transparencia-publicidade. Acesso em: 23 abr. 2025.

OLIVEIRA, Gustavo Justino de; RAZZINI, Felipe; VENTURINI, Otávio. LGPD e arbitragem: notas sobre a proteção de dados nas arbitragens envolvendo a Administração Pública brasileira. *In*: PIRONTI, Rodrigo (coord.). *Lei Geral de Proteção de Dados no Setor Público*. Belo Horizonte: Fórum, 2021. p. 279-296.

OLIVEIRA, Rafael Carvalho Rezende de. *Curso de Direito Administrativo*. 12. ed. Rio de Janeiro: Método, 2021.

PALMA, Juliana Bonacorsi de. A consensualidade na Administração Pública e seu controle judicial. *In*: GABBAY, Daniela Monteiro; TAKAHASHI, Bruno (coord.). *Justiça Federal*: inovações nos mecanismos consensuais de solução de conflitos. Brasília, DF: Gazeta Jurídica, 2014. p. 143-187.

PALMA, Juliana Bonacorsi de. *Sanção e acordo na administração pública*. São Paulo: Malheiros, 2015.

PEREIRA, César. Arbitragem e Administração Pública: função administrativa e controle externo. *In*: DI PIETRO, Maria Sylvia Zanella; MOTTA, Fabrício (coord.). *O Direito Administrativo nos 30 anos da Constituição*. Belo Horizonte: Fórum, 2018. p. 237-265.

PINTO, José Emílio Nunes. A arbitrabilidade de controvérsias nos contratos com o Estado e empresas estatais. *Revista Brasileira de Arbitragem*, [s. l.], v. 1, n. 1, jan./mar. 2004.

PINTO, José Emílio Nunes. A confidencialidade na arbitragem. *Revista de Arbitragem e Mediação*, São Paulo, n. 6, p. 25-36, jul./set. 2005.

POZO, Nayiber Febles. *La transparencia en el arbitraje internacional*: una visión práctica. Madri: Editorial Jurídica Sepín, 2021.

PUCCI, Adriana Noemi. O princípio da publicidade na arbitragem com a Administração Pública. *Publicações da Escola Superior da AGU*, Brasília, DF, v. 16, n. 1, p. 27-46, mar. 2024.

REIMÃO, Clóvis. O rei está nu: o princípio da publicidade na arbitragem administrativa no Brasil e em Portugal. *Revista de Arbitragem e Mediação*, São Paulo, v. 77, ano 20, p. 265-290, abr./jun. 2023.

ROCHA, Caio César Vieira. Em torno da arbitragem público-privada: Notas sobre os aspectos do procedimento arbitral. *In*: MUNIZ, Joaquim de Paiva; BONIZZI, Marcelo José Magalhães; FERREIRA, Olavo Augusto Vianna Alves (coord.). *Arbitragem e Administração Pública*: Temas Polêmicos. Ribeirão Preto: Migalhas, 2018. p. 63-91.

RODRIGUES, Marco Antônio. Prefácio. *In*: BRANCO, Janaína Soares Noleto Castelo. *Advocacia Pública e solução consensual dos conflitos*. Salvador: Jus Podivm, 2018.

SACRAMENTO, Julia Thiebaut; FÉRES, Marcelo Andrade. A Administração Pública em território arbitral: pela observância dos precedentes judiciais vinculantes. *Publicações da Escola da AGU*. Elas Escrevem sobre Arbitragem, Brasília, v. 16, n. 1, p. 37-57, mar. 2024.

SALLA, Ricardo Medina. Arbitragem e Direito Público. *Revista Brasileira de Arbitragem*, Porto Alegre, v. 6, n. 22, p. 78-106, abr./jun. 2009.

SALLES, Carlos Alberto de. *Arbitragem em contratos administrativos*. 1. ed. Rio de Janeiro: Forense, 2011.

SALLES, Carlos Alberto de. A confidencialidade possível: a Administração Pública como parte nos mecanismos alternativos de solução de controvérsias. *Revista Eletrônica de Direito Processual – REDP*, Rio de Janeiro, ano 11, v. 18, n. 1, p. 156-173, jan./abr. 2017.

SALLES, Carlos Alberto. O consenso nos braços do Leviatã: os caminhos do judiciário brasileiro na implantação de mecanismos adequados de solução de controvérsias. *Revista Jurídica Luso-Brasileira*, [s. l.], v. 4, n. 3, p. 215-241, 2018. Disponível em: www.cidp.pt/revistas/rjlb/2018/3/2018_03_0215_0241.pdf. Acesso em: 23 abr. 2025.

SARAIVA, Leonardo. *Arbitragem na administração pública*: particularidades, governança, compliance, accountability e o desafio do envolvimento dos tribunais de contas no processo de sua institucionalização. Rio de Janeiro: Lumen Juris, 2019.

SCHMIDT, Gustavo da Rocha. *Arbitragem na administração pública*. Curitiba: Juruá, 2018.

SCHMIDT, Gustavo da Rocha. Interações entre Tribunal de Contas, arbitragem e as autoridades administrativas nela envolvidas. *Revista Brasileira de Arbitragem*, [s. l.], v. 19, n. 75, p. 11-35, 2022.

SCHREUER, Christoph H.; MALINTOPPI, Loreta; REINISCH, August; SINCLAIR, Anthony. *The ICSID Convention*: A Commentary. Cambridge: Cambridge University Press, 2009.

SIGNORELLI, Ana Sofia; PEREIRA, César. *Arbitragem concorrencial em perspectiva*: da natureza jurídica aos desafios procedimentais. São Paulo: Thompson Reuters Brasil, 2023.

SILVA, Diogo Dias da. *Publicação das decisões arbitrais*: critérios para a formação de uma jurisprudência arbitral. Rio de Janeiro: Lumen Juris, 2021.

SILVA, Natália Alves da. A aplicação da arbitragem na resolução de conflitos da Administração Pública. *Revista de Direito da Administração Pública*, [s. l.], v. 1, n. 2, p. 110-147, jul./dez. 2017.

SMIRNOVAS, Carolina. O perfil dos árbitros dos procedimentos envolvendo a Administração Pública. *Migalhas*, 27 fev. 2024. Disponível em: www-migalhas-com-br.cdn.ampproject.org/c/s/www.migalhas.com.br/amp/coluna/observatorio-da-arbitragem/402404/perfil-dos-arbitros-dos-procedimentos-na-administracao-publica. Acesso em: 23 abr. 2025.

STRAUBE, José Frederico. A vinculação das partes e árbitros ao regulamento de arbitragem. *In*: CARMONA, Carlos Alberto; LEMES, Selma Maria Ferreira; MARTINS, Pedro Antônio Batista (org.). *20 anos da lei de arbitragem*: homenagem a Petrônio R. Muniz. 1. ed. São Paulo: Atlas, 2017.

SUNDFELD, Carlos Ari; CÂMARA, Jacintho Arruda. O cabimento da arbitragem nos contratos administrativos. *In*: SUNDFELD, Carlos Ari (org.). *Contratações públicas e seu controle*. São Paulo: Malheiros, 2013. p. 258-260.

TALAMINI, Eduardo; FRANZONI, Diego. Arbitragem e empresas estatais. *Revista Interesse Público – IP*, Belo Horizonte, ano 19, n. 105, p. 15-45, set./out. 2017.

TIBURCIO, Carmen; PIRES, Thiago Magalhães. Arbitragem envolvendo a administração pública: notas sobre as alterações introduzidas pela lei 13.129/2015. *Revista de Processo*, [s. l.], v. 254, p. 431-462, abr. 2016.

TIMM, Luciano Benetti; GUANDALINI, Bruno; RICHTER, Marcelo de Souza. Reflexões sobre uma análise econômica da ideia de arbitragem no Brasil. *In*: CARMONA, Carlos Alberto; LEMES, Selma Maria Ferreira; MARTINS, Pedro Antônio Batista (org.). *20 anos da lei de arbitragem*: homenagem a Petrônio R. Muniz. São Paulo: Atlas, 2017.

TONIN, Maurício Moraes. A regulamentação da arbitragem pela Administração Pública no Brasil: questões polêmicas. *In*: MOREIRA, António Júdice *et al.* (coord.). *Mediação e Arbitragem na Administração Pública*: Brasil e Portugal. São Paulo: Almedina, 2020. p. 215-235.

TUNG, Sherlin; LIN, Brian. More Transparency in International Commercial Arbitration: To Have or Not to Have?. *Contemporary Asia Arbitration Journal*, Taiwan, v. 11, n. 1, p. 21-44, maio 2018. Disponível em: https://papers.ssrn.com/sol3/papers.cfm?abstract_id=3188001. Acesso em: 23 abr. 2025.

UDOH, Victoria. *Transparency in Arbitration, Desired or Necessary?* Enugu: University of Nigeria, 2020. Disponível em: https://ssrn.com/abstract=3689698. Acesso em: 23 abr. 2025.

UNITED NATIONS COMMISSION ON INTERNATIONAL TRADE LAW. *Notes on Organizing Arbitral Proceeding*. Viena: UNCITRAL, 2016. Disponível em: https://uncitral.un.org/sites/uncitral.un.org/files/media-documents/uncitral/en/arb-notes-2016-e.pdf. Acesso em: 23 abr. 2025.

VENOSA, Sílvio de Salvo. *Direito Civil*: Teoria Geral das Obrigações e Teoria Geral dos Contratos. 10. ed. São Paulo: Atlas, 2010.

WALD, Arnoldo. A crise e a arbitragem no direito societário e bancário. *Revista de Arbitragem e Mediação*, São Paulo, ano 6, n. 20, p. 12-13, jan./mar. 2009.

YAMAMOTO, Ricardo. *Arbitragem e Administração pública*: Uma Análise e as Cláusulas Compromissórias em Contratos Administrativos. 2018. Dissertação (Mestrado em Direito) – Faculdade de Direito, Fundação Getulio Vargas, São Paulo, 2018.

ZOCKUN, Carolina Zancaner; MELLO, Gabriela Zancaner Bandeira de. Consulta Pública e audiência pública na Lei das Agências Reguladoras (artigos 9º ao 13 da Lei 13.848/2019). *In*: SCHIER, Adriana da Costa Ricardo; FORTINI, Cristiana; CASIMIRO, Lígia Maria Silvia Melo de; VALLE, Vanice Regina Lírio do (coord.). *Marco Legal das agências reguladoras na visão delas*: comentários à Lei nº 13.848/2019 e à IN nº 97/2020. Belo Horizonte: Fórum, 2021. p. 87-100.

Esta obra foi composta em fonte Palatino Linotype, corpo 10,5
e impressa em papel Pólen Bold 70g (miolo) e Supremo 250g (capa)
pela Gráfica Star7.